Titel:	Thriller - The dark side of the Netherlands
Auteur:	Mocienne Petit Jackson
Redactrice:	Elisabeth
Vertaler:	Dalene Kattmann
Uitgever:	Petit Production
Foto's:	Paul de Bie
ISBN:	978-90-825497-4-4
NUR-code:	321
Eerste druk:	2018

Petit Production
Postbus 1553
3500 BN Utrecht
Nederland
www.mociennepetitjackson.com

© 2018 Mocienne Petit Jackson

Alle rechten voorbehouden. Niets uit deze uitgave mag worden verveelvoudigd, opgeslagen in een geautomatiseerd gegevensbestand, of openbaar gemaakt, in enige vorm of op enige wijze, hetzij elektronisch, mechanisch, door fotokopieën, opnamen of enige andere manier, zonder voorafgaande schriftelijke toestemming van de uitgever.

THRILLER

THE DARK SIDE OF THE NETHERLANDS

door
Mocienne Petit Jackson

Dit boek is opgedragen aan mijn zoon Joshua.

Het einde van mijn jeugd

Ik besefte heel goed wat er was gebeurd. Dit was precies waar Michael altijd bang voor was geweest: ik was ontvoerd. Ik had hem een keer beloofd dat ik in elk geval zou blijven leven. Ik had oma Katherine gezien en een heel dikke man. Ik dacht dat oma mij naar papa zou brengen en dat alles goed zou komen – ik was nu immers in Amerika. Maar dat deed ze niet, in plaats daarvan kuste ze mijn vaarwel. Huilend schreeuwde ik: 'Oma, nee!!!' Ze drukte mij tegen zich aan en zei: 'Je zult je papa gauw vergeten, en je wordt heel gelukkig. Je krijgt broers en zusjes in Nederland. Later als je groot bent weet je dit allemaal niet meer.' Ik stopte met huilen en droogde mijn tranen. Ik wist nu dat het mijn eigen familie was die mij van Michael had gescheiden, en dat hij daar geen idee van had. Oma had mij nooit lief gevonden, ook dat wist ik. Ik moest rustig blijven, anders zou ik doodgaan, vertelde een stemmetje binnen in mij. Dan zou oma mij vermoorden, ik voelde het en zag het in haar ogen. Ik werd stil, heel stil. De dikke man keek mij boos aan, maar tegelijkertijd ook verdrietig, hij zag er niet blij uit. Ik had nog nooit zo'n dikke man gezien.

Mijn oma zei: 'Ik ben klaar, neem haar maar mee.' Een man nam mij mee naar een kamer, daar waren allemaal deuren naar weer andere kamers. Het was er donker en heel koud. Hij belde Michael op en zei: 'Je raakt je dochter nu voorgoed kwijt.' Ik dacht: ze gaan me doodmaken net zoals die andere mensen dreigden te doen. De man gebood mij: 'Zeg alleen hallo tegen je vader, voor de rest niets. Ik sla je als je meer zegt!' Ik kreeg Michael aan de lijn, ik moest 'hallo papa' zeggen. Ik zei hallo, de man pakte de telefoon van mij af en zei tegen hem: 'Zie je wel? Je dochter is in leven. Je hebt nog vijf minuten om tegen haar te praten, maar zij mag niks terugzeggen anders sla ik haar met een riem. En je wilt denk ik niet dat je kind pijn heeft, dus vraag haar om niet te praten, help haar om niet tegen jou te praten.' Ik hoorde Michael huilen, hij zei: 'Ik hou van jou,' en allemaal lieve dingen. Ik vond het fijn om te weten dat hij nog steeds van mij hield, en besefte dat ze hem hiermee ook pijn deden. Michael zei: 'Je bent een Jackson, een Jackson, vergeet dat nooit!' Papa was heel lief. Hij zei: 'Wees nooit bang. Want jij bent mijn kindje. Onze tijd is bijna om.' Ik zei: 'Papa, ik zal gehoorzaam zijn en ik hou van jou.' De man pakte de telefoon hardhandig van me af en zei: 'Meneer

Jackson, je dochter heeft toch gepraat dus nu ga ik haar slaan.' Ik was echter niet bang. Michael praatte met hem, en ik kreeg papa nog een keer aan de telefoon. Hij zei: 'Niemand zal jou slaan! Als ze dat doen, zal ik ze vinden en dan vermoord ik ze voor jou! Papa moet nu ophangen, anders doen ze je pijn.' Ik zei heel rustig: 'Papa, ik hou van jou.' Ik hoorde Michael bijna stikken in zijn verdriet, maar ik mocht niets zeggen. De man pakte de telefoon en zei tegen Michael: 'Zeg nog één keer dag tegen je dochter en zij zegt dag tegen jou, en dan hang je op.' Michael zei: 'Ik hou van jou, meer dan alles in deze wereld,' en ik zei nog eens: 'Ik hou van je, papa.' Toen hing Michael op. Ik luisterde een tijdje naar de pieptonen van de telefoon. Mijn vader was weg, ik had de telefoon nog in mijn hand. Ik bleef daar heel lang zitten, en de man keek mij met een ijzige blik aan. Toen hij zag dat ik over mijn hele lichaam begon te trillen, trok hij mij naar zich toe en rende met mij door de gangen. Ik begon steeds meer te schokken, ik kwam bijna niet meer vooruit. Hij riep iets in een taal die ik niet kon verstaan, en voordat ik het wist had ik een naald in mijn arm, met slangetjes in mijn lichaam. Ik viel flauw.

Toen ik wakker werd moest ik eten, een man zei: 'Je moet nu eten.' Ik kon geen lepel vasthouden en had zoveel pijn in mijn hoofd dat ik begon te gillen. Weer zei hij: 'Je moet eten, dan zakt de hoofdpijn.' Toen ik dat weigerde, pakte hij mij beet en zette me bij zich op schoot om me te voeren. Omdat ik opnieuw weigerde een hapje te nemen zei hij: 'Als je nu niet gaat eten, zal ik je papa pijn doen! Ik zal hem slaan en schoppen. Eten!!' Huilend at ik het eten op en de hoofdpijn zakte inderdaad. Hij kleedde me uit en zette me onder de douche, het water was koud noch warm. Ik was nu ergens anders dan daarvoor. Hij droogde me af alsof ik een baby was, wikkelde me in een handdoek en droeg me naar een kamer waar vrouwen zaten, met een stapel kleren. Zij maakten nogal wat herrie en hij riep tegen hen dat ze zachtjes moesten praten. We waren in een of ander appartement. Hij pakte een potje crème en begon mij in te smeren. Ik had bijna geen gevoel in mijn benen, en hij masseerde ze totdat ik ze weer kon voelen, ook mijn armen. De vrouwen waren druk bezig de kleren uit te zoeken.

Opeens kwam er een vrouw de kamer binnen met Délivrance in haar armen. Die was in een diepe slaap. Ze deden haar andere kleren aan en daarna begonnen de vrouwen mij aan te kleden. We gingen naar een andere kamer. Ik had de kleren die ze mij aantrokken eerder gezien: in het weeshuis, waar ik drie weken was geweest, toen ze een foto van me maakten. Nadat ik ze nog eens had gepast kreeg ik diezelfde kleren weer aan. Vervolgens moest ik pilletjes innemen van de mevrouw. Toen ik tegenstribbelde zei de man: 'Neem ze in, anders neem ik je papa te grazen.' Hij haalde een paar pilletjes weg, hij wilde dat ik er maar één innam. Ik slikte er eentje door en moest mijn mond opendoen om te laten zien dat ik dat echt had gedaan. Daarna liep hij naar de vrouw toe die ze mij had gegeven, en sloeg haar in elkaar. Hij zei: 'Ze had wel dood kunnen gaan aan die dosis,' en smeet haar tegen de muur. Ik kon niets meer voelen, ik vatte ook niets meer, alleen het gezicht van Michael wilde ik nog maar zien.

Op een gegeven moment stonden we naast een vrouw met meer kinderen en gingen een vliegtuig binnen. De andere mensen bleven achter. De man die had gedreigd Michael pijn te doen ging ook in het vliegtuig zitten. Hij zei: 'Hou je rustig.' Ik durfde niets meer en viel algauw in slaap. Het vliegtuig was zowat leeg, de mevrouw met de andere kinderen was heel stil. Na verloop van tijd begon ik wat heen en weer te lopen. Ik was nu werkelijk alleen, Michael was weg. We kwamen aan op een vliegveld in België, de man ging niet mee. Daar stonden blanke mensen klaar die mij blijkbaar wilden meenemen. Nu was ik echt boos, en ik zette het op een rennen. Politiemensen moesten mij vangen, en ik beet ze in hun hand en schopte naar hen, ik rende voor mijn leven. De man die later mijn adoptievader zou worden, sloeg en mepte ik, ik haatte blanke mensen, en ik zwoer wraak. De mevrouw met de kinderen had tranen in haar ogen gekregen toen ze mij zag knokken om niet mee te hoeven, en ook de Belgische politiemensen keken niet vrolijk. Het vliegveld was inmiddels bijna leeg. Ik haatte hen omdat ze niets deden en riep dat ook tegen hen.

Mijn adoptie-ouders waren met de auto naar België gereisd en het was nacht toen ze mij kwamen ophalen. Ze reden met een woedende Mocienne terug naar Nederland. Iedereen die ik te pakken kreeg sloeg ik. Délivrance had eerst ook gehuild maar zij was uiteindelijk in slaap gevallen. Ik haatte hen het meest omdat ze mijn nichtje vasthielden, dat vond ik nog wel het ergst maar ik begreep wel waarom Kelly haar ook had laten ontvoeren: Délivrance betekende erg veel voor haar vader – ze leek werkelijk in alles op hem – en dit was Kelly's wraak op mijn oom Pierrot-Jean Petit. Net als Michael werd hij op deze manier gestraft, ze had zijn mooie kind weggegeven, en het had haar waarschijnlijk niets gedaan toen

7

zij Délivrance afstond. Ze haatte haar kind, Délivrance was grappig, lief en stout tegelijk. Haar vader hield heel veel van haar. Ze was zijn oogappel en ze was nog maar zo klein. Het had er alle schijn van dat Kelly haar opzettelijk gevaar had laten lopen.

Op een dag had ik op mijn school in Port-au-Prince [daar verbleven we tijdelijk] geleerd wat je moest doen als er heet water op je lichaam terechtkwam. Kelly had die dag toevalligerwijze water gekookt op onze stoep en Délivrance zonder toezicht achtergelaten. Toen ik uit school thuiskwam, zag ik dat de pan net op Délivrance terecht was gekomen. Omdat ik had geleerd wat ik moest doen pakte ik haar op en zette haar in koud water. Het hete water was tegen haar benen aan gekomen, en ik was op haar af gesprongen om haar te redden, ik voelde ook hoe heet het was. Délivrance had gegild en ik had haar toen zo snel mogelijk in een ton water gezet die bij het huis stond. Ik had haar er even uit getild om een wit laken te pakken en dat nat te maken. Ik had het om haar heen geslagen en was met haar naar de kerk gerend – daar was een school met kleine kinderen waar zij op zat. Huilend had ik de juffen om hulp gevraagd: 'Red mijn zusje!' Ze namen haar van mij over en ik gilde het uit van het huilen en rende naar huis, want Kelly wist nog niet wat er was gebeurd. Toen ik kwam aanrennen, stond ze daar met een boos gezicht. Ze wilde weten wat er was gebeurd. Een buurvrouw had het allemaal gezien. Ze haatte Kelly, iedereen in de buurt haatte Kelly, maar ze had niets gezegd. Ik vertelde dat Délivrance heet water over zich heen had gekregen, en ze begon mij te slaan. Zomaar uit het niets waren de buurvrouwen naar haar toe gekomen en hadden haar op hun beurt geslagen en gezegd: 'Blijf met je handen van Mocienne af!' Kelly trok aan mijn armen, en een andere vrouw gilde tegen haar: 'Moet je niet naar je zieke kind?' Ik moest heel erg huilen. 'Wij zorgen wel voor Mocienne.' De hele straat haatte haar. Een van de buurvrouwen had een stok gepakt, was op Kelly af gelopen en had gezegd: 'Ik sla je dood als ik nog één keer zie dat je een van je kinderen wat doet! Ik hoop dat je man jou een blauw oog slaat om wat er gebeurd is!' Een paar dagen later gebeurde dat ook.

Antio was inmiddels geboren en werd door een andere buurvrouw opgevangen terwijl Kelly een pak slaag kreeg van haar man. De buurvrouw had mij midden in nacht uit bed gehaald en tegen me gezegd: 'We gaan naar mijn zuster, hier ver vandaan. Dit hoef jij allemaal niet te horen.' Terwijl we wegliepen kon ik nog opvangen dat Kelly tegen hem tekeerging en dingen naar zijn hoofd gooide. Ze was sterk, ze schold tegen hem, je hoorde hem 'au' gillen. Ik was doodsbang. Toen Michael er weer was had hij Kelly verteld: 'Wij gaan naar Amerika, Mocienne en ik.' Kelly had hem daar toen van weerhouden door dingen tegen hem te zeggen die ik niet begreep. Het had in ieder geval zoveel indruk op Michael gemaakt dat hij mij aan haar teruggaf. Hij zei: 'De eerstvolgende keer dat ik terugkom neem ik haar mee, en ik wil dat jij teruggaat naar Cap-Haïtien, naar je kinderen.' Michael noemde haar ziek: 'Je bent ziek, dit is niet goed voor jou, zo'n grote stad.' Hij was lief voor haar en huilde omdat ze zo door haar man was geslagen, hij hield haar zelfs even vast om haar te troosten. Kelly zei dat haar man van plan was Délivrance en de nieuwe baby van haar af te pakken, alleen Marie-Monique mocht ze houden, had hij gezegd, want die ging toch dood. Ze had gehuild en Michael had haar getroost en haar een kusje op haar hoofd gegeven. Hij was bij Délivrance gaan kijken en had haar naar een beter ziekenhuis laten brengen om de brandwonden te behandelen. De dokters hadden gezegd dat het helemaal in orde met haar zou komen. Vanaf die dag was Délivrance heel lang weg. Ze mocht pas naar huis als de wonden op haar benen dicht waren. Om de dag ging ik bij haar op bezoek in het ziekenhuis, ik sjouwde dan wat met haar rond en ging weer weg. Ik had die dag gezworen dat ik een goede zuster voor haar zou zijn, en nu deden ze haar vader hetzelfde aan als die van mij.

Ik haatte deze blanke mensen die mij hadden geadopteerd, ik haatte hen uit de grond van mijn hart. Ik zou hier wegkomen, ik zwoer het. Ik wás niet van hen, ik zou hun slaaf niet worden. Mijn eerste dag in Nederland, 20 november 1984, was het zo koud dat het al winter leek. Ik was net negen jaar geworden, maar opeens werd er tegen mij gezegd dat ik zes was, ik zei: 'Nee, ik ben negen!' Op school zat ik in een klas met kinderen van mijn eigen leeftijd en de kinderen van zes zaten in een andere klas, die hadden nog geen les in rekenen en aardrijkskunde.

Ik had het heel goed gedaan op de Haïtiaanse school, ik was goed in aardrijkskunde en had er plezier in. De juffen daar waren heel erg lief. Iedereen was bang voor president Papa Doc, de juffen leerden ons niet bang te zijn, en wat we moesten doen als er een opstand was. Dan moesten we ergens aanbellen en vragen of we naar binnen mochten, we moesten er in elk geval voor zorgen dat we niet op straat waren. Ik was er heel trots op dat ik al negen was, ik was absoluut geen zes, wat dachten ze wel niet! Het afgelopen jaar had ik maar weinig Engels gesproken. Ik was echt Haïtiaans gaan praten. Hoewel ik Frans en Engels nog niet vloeiend kon spreken, kon ik beide talen wel verstaan. Délivrance was net begonnen met praten, ze was altijd al heel slim geweest.

Ik wist dat ik me de taal van mijn adoptie-ouders heel snel moest eigen maken. Ik was zo kwaad dat ik opnieuw erg ziek werd. Ik kreeg weer heel hoge koorts, net als toen op Haïti, ik leek zowat dood te gaan, alleen was Michael deze keer niet bij mij. Ik hoorde Délivrance vaak huilen maar ik stond machteloos. Ik voelde alleen maar haat voor hen. Ik dacht: ik ga hier weg zodra ik kan. Mijn ziekte duurde een jaar, ik huilde almaar en was ontroostbaar.

Het was maanden later toen ik op een keer wakker werd en Michaels stem hoorde, die ergens uit kwam. Ik stapte mijn bed uit want ik hoorde het liedje 'Human nature', dat Michael zo vaak voor mij had gezongen. Er lag een elpee van Michael op de bank en ik zag zijn gezicht weer, ik was in shock. Het gaf mij kracht om verder te leven, ik had Michael teruggevonden. Ook al begreep ik totaal niet wat zijn foto hier deed, hij gaf mij kracht. Michael zag er op de foto te netjes uit, maar zijn ogen gaven de doorslag. Hij had op die foto geen afrohaar, zijn haar was hier glad. Zo had ik het al wel eens gezien, maar niet vaak. Toen ik naar Michaels handen keek deed dat mij de das om: ik begon te beven en hard te huilen. Ik kon dit alles geen plaats geven, en kreeg zware hoofdpijn. Ik stortte in, met de platenhoes in mijn handen gilde ik het uit. Toen iemand vroeg wat er was wees ik naar de hoes, en opeens dacht ik: zij weten dit al! Ik was woedend, en zei tegen mezelf: rustig blijven anders maken ze Michael dood.

Ik deed mijn best om zo snel mogelijk Nederlands te leren. Délivrance ging al naar school en was vrolijk, ik niet. Ik haatte hen allemaal en was heel ziek. Délivrance scheen ook ziek te zijn, maar het ging toch best goed met haar. Ik wist dat ze op Haïti met opzet ziek was gemaakt, Kelly had een afkeer van haar. Ik was in die periode zo bang voor Kelly geworden dat ik haar eten niet meer at: ik had in de maand van mijn ontvoering bijna niets gegeten. Ik wilde ook niet eten, ik vertrouwde helemaal niemand meer. Nou was eten al nooit mijn hobby geweest, maar in Nederland stak dit probleem opnieuw de kop op. Omdat ik bij mijn adoptiefamilie broodmager bleef, kwam de Raad voor de Kinderbescherming extra naar me kijken, ook omdat het in andere opzichten niet goed met mij ging. Ze moesten sowieso regelmatig controleren hoe Délivrance en ik eraan toe waren vanwege het feit dat we waren geadopteerd. Ik werd een probleemkind voor hen want ik werkte niet mee. Het enige dat ik kon voelen was haat jegens hen allemaal. Ik had het idee dat mijn tegenwerking de juiste manier zou zijn om hen te doen besluiten mij naar Haïti terug te sturen. Als mijn adoptievader ten einde raad zei: 'Ik stuur je met liefde terug,' dan zei ik: 'Ja, graag!'

In 1986 kwamen we bij de rechter, die mij vroeg of ik deze adoptie zelf wel wilde en ik antwoordde hem: 'Nee, ik wil dit niet.' Hij merkte op: 'En hoe moet het dan met je zusje Délivrance?' 'Zij is mijn nichtje, niet mijn zusje, en ik ben bijna elf jaar oud!' Ik voegde eraan toe: 'Ik haat jou als je mij aan deze mensen geeft!' Hij zei: 'Maar ik moet je toch aan íemand geven.' Huilend zei ik tegen hem: 'Stuur mij maar terug naar Haïti. Ik wil hier niet zijn, ik haat het hier. En al geef je mij nu aan hen, ik blijf toch niet, ik ga weg! Ze zijn zelf ook niet gelukkig met mij.' De rechter zei: 'Ik lees hier anders dat ze jou heel graag willen hebben.' 'Ze liegen! Mijn papa is meneer Jackson, ik weet hem wel te vinden in Amerika, ik wil terug naar huis.' 'Esther Mocienne Rietveld.' 'Ik heet geen Esther, mijn tweede naam is Elizabeth, roepnaam Mocienne! Ik heet Mocienne Elizabeth Petit Jackson.'

Omdat hun eigen dochter als tweede naam ook Elisabeth had, hadden ze mij mijn naam afgenomen en er Esther van gemaakt. Ik had om me heen gemept, hen laten schrikken en gezegd: 'Ik vermoord jullie als je mij nog één keer Esther noemt!' Daarop hadden ze gezegd: 'Goed dan, we zullen je Mocienne noemen.' Mijn nichtje heette voortaan Ruth Délivrance Rietveld. Wat ik merkwaardig vond was dat ze mij de tweede naam van mijn oma, Katherine Esther Jackson, hadden gegeven. Ze wilden van de naam Esther mijn roepnaam maken. Ik zei tegen de rechter: 'Ik maak hen dood als je mijn naam van me afpakt!' Délivrance vond alles goed en mocht even terug naar de wachtkamer. Ik bleef alleen met de rechter achter. Hij zei: 'Goed, ik zal ervoor zorgen dat jouw roepnaam voor de wet Mocienne blijft, maar voor de rest kan ik niets voor je doen. Ik moet de papieren ondertekenen, anders ben jij stateloos, je hoort dan helemaal nergens bij.' Ik zei: 'Dat vind ik niet erg, hoor.' De rechter zag er nu verdrietig uit. Ik was alleen met hem op zijn kamer, ik huilde en zei: 'Ik wil dit echt niet, ik blijf hier niet, ik kom van ze af!' Hij ging in zijn stoel zitten, het was een poosje stil tussen ons. Ik zei tegen hem: 'Ik zal jou voor altijd haten totdat ik doodga!' Hij zei dat hij dat heel erg vond, maar dat hij geen keus had. Hij vroeg: 'Ben je er klaar voor om met hen mee te gaan? Ik kan je niet hier houden.' Ik stemde er toen maar mee in. De hele familie Rietveld speelde dat we een 'happy family' waren. Nu was ik wettelijk van hen, maar ik dacht bij mezelf: mij krijgen jullie nooit, ik ben niet van jullie!

De Raad voor de Kinderbescherming bleef bezoekjes afleggen want dat moest van de rechter, en ik moest in therapie. Kort daarna werd ik voor de eerste keer door mijn adoptiebroers verkracht. Dat gebeurde bijna vijf jaar regelmatig, totdat ik sterk genoeg was hen fysiek aan te kunnen en van me af te slaan. Op de dag dat ik voor het eerst menstrueerde kreeg ik het voor elkaar hen met hun hoofd genadeloos tegen de muur te rammen, waardoor ze een hersenschudding opliepen. Ik zei tegen hen: 'Als jullie mij ooit nog met één vinger aanraken maak ik jullie dood!' Sindsdien had ik altijd een mes bij me, dat ik zelfs een keer tegen mijn adoptievader gebruikte. Ik vertelde hem: 'Ik noem jou voortaan niet meer papa, want jij bént Michael niet, en je vrouw is niet mijn moeder, want mijn moeder is niet blank, en bovendien is ze dood. Ik noem jullie gewoon bij jullie eigen voornaam.'

Ik was een fanatiek judoka, ik haalde heel snel mijn bruine band en woonde altijd wedstrijden bij. Dit deed ik om sterker te worden dan zij: judo voorzag mij van de juiste training om te bereiken dat ik hen kon verslaan. Ik was er goed in, ik bleek erg sterk te zijn, maar net niet sterk genoeg om hen aan te kunnen, totdat ik begon te menstrueren. Dat hele Nederland kon mij niet schelen, zelfs school niet, ik wilde hier weg, weg van de mensen en weg van dit land. Ik had nachtmerries over de moorden die ik had meegemaakt en met niemand kon delen.

Ik was er al snel achter dat mijn adoptiemoeder een onbetrouwbare heks was. Ik voelde mij dan ook absoluut niet de dochter van deze vrouw. Desondanks had ik aanvankelijk een beetje het gevoel dat wij vriendinnen waren, omdat ze duidelijk haar best deed voor haar kinderen. Ik heb zelfs vertrouwen in haar gehad totdat ze dat voorgoed beschaamde. Mijn adoptievader was net zo iemand als mijn oom Pierrot-Jean Petit, alleen iets minder erg. Het enige wat ik schattig aan hem vond was dat hij goed kon koken – ik keek graag toe hoe hij dat deed. Dat hij een pruik droeg omdat hij kaal was vond ik best boeiend. Ik vond het maar niets dat hij die droeg: hij zag er in mijn ogen beter uit zonder. Hij deed er altijd erg ijdel over.

Op een gegeven moment kreeg zijn vrouw borstkanker. Toen hield ik op met stoutigheid en valse streken want ze kon wel eens doodgaan. Voor mezelf vond ik dat niet erg maar wel voor haar eigen kinderen. Het besef groeide in mij dat ik weg zou gaan zodra ze was genezen. Ik voelde dat ik haar overal mee moest helpen tot ze beter was. Ik was gezeglijk: ik kookte, deed de was, hielp haar met strijken en speelde dat ik lief was, maar ik was niet lief.

Ze gingen vaak naar Afrika en lieten zo zien wat voor geweldige dingen ze allemaal deden voor arme kinderen. Zij, als blanke mensen – ik haatte hen erom. Ik moest er per se naar kijken en erover horen, en alle dingen bewonderen die ze het land in hadden gesmokkeld. Ik had geen respect voor hen. Ze waren niet bepaald arm: we woonden in Terwolde op een landgoed met veel land, maar ik was er niet van onder de indruk. Ik hield van de buren terwijl zij niets met hen te maken wilden hebben. Op een keer was ik zo boos geworden dat ik mijn buurjongen zowat aan het wurgen was. In de periode dat ik door mijn adoptiebroers werd verkracht koesterde ik een diepe haat jegens alle jongens op school – ik sloeg hen graag in elkaar. De Raad voor de Kinderbescherming begreep er niets van. Zodoende moest ik naar het Riagg voor gestoorde kinderen. Ik zei geen woord, ik had blauwe plekken op mijn lichaam. Ze zagen niets terwijl ik keer op keer bij hen was. Ze kregen mij niet aan het praten en dat konden ze niet waarderen. Ik mocht hen niet, ik beschouwde de sessies als een straf voor mijn gedrag. Ik vertelde ook dat ik bij hen weg wilde: ze ondernamen niets, dus aan hen had ik ook niet veel. Waarom zou ik hun iets willen vertellen? Ik haatte mijn adoptieouders en was daar wel heel eerlijk over. Ze hielden meer van hun eigen kinderen dan van hun adoptiekinderen, dat zag je aan alles. Er was geen gelijkwaardige liefde, deze mensen waren alleen voor zichzelf bezig. Ik was voor hen zeker een popje dat ze hadden gered uit het arme Haïti. Als ik zei dat ik niet arm was, zeiden ze: 'Je was ondervoed.' En als ik dan zei dat dat kwam doordat ik niet goed at, keken ze me alleen maar raar aan.

Elke maand maakten mijn adoptie-ouders een foto van mij en stuurden die naar mijn ontvoerders, die hen af en toe opbelden. Katherine belde vaak op zondag, en ook mevrouw Manieta van het weeshuis. Als ik toevallig de telefoon opnam zei ik tegen hen dat ik hen haatte en dat ik hen zou doden. Katherine gilde vaak: 'Ik ben jouw oma, ik heb alleen het beste met je voor!' Ik zei dan tegen haar: 'Jij bent de duivel! Ik hoop dat je lang zult leven want God zal jouw ziel vernietigen!' Een keer was mijn oma verdrietig dat ik zo tegen haar schold. Ik had haar horen huilen en zei tegen haar in het Engels: 'Ik krijg jou nog wel een keer!' Iedereen was bezig een verhaal in mijn hoofd te stampen dat ik een arm, zielig kindje was, en ik haatte hen daarom. Ik moest dankbaar zijn dat ze me hadden ontvoerd, weg bij Michael, en dat mijn identiteit van mij was gestolen. Ik ging van het katholieke geloof over naar het protestantse, ik moest binnen een veel te krap tijdsbestek vier talen leren schrijven en hen goed kunnen verstaan. Alles in Nederland moest opeens op hun niveau, waarbij ze vergaten dat mijn eerste echte schrijven in het Haïtiaans was geweest en mijn eerste abc in het Engels.

Op een gegeven ogenblik vertrouwde ik mijn adoptie-ouders niet meer met wat ze me te eten gaven. Daarom stopte ik met eten en werd anorexianervosapatiënt. Ik had een geweldige dokter, in Terwolde was zij de enige die echt naar mij luisterde. Ik vroeg haar of ze mij haar vertrouwen wilde geven en dat gaf ze me. Ik vertelde haar een heel klein beetje over mijn ziek zijn op Haïti en in Amerika. Ik moest nog steeds vaak naar het ziekenhuis omdat het niet goed met mij ging: het bleek dat ik zware astma had en last van verschillende allergieën die zelfs fataal konden zijn. Ik had ook eczeem gekregen – iets wat ik niet had gehad op Haïti of in Amerika, en ik had nog steeds last van mijn ogen, waardoor ik zware migraine kreeg zodat ik flauw kon vallen. Het probleem met mijn ogen zorgde ervoor dat ik ook blind kon worden. Het maakte mij zo ziek dat mijn immuunsysteem een klap kreeg en ik veel pijn had. Wanneer ik ziek was wilde ik dood, en dat was natuurlijk niet goed. De dokters drongen er bij mij op aan dat ik ertegen zou vechten, maar ik wilde dat nauwelijks. Ik sliep met de foto van Michael. Als ik het over hem had raakte iedereen in paniek en noemde hem een mafkees. Ze zouden het niet van mij winnen, ik was een gevaarlijke tijdbom. Als ik dood zou gaan hadden ze een enorm probleem met de dokters, die hen niet mochten, en met de Raad voor de Kinderbescherming, die er niets van begreep dat een kind dat deel uitmaakte van een rijk gezin, niets anders wilde dan hen afmaken. Er was hier sprake van emotionele verwaarlozing want ze kwamen niet bij mij binnen. Ik zeurde alleen maar of ze mij daar wilden weghalen, en bleef erop hameren dat ik drie jaar ouder was.

Toen ik op mijn tiende jaar [voor de wet] onverwacht ongesteld werd kreeg ik opeens van iedereen aandacht. Mijn lichaam zei nu ook: 'Nee, ik ben dertien,' dus niemand kon er nog langer omheen. Ik kreeg al snel borstjes, ik werd een wilde puber volgens de therapeuten, maar dat kon helemaal niet: volgens de papieren was ik nu tien jaar oud. Ik wenste al die mensen dood, ik dacht: jullie zijn gek! Mijn adoptie-ouders zeiden: 'Goed dan, Mocienne, we zullen net doen alsof je in 1975 bent geboren en niet in 1978.' Nu is het genoeg geweest, dacht ik bij mezelf, nu maak ik jullie dood! De Raad voor de Kinderbescherming vond dit alles wel vervelend, maar ondernam niets.

Michael had in 1987 een nieuw album uitgebracht, 'Bad'. In de tussentijd had ik overal en nergens vandaan informatie verzameld over Michaels jonge jaren, ik herkende hem er heel goed in. Ik was woedend op hem, maar alles van vroeger viel nu wel op zijn plek. De waarheid over Michael maakte mij ziek. Jarenlang sloeg ik geregeld op zijn foto en schreeuwde: 'Voor mij ben jij dood, jij verdient mij niet! Ga dood, ga dood, ik haat jou!' In Nederland was Michael maar weinig in het nieuws. Ik was vreselijk kwaad dat ik mijn leven lang nog nooit een televisie had gezien, of een platenspeler.

Ik had tijdens mijn ontvoering zoveel drugs ingespoten gekregen dat een deel van mijn hersens niet goed werkte. Ik wist bijvoorbeeld niet meer hoe ik mezelf op de wc moest redden, ik moest dingen opnieuw leren zoals zelf mijn tanden poetsen. De familie Rietveld leek dat te weten – ze vonden het in elk geval niet vreemd. Het betrof allemaal zaken die normaal voor mij waren geweest op Haïti. Dit zorgde ervoor dat ik er honderd procent zeker van was dat ze van die drugs af wisten die ik indertijd toegediend had gekregen, ook vermengd met mijn eten.

Op een avond zag ik tijdens een feestje van oma Rietveld iets raars aan mijn drankje, en ik gaf met stemverheffing te kennen dat ik meteen naar het ziekenhuis wilde. Toen de familie Rietveld daar geen gehoor aan gaf schreeuwde ik: 'Naar het ziekenhuis of ik ga naar de politie en ik vertel alles over jullie!' We gingen naar het ziekenhuis. Daar werd geconstateerd dat ik inderdaad drugs in mijn lichaam had. Ik bleef daar een nacht, en de politie en mensen van de Raad voor de Kinderbescherming kwamen langs. Ik dacht bij mezelf: zo, mijn tijd is gekomen om hier weg te gaan. Ik nam nooit meer een drankje van hen aan, ik haalde alles zelf en dronk bijna altijd nog maar wanneer ik alleen was. En ik werd helderder in mijn hoofd. Ze wisten allemaal dat ik hen kapot zou maken.

Délivrance was wél gelukkig, ze was net als haar vader geworden, Pierrot-Jean. Ze hing mij de keel uit, ik begon een hekel aan haar te krijgen. Zíj was de enige reden dat ik hier nog was omdat ze niet met mij wilde weglopen. Ze was net zo corrupt als de familie Rietveld, ze paste wat dat betreft goed in het gezin, maar ook zij werd vaak verkracht. Toen ik eenmaal sterk genoeg was om mijn adoptiebroers aan te kunnen, bezorgde ik hun een hersenschudding als ze haar aanraakten. Ook zette ik hun wel eens een mes op de keel.

Ik was nu volledig op de hoogte van Michaels jeugd, ik had iedereen herkend op de foto's en begreep dat mijn familieleden Jackson tot op het bot verrot waren en dat ik was gedumpt zodat Michael hun slaaf kon blijven, gevangen in hun leugens. Alles bleek om geld te draaien. De familie Rietveld had datgene aangevuld wat ik – op papier – bij Michael tekort was gekomen: ik was nu onderdeel van een echt gezin. Ze hadden echter op één ding niet gerekend: ik bleef Michael trouw tot aan mijn dood, hij was de enige die ik ooit in mijn leven had gehad. Dat was voldoende voor mij – hij was lief, rook altijd lekker, kon mooi zingen en sliep graag bij mij in bed. Hij droeg mij nachten achtereen bij zich als ik ziek was, hij was mijn beste vriend, bij hem voelde ik mij veilig, en hij was echt lief voor kinderen. Michael was een heel goed mens, die erg veel voor mensen deed zonder ooit iets terug te vragen. Hij had kinderen die niet van hem waren een huis gegeven, hij had een vrouw getroost die niet goed voor hem was. Michael was een door en door goede man terwijl mijn adoptie-ouders alleen maar aan zichzelf dachten. Zij lieten zich erop voorstaan hoe goed ze wel niet waren dat ze arme kindertjes in huis namen. Ze schreeuwden het van de daken: 'We hebben drie kinderen van onszelf en vijf geadopteerde kinderen.' De adoptiekinderen waren afkomstig uit Haïti en Colombia, en o, wat waren ze daar trots op! Er was zelfs nog een kindje bij gekomen, met dezelfde nepmoeder als die in mijn papieren stond vermeld. Dat vertelde ik aan de Raad voor de Kinderbescherming en nog steeds deden ze niets!

Nu was ik op een punt gekomen om weg te gaan bij de familie Rietveld. Ik was er al jaren mee bezig geweest, maar nu was ik er echt klaar voor. Het album

'Bad' was, zoals gezegd, uitgekomen, en Michael zag eruit als een wildvreemde, ik was dan ook bijna flauwgevallen toen ik die foto bekeek. Ik zag de triestheid in zijn ogen – ik had een poster van hem op mijn kamer. Michael werd een andere man, ik raakte hem kwijt, ik zag hem lijden. Hij had zijn album 'Bad' genoemd, 'slecht', alle nummers hadden een betekenis die verband met mij hield. In 'Smooth criminal' vertelde hij hoe ze mij van hem hadden weggehaald, en hij vroeg zich af hoe het met mij ging. Ik heet Mocienne en dat spreek je zo uit: Mosie-Enne. Michael vroeg in dat nummer: 'Annie are you okay?' Hij beschreef de nacht waarin hij mij onder het bed had gevonden toen ik door Délivrances vader Pierrot-Jean met een riem was geslagen omdat ik te laat was thuisgekomen. Ik had mij toen onder mijn bed verstopt, Kelly kon me niet vinden maar Michael had mij daar aangetroffen en meegenomen naar zijn hotel. Hij had die man in elkaar laten slaan, en hem voor minimaal tien jaar in een Dominicaanse gevangenis laten stoppen, ver van huis. Kelly was daar woedend over geworden, en Michael had tegen haar gezegd: 'Dat heb ík niet gedaan, jouw zoon heeft hem aangegeven.' Kelly had tegen Michael geschreeuwd: 'Het is jouw schuld. En nu moeten mijn kinderen naar mijn zuster, of zijn zuster. Ik kan niet voor ze zorgen, en dan werken voor mijn hoer van een dochter Angelina totdat ik doodga!' Ze ging dus dood. Waaraan zei ze niet, maar ze zou doodgaan. Michael was met mij weggelopen en had me pas vier dagen later naar haar teruggebracht. Ook had hij haar heel veel geld gegeven – zoveel dat ze ervan had moeten huilen. Michael had tegen haar gezegd: 'Je dochter zal jou welkom heten, Kelly.' Michael was zo lief voor haar geweest. Hij was een goed mens, en hij en ik leden onder een 'smooth criminal'.

Ik moest hier weg. Ik had al een tijd zitten wachten op het boek 'Moonwalk' dat in 1988 zou uitkomen. Ik verwachtte mijn naam te lezen in dat boek, waarin Michael toegaf dat hij een kind had, en waarin hij vertelde over de tijd die wij samen hadden doorgebracht, en dat hij dat alles was kwijtgeraakt. Dit was echter niet het geval. Later hoorde ik dat hij dat boek niet in zijn eentje had geschreven, maar samen met een mevrouw, Jacqueline Kennedy Onassis, en dat zij veel dingen uit haar duim had gezogen. Gelukkig zag ik Michael als een heel andere man. Op de foto's was hij voor mij bijna onherkenbaar wat betreft zijn lichaam, handen en ogen. Wel herkende ik zijn stralende lach. In de jaren dat ik hem niet meer had gezien was hij heel erg veranderd – zijn ogen keken boos. Deze Michael was niet mijn Michael, en ik begreep opeens dat ook hij een boos mens was geworden: net als ik was hij boos op de wereld – dat gaf mij een goed gevoel. Elke nacht hoorde ik in mijn hoofd nog altijd wat hij allemaal tegen me had gezegd. Hij had beloofd dat we elkaar zouden weerzien, ook al moest hij de hele wereld af reizen. Dat was mijn vader dan ook aan het doen: hij ging langs kindertehuizen over de hele wereld en liet opeens zien dat hij een groot kindervriend was.

De maffia had overal achter gezeten – ze hadden mij gewaarschuwd dat ze mijn vader zouden vermoorden als ik naar hem toe ging. Ik begreep dat ik in leven bleef omdat men in Nederland niet helemaal dom was: men wist dat er iets met mij was gebeurd, maar men kon niets doen, zo leek het. Mijn adoptie-ouders en hun kinderen gaven mij dozen vol informatie over Michael om mij te troosten. Ik schreef een brief aan Diana Ross die ze voor mij zouden posten, maar ik wist bij voorbaat al dat ze dat niet zouden doen. Ik loog in de brief want Katherine kende Diana Ross en zij belde ons, en ik hoorde ook dat ze in Nederland was. Heel toevallig gingen mijn adoptie-ouders een lang weekend weg, ze hadden een filmcamera gekocht om mij op te nemen, ze dachten echt dat ik sliep. Ik had allemaal manieren gevonden om hen af te luisteren. Door mijn toedoen waren ze niet meer gelukkig in hun eigen huis. Ik had er plezier in hun leven tot een hel te maken, want het waren gemene mensen.

Ik moest naar de 'Haïtidag' om mijn ontvoerders nog eens te zien. Ik had die mevrouw Manieta graag willen vermoorden: ze stond daar naar mij te kijken en werd bang van de manier waarop ik naar haar keek. Ik haatte haar, maar mijn handen waren niet groot genoeg om haar te wurgen en ik had niets om haar mee te slaan. Ik zorgde ervoor dat ze mij niet aanraakte, iedereen wist op de Haïtidag dat ik haar haatte, met haar slangenogen. Ik was er getuige van geweest hoe ze kinderen mishandelde en elke dag hetzelfde eten gaf. Toen de kokkin, die hier verandering in wilde brengen, ziek werd, smeet ze haar zo de straat op omdat ze niet mocht wachten tot haar familie haar kwam ophalen. Zijzelf leefde als een prinses terwijl haar dochter Sofie alle kinderen moest verzorgen. Ik was al helemaal haar slaaf: ik moest zowat vierentwintig uur per etmaal haar huis schoonmaken. Ik had een enorme haat jegens haar ontwikkeld, en daar stond dat monster opeens in Nederland voor mijn neus schijnheilig te glimlachen, terwijl ze op Haïti kinderen met een riem sloeg als ze niet luisterden. Dan zei ze tegen hen: 'Dat is voor je eigen bestwil.'

Toen ik nog bij haar verbleef, was ik op zeker moment naar haar toe gegaan en had tegen haar gezegd: 'Manieta, als u mij ooit met een riem slaat, dan dood ik u later als ik groot ben.' 'Wat?' had ze uitgeroepen, 'kom jij hier om mij te bedreigen?' Ik had geantwoord: 'Ik bedreig u niet, ik zeg alleen dat ik u doodmaak als ik later groot ben. Ik vind u niet lief!' Om me te straffen haalde ze de matras van mijn bed, en moest ik op het koude ijzer slapen. Een andere keer vertelde ze ons beschuldigend dat er een pak chocomelblikjes gejat was. Alle kinderen moesten aantreden en ze schreeuwde: 'Ik wil weten wie dit gedaan heeft!' Het was rond etenstijd, ze zei: 'Niemand zegt iets? Nou, dan jullie krijgen vandaag geen eten! En drie dagen geen avondeten.' Dit kon mij niets schelen, ik liet mijn vieze pap toch altijd al staan, ik gooide het zelfs op de grond. De Koning hield mij in leven. Ze nam dan wel wat fruit en noten voor mij mee, en een broodje. Iedereen ging altijd weg, ik bleef daar alleen achter. Manieta had nog een dochter, Diana, die eruitzag als een hoer. Zij had een dure auto en kwam altijd laat thuis. Op zondag moest ik naar de kerk, waar haar man, pater Lespinas, die valse hond, over de goedheid van God praatte. We werden netjes gekleed en namen plaats in de kerk die zowat overliep van echt goud, terwijl de kinderen onder deze 'godsgelovige' mensen moesten lijden. Ik nam het besluit om voortaan zonder geloof te leven, alleen met de god die in mij zat. Ik liep uit de kerk weg en nam buiten een kijkje.

Het weeshuis stond in de rijke buurt van Porte-au-Prince. Het was een wit huis dat was omgeven door enkele palmbomen, en er stonden hekken omheen die op slot zaten – je zat er gevangen. Op een nacht was ik net bezig te ontsnappen toen de oudste dochter van de pater thuiskwam terwijl ze met haar vriendje vree. Ze bleef daar de hele nacht zitten vrijen met die jongen. Toen de zon opkwam kon ik niet meer weg. Ze had mij niet gezien. Ik was altijd op zoek naar nadere informatie en wat ik hoorde betrof alleen maar slechte dingen. De pater was volgens mij verrot, hij was de duivel zelve. Desalniettemin was hij dol op mij, hij zei altijd: 'Mocienne, mijn pareltje' en dan pakte hij een parel van zijn vrouw. Hij zei: 'Kijk, zó mooi ben jij.' Ik haatte die man hartgrondig in alles waar hij voor stond. Hij liet zijn vrouw de kinderen mishandelen die hij binnenhaalde, en iedereen behandelde hem als een god.

Nadat ik op de Haïtidag in Nederland was geweest en die vrouw weer had gezien, besefte ik meer dan ooit dat ik niet langer bij mijn adoptiefamilie kon of wilde blijven. Mijn adoptie-ouders vroegen mij: 'Goed, zullen we je dan naar een kostschool sturen?' Ik stemde daarmee in, maar ze deden het niet, dus ik vond dat de tijd nu rijp was om weg te gaan. Nadat ik op een avond voor de zoveelste keer een vreselijke ruzie met hen had gekregen – ik haatte hen en dat had ik die avond weer eens goed te verstaan gegeven – stopte ik het geld dat ik had gepakt bij me, stapte op de bus en vroeg de buschauffeur of hij mij naar het politiebureau kon brengen. Ik had van tevoren uitgezocht dat als ik naar de politie zou gaan, ze me echt niet meer terug konden krijgen. Het was nu aan de Raad voor de Kinderbescherming om maar eens wat te daadkracht te tonen.

Het was eind 1990. De buschauffeur deed wat ik hem had verzocht. Hij zei tegen de passagiers dat hij even moest omrijden en of ze dat goed vonden. De mensen hadden daar geen probleem mee. Hij zette me af bij het politiebureau en ik vertelde daar wat mijn adoptie-ouders en hun kinderen allemaal met mij hadden gedaan en over mijn verkrachting daar, en dat ik hen nooit meer wilde zien. Ik keerde niet meer bij hen terug nadat ik zes jaar bij hen had gewoond, ik was er helemaal klaar mee. In werkelijkheid was ik toen al vijftien jaar, voor de wet nog maar twaalf. Nu moest er van rechtswege een rechter naar mij luisteren. Hier had ik op gewacht: het moment dat ik twaalf jaar oud zou zijn. Ik had uitgezocht dat ik voor de Nederlandse wet op die leeftijd iets te zeggen had. Een maatschappelijk werkster van de Raad voor de Kinderbescherming kwam met mij praten. Ze zei dat er nergens een plekje voor me was, en vroeg of ik zeker wist dat ik er geen spijt van zou krijgen. Ik zei: 'Nee, ik wil ze nooit meer zien, die mensen.' Ik kwam in een crisisopvang terecht en was eindelijk alleen, zonder die nare familie. Ik kreeg hen nog één keer te zien want ze moesten wat kleren komen brengen. Ik vertelde hun er meteen bij dat ik hen verder nooit meer wilde zien. Niemand geloofde mij toen, maar het is wel degelijk zo gelopen.

Gedurende een jaar leidde ik een zwervend bestaan met mijn koffer, maar ik vond het best. Ik wilde daarna geen enkel contact meer met mijn adoptie-ouders. Het enige dat mij pijn deed was het afscheid nemen van opa, de vader van mijn adoptiemoeder. Dat was een geweldige man. Hij had aan mij verteld dat hij wist hoe slecht mijn adoptievader was. Ik was van deze opa gaan houden. Mijn oma, dat wil zeggen de moeder van mijn adoptievader, vertelde ook aan mij dat haar zoon een naar kind was geweest, en dat ze haar best had gedaan het eruit te slaan, maar dat hij altijd een slecht mens was gebleven. Ze was al in de tachtig, ik vond haar een bijzondere vrouw. Opa, die aan suikerziekte leed, was een man naar mijn hart – hij was de enige persoon in die zes jaar die een plekje in mijn hart had veroverd omdat hij mij begreep. Oma en haar man waren nooit blij geweest met de man van hun dochter, dat was in de hele familie geen geheim. Délivrance zou ik niet missen: zij paste goed in het gezin, ik niet, en het deed dan ook geen pijn om haar vaarwel te zeggen, ze was langzamerhand groot genoeg. Ze leek erg op haar valse vader en ik had schoon genoeg van haar.

Zes jaar lang had ik mijn best gedaan om vooral geen vrienden te maken, want ik wist dat er een dag zou komen dat ik weg zou gaan. Ik had één vriendin, dat was eigenlijk de moeder van mijn vriendin, ze heette Antonia. Haar dochter, Annabel, vond ik niet zo geweldig, maar Antonia wilde graag dat we vriendinnen bleven. Men noemde Annabel zwakbegaafd. Ze kon heel gemeen zijn, vond ik, maar je kon ook vreselijk met haar lachen. Ik heb haar echter nooit vertrouwd. Ik vond dat niet erg: op mijn manier hield ik toch wel van haar, ook al had ik het gevoel dat zij niet van iemand anders kon houden dan alleen van zichzelf. Ik vermoed dat haar moeder en de rest van het gezin dat ook wisten. Haar vader kon haar niet uitstaan en dat kon ik me wel voorstellen omdat ik begreep wat hij in haar zag. Dit gezin was voor mij zeer belangrijk, het was zes jaar mijn vluchthaven geweest als ik het niet meer uithield bij de familie Rietveld. Die kon het niet waarderen dat ik daar steeds meer naartoe ging. De moeder van Annabel was een slimme vrouw, ze had alles in de gaten. Op een dag zei ze: 'Je lijkt op Michael toen hij klein was, je kunt net zo mooi dansen en zingen als hij.' Ik had dankjewel gezegd, maar ik had haar nooit iets verteld. Ze gaf me een keer een paar oude boekjes met Michaels foto's erin, ik bedankte haar verheugd. Ze wist dat als ik bij haar thuis was, iemand het huis in de gaten hield. Op zeker moment zei ze: 'Ik vind die familie Rietveld geen aardige mensen, ze hebben meer geld dan wij. Ze vroegen of we wat geld wilden hebben omdat jij hier zo vaak komt. Ik sloeg dat aanbod af. Wat een nare mensen!' Ik wilde niet dat ze dit gezin ook nog eens pijn zouden gaan doen, dus ik maakte haast om voorgoed weg te gaan.

En nu was ik dan toch echt weg. Na zes jaar kon ik eindelijk beginnen met rouwen om het verlies van Michael. Ik was nu in werkelijkheid, zoals gezegd, vijftien jaar oud [voor de Nederlandse wet nog maar twaalf zoals ook in mijn papieren stond] en ik besefte dat men nooit zou willen geloven dat ik de dochter was van Michael. Ik ging door een heel diep persoonlijk verdriet want ik begreep als vijftienjarige heel goed dat als ik daarmee zou aankomen, men mij voor gek zou verklaren. Ik had immers niets om dat te bewijzen.

Na die zes jaar begon ik mijn ontvoering een plekje te geven en plannen te maken zonder Michael, en ook zonder die nare adoptie-ouders met hun kinderen. Ik had tegen iedereen gezegd dat ik een vader had met de achternaam Jackson, maar niemand wist dat het dé (Michael) Jackson was. Ik verbleef een jaar in een opvangtehuis in Zwolle. Op weg naar school en terug deed ik aan hardlopen, want ik judode niet meer. Dat rennen gaf mij geestelijke kracht, het leerde me sterk te zijn en op mezelf. 's Avonds viel ik in slaap met een koptelefoon op, met de muziek van Michael in mijn oren.

Gedurende vier jaar zat ik op een internaat in Nijmegen, en in die tijd zei ik niets over Michael, behalve tegen één bepaalde persoon. Op dit internaat werd er wél naar mij geluisterd wat betreft mijn leeftijd: ik was te snel en te slim, en een dokter bevestigde dat ik lichamelijk absoluut drie jaar ouder was dan mijn wettelijke leeftijd. Ik was geestelijk in stilte aan het lijden, niemand kreeg iets bij mij los. Op een gegeven ogenblik had ik wel iets losgelaten over de verkrachtingen die ik had moeten doorstaan, maar ik vertelde nooit precies wat ze met mij hadden gedaan – men kon de rest zelf wel invullen omdat ik mijn adoptie-ouders nooit meer wilde zien, zij waren niet welkom in mijn buurt. Ik was dan ook de enige op het hele internaat dat in het weekend of tijdens de feestdagen nooit naar huis ging, en van wie de ouders nooit op bezoek kwamen. Ik was geheel alleen en vond dat niet erg. Niemand hoorde ooit Michaels muziek uit mijn kamer komen, ik hechtte mij vijf jaar lang aan niemand en vond geen enkel kind daar de moeite waard. Het was voor mij niet meer dan een onderdak. Men probeerde mij daar te doorgronden, maar men kreeg geen kans want ik was op mijn hoede.

In die tijd werden mijn adoptie-ouders uit het ouderlijk gezag gezet, met de mededeling dat er een vermoeden bestond dat mij iets heel ernstigs was aangedaan. Voor de eerste keer kreeg ik daadwerkelijk hulp van het internaat om mijn leeftijd wettelijk te wijzigen, maar het ging niet door omdat de Raad voor de Kinderbescherming beweerde geen geld te hebben en bovendien dacht dat het geen kans van slagen had. Ik was in het geheel niet verbaasd want ik was niets anders van dit instituut gewend: er was nooit iets gelukt. Mijn adoptievader was tijdens verschillende rechtszaken erg kwaad geworden en met de rechters op de vuist gegaan, waarbij het om geld draaide, alsook omdat ze mij al vier jaar niet meer te zien hadden gekregen omdat ik dat niet wilde. Het maakte hem woedend, en er was nog meer, het had zelfs de krant gehaald: 'Man vliegt rechter aan in rechtszaak.'

Ik had vaak nachtmerries en plaste al sinds mijn ontvoering in mijn bed. Ik droomde dikwijls over de moorden waarvan ik getuige was geweest en had zulke verschrikkelijke nachtmerries dat ik met mijn geschreeuw het hele internaat wakker maakte. Ik trok me nog verder terug, ik werd bang om te slapen omdat ik niet wilde dat men mij zou horen. In 1994 ging ik op kamers wonen. Voor de Nederlandse wet was ik zestien jaar oud, maar in werkelijkheid negentien. Mijn internaattijd was verstreken, ik was nu vrij. Alleen voor de wet zou ik gedurende een jaar nog een voogd hebben, maar dat stelde niet veel voor: die man had te veel kinderen onder zijn hoede, dus hij liet mij wel met rust. Toen ik in 1993 [in het echt] achttien jaar oud was, had ik gemerkt dat de Jacksons naar mij op zoek waren. Een man had mij aangehouden en gezegd: 'Ik ben naar jou op zoek.' Ik was toen net verhuisd naar een andere plaats in Nederland. Uit alles wat er in dat jaar gebeurde begreep ik dat er naar mij werd gezocht. De Raad voor de Kinderbescherming had ook iets in de gaten maar kon er de vinger niet op krijgen. Een van mijn adoptiegrootouders bleek te zijn overleden, en ik kreeg een gesprek met een advocaat. Hij was ervan op de hoogte dat ik Michaels dochter was. Ik had in die drie jaar vaak mijn beldag gebruikt om een advocate te vinden die mij officieel kon laten scheiden van mijn adoptie-ouders. ... in 1999 werd dat gedaan zaaknummers. Ik was nu voorgoed van hen verlost.

Deze advocaat was een jonge knappe man. Hij huilde om wat er met mij was gebeurd en gaf me een uitstekend advies, dat ik voor de rest van mijn leven zou opvolgen. Dankzij hem heb ik in mijn leven bereikt wat ik moest bereiken. De Raad had hem geloosd, maar hij had een privémoment met mij geëist en me duidelijk verteld dat de familie Jackson mij dood wilde, mij haatte, en wat ik moest doen om te blijven leven. En dat heb ik gedaan.

Dit alles vond plaats in dezelfde tijd dat Michael werd beschuldigd van kindermisbruik. Mijn internaat vermoedde iets van een dreiging, want iedereen hield mij plotseling goed in de gaten en scheen met mij te doen te hebben. Ik was er kapot van dat Michael door de maffia gestraft werd, ze waren bezig hem aan de hoogste boom op te hangen. In dezelfde periode wisten de Jacksons mij te bereiken. Ik had het idee dat ze mij kwijt waren geraakt omdat de familie Rietveld ruzie met hen had gekregen en niets meer over mij wilde zeggen. Katherine had jarenlang toegang tot mijn leven gehad maar de laatste jaren niet meer. De maffia had altijd gezegd: 'Als je naar je vader toe gaat vermoorden wij hem.' Ik was intussen heel stout bezig: ik zocht een weg om juridisch van hen te scheiden. Michael werd daarvoor gestraft hoewel hijzelf zo goed mogelijk met dit alles probeerde om te gaan.

Michael had mij altijd verteld dat hij meisjes leuker vond dan jongens, dat hij zo blij was met mij als zijn dochter, en nu had hij opeens een kring van jongens om zich heen. Hij had zich in het verleden nooit met jonge kinderen vertoond, maar nadat zijn album 'Bad' was uitgekomen, had hij allemaal jongens in zijn buurt, en een van hen beschuldigde hem van kindermisbruik. Dit was om Michael kapot te maken. Als hij in de gevangenis terecht zou komen was zijn leven voorbij. Ik was dan ook blij dat Michael de zaak afkoopte. Ik huilde van geluk toen ik dat vernam maar had eerst gegild van verdriet omdat hij het in feite nooit had kunnen winnen. Ik was zo trots op hem, terwijl de wereld boos op hem was dat hij dat had gedaan. Ik was apetrots omdat ik begreep dat de maffia bezig was hem af te persen. Ik had Michael met mijn neven op Haïti meegemaakt – hij zou een kind nooit pijn doen, kinderen waren alles voor hem. Iedereen sliep bij Michael in bed, daar was niets bijzonders aan. Michael was nooit seksueel gericht jegens al die kinderen, die als een magneet naar hem toe kwamen. Hij was altijd aardig, wel was hij heel lichamelijk, net als ik: hij raakte graag iedereen aan met wie hij omging. Ik had met mijn eigen ogen gezien dat kinderen graag bij hem waren. En Michael had hen in zijn bed gelaten omdat hij het wel stoer voor hen vond dat ze daar mochten slapen. Michael sliep dan op de grond, en zij lagen in zijn bed. Zijn hart zat gewoon op de goede plaats en het was fijn om naast hem te slapen. Michael hield van vrouwen, dat had ik als kind al in de gaten. Ik herinner me nog dat hij mij leerde niet bang te zijn voor het geslachtsdeel van jongens. Michael had er geen enkel probleem mee om in bijzijn van anderen in zijn blootje te zijn, hij was heel onbevangen. Iedereen die hem kende wist dat ook.

Michael werd in 1993 van verkrachting beschuldigd, en daar zat de maffia achter waarmee ik als kind te maken had gehad. Ik had enorm in spanning gezeten en was dan ook erg trots op hem toen ik vernam dat hij de maffia had afgekocht. Hij had geen keus gehad: hij zou het nooit hebben kunnen winnen en ze zouden mij in het bos waar ze mij naartoe waren gevolgd, absoluut hebben vermoord.

Het was heel dreigend geweest, op die zondag dat ik aan het joggen was. Er leek eerst niets aan de hand te zijn – net als ik waren er vijf mannen aan het joggen – totdat ik hen opeens overal in het bos tegenkwam. Een van hen sprak mij aan en vroeg: 'Jij heet toch Petit Jackson? Ben je van plan om naar je vader te gaan?' Ik had me toen pijlsnel uit de voeten gemaakt – ik was sneller dan zij – en was het bos uit gevlucht. Een paar dagen later zag ik hen in een auto zitten die voor het huis stond waar ik een baantje als oppas had. Op zaterdag gebeurde dit opnieuw: ze stonden drie uur voor de kapperszaak waar ik werkte te wachten tot ik klaar was en naar buiten kwam. 'Kunnen we niet even praten?' vroeg een van hen. Mijn antwoord was: 'Nee.' De hele weg naar huis reden ze achter mij aan. Zo bleven ze drie maanden in mijn buurt rondhangen. Toen bekend werd dat Michael de familie van de betreffende jongen een betaling had gedaan, zeiden ze: 'Je vader Michael heeft betaald. Nu kunnen wij weg zonder jou pijn te hoeven doen. Je krijgt groetjes van je oma Katherine. Zij weet waar je woont, Esther Mocienne.'

Voor mijn ogen zag ik gebeuren hoe Michael als het ware heel langzaam stierf. Het was alsof hij niet langer wilde zijn wie hij was, en het maakte mij kapot vanbinnen. Ik had door de tijd heen geleerd dat ik niets aan zijn leed kon, ik kon hem hooguit wat troost bieden door een goed mens te zijn en in leven te blijven. Al was mijn tijd op het internaat eenzaam, ik voelde mij daar voor het eerst wel veilig, omdat ik niet meer werd verkracht of in elkaar geslagen. Ook hoefde ik niet langer te lijden onder de schijn dat ik zo'n goed leven had omdat ik uit een rijke familie kwam, en dat ik toch maar een geluksvogel was om in Nederland te wonen omdat ik uit Haïti afkomstig was. Ik had aanvaard dat ik er alleen voor stond. Mijn doelstellingen waren duidelijk: ik wilde weten hoever ik kon gaan om Michael te bereiken zonder dat hij door de maffia vermoord zou worden – en ik opnieuw verkracht en mishandeld. Aan de Nederlandse overheid had ik helemaal niets, begreep ik, de Raad voor de Kinderbescherming had werkeloos toegekeken en niets ondernomen. De rechters hadden mij ook in de steek gelaten, want er was verder niemand voor mij geweest gedurende mijn vier jaar op het internaat – ik was geheel op mezelf aangewezen. Nu duurde het voor de wet nog anderhalf jaar en dan zou ik klaar zijn met hen.

In 1994 ging ik zelfstandig wonen en ik kreeg een toeziend voogd aangewezen. In datzelfde jaar trouwde Michael met Lisa Marie Presley. Ik wilde graag geloven dat hij echt van haar hield, maar nadat ik de blik in zijn ogen had gezien wist ik zeker dat hij loog. Ten eerste was ze te lelijk om mooi door hem gevonden te kunnen worden. Ik had hem vaak genoeg met vrouwen gezien en één ding bleek overduidelijk uit het verlanglijstje van Michael: hij hield niet van blanke vrouwen. Ten tweede hield hij van slimme vrouwen en Lisa Marie Presley was verre van slim. Verder hield Michael van vrouwen met een flinke derrière en hij was een 'groteborstenman', dat had ik zelf ontdekt. Bij haar ontbraken beide kenmerken. Michael gaf de voorkeur aan normale vrouwen: van gillende of wilde types moest hij niets hebben. Lisa Marie was er een van het wilde soort. Michael hield van lieve vrouwen, mooi, zacht, sterk, en dat was zij evenmin. Ze was eigenlijk niet veel soeps. Ik maakte me dan ook geen zorgen dat hun liefde lang stand zou houden. Wat mij wel diep raakte was het feit dat hun huwelijk werd bezegeld in de Dominicaanse Republiek. Ik voelde het als een erkenning naar mij toe dat hij door daar te trouwen, te kennen gaf dat hij banden met de Dominicaanse Republiek had – deze gebeurtenis aldaar maakte mij zelfs aan het huilen. Het was daar dat ik hem mijn vertrouwen in hem had teruggegeven. Bovendien woonde tante Maria er. Ik vond het mooi dat hij mij op die manier liet weten dat hij nog steeds verbonden was met het eiland. Het voelde voor mij een beetje alsof hij in mijn oor fluisterde dat ik onze beloftes en onze bijzondere tijd daar nooit moest vergeten. Michael had werkelijk overal kunnen trouwen maar hij trouwde juist daar.

Michael was van een vrolijke man een verbitterde man geworden, hij was niet langer de Michael die ik kende. Hij speelde toneel, het geluk leek wel uit hem te zijn weggezogen. Hoewel ik van zijn talent doordrongen was, deed zijn muziek mij niet zo verschrikkelijk veel – voor mij was het een te-ver-van-mijn-bedshow. Zijn muziek was in mijn ogen zijn dagboek. Zo schreef hij in 'Thriller' over de thriller van zijn leven. Alles wat hij op dat album zong had hij echt meegemaakt. In het liedje 'Baby Be mine' zong hij: 'Every Moment Takes Me To Paradise,' en dat was ook zo: hij was in het paradijs wanneer hij op Haïti was en in de Dominicaanse Republiek, en op Jamaica. Michael was verliefd op de eilanden omdat het er zo mooi was en het leven zo eenvoudig. 'Thriller' was een liefdesuiting van zijn leven, en 'Bad' ging over alles wat er met ons samen was gebeurd, – het was het album van de hoop. Vooral 'Thriller' was voor mij bijzonder want ik had het liedje 'Beat It' voor de ogen van Michael gezongen. Ik wist toen niet dat híj de Michael was die dat zong. Ik had hem daar moeilijke vragen over gesteld, en diezelfde dag had hij onze goede radio weggehaald. 'Human Nature' was mijn 'rustliedje', het maakte mij rustig wanneer hij mij vasthield terwijl hij dat zong. Ik had Michaels tranen op mij neer voelen druppelen toen ik heel ziek was en hij even was gestopt met zingen, om er algauw weer mee verder te gaan. 'Bad' was het album dat mij eraan hielp herinneren dat het allemaal echt waar was tussen hem en mij: het leed van twee mensen die van elkaar verwijderd waren. 'Smooth Criminal' vertelde wat er tussen ons was gebeurd: dat hij mij smekend vroeg of alles in orde met mij was toen ik met een riem was geslagen door mijn oom Jean-Pierre. 'Bad' was het symbool van: 'Hou vol, ik zal je vinden, Mocienne, je bent van mij.'

'Off The Wall' was het album waar ik gewoon van hield, dat was Michael ten voeten uit, dat was in de gelukkige tijd van Michael, ik was toen klein. Michael heeft meer dan eens toegegeven dat de periode waarin hij dit album maakte, de beste tijd van zijn leven was. Ik weet dat het ermee te maken heeft dat ik toen een baby was. Michael heeft de tijd rond het ontstaan van 'Off The Wall' beschreven als een gelukkige tijd voor hem persoonlijk: al had hij problemen, toch kreeg hij zijn eigen leven onder controle. Ik houd van dit album omdat Michael hierop de ontdekkingsreis door zijn leven beschrijft. Ik geniet ervan naar de Michael uit die tijd te kijken, hij lachte veel op de foto's en zag er blijer uit, hij was meer de vader die ik op Haïti en in Amerika had gekend. Na 'Thriller' werd hij anders: aan de buitenwereld liet hij de echte Michael niet langer zien, hij werd als het ware opgesplitst in twee los van elkaar staande mensen. Ik kende zijn kant als popster niet, die was mij geheel vreemd. Ik vond het bijzonder om te ontdekken dat Michael eigenlijk een heel jonge vader was, en absoluut geen oude man. Voor het eerst in mijn leven was ik tot het besef gekomen dat ik een jónge vader had.

Toen hij in 1994 met Lisa Marie trouwde, besefte ik ook dat hij haar niet de échte Michael zou laten zien.

Hij had mij lang geleden verteld dat hij geen vrouw wilde, en ook waarom niet. Dit had te maken met zijn moeder Katherine en met mijn moeder. Deze twee vrouwen hadden hem zo enorm veel verdriet gedaan dat hij had besloten dat hij nooit een vrouw wilde. Ik geloofde dat natuurlijk niet toen ik klein was, ik dacht destijds: Michael wordt verliefd en ik krijg een nieuwe moeder, en broertjes en zusjes. Michael had respect voor zijn moeder als vrouw omdat ze hem het leven had geschonken, maar hij vertrouwde haar al heel lang niet meer. Ik wist niet precies hoe dat zat. Wat ik wel had begrepen was dat mijn moeder ook verliefd was op oom Jackie, en met hem en nog een andere man naar bed was gegaan. Michael vond haar een vrouwenhater. Mijn oudste neef Antwan had ooit tegen mij gezegd dat Michael mij op een keer wel meer zou vertellen over mijn moeder. Wat ik van Antwan had gehoord was dat mijn moeder aanzienlijk ouder was dan Michael, en dat zij er geen vertrouwen in had gehad dat hij iets zou kunnen bereiken in zijn leven of met zijn werk. Daarom was zij een relatie aangegaan met een man die veel slimmer was dan Michael, en ook ouder. Omdat ze met zoveel mannen had gevreeën wist niemand van wie ik was, niemand wilde mij hebben, maar omdat mijn papa ook met haar naar bed was geweest, wilde hij mij hebben en dus kreeg hij mij, met oma Katherine op de achtergrond. Zij mocht meebeslissen over mijn leven. Antwan vertelde dat Michael het niet altijd met haar eens was, dus daarom waren ze vaak boos op elkaar. Wanneer ik echter aan mijn neef vroeg of mijn moeder echt dood was, gaf hij mij nooit een eenduidig antwoord. En als ik hetzelfde aan Kelly vroeg, zei ze: 'Ja, jouw andere moeder is dood, ik ben jouw mama nu, je bent van mij, en van papa.' Dus aan haar had ik wat dat betreft niets.

Veel vrouwen waren verliefd op Michael. Gedurende mijn laatste tijd met hem in Port-au-Prince gingen wij altijd samen in zee zwemmen, hij maakte me dan 's nachts wakker. Michael liet zich overdag nooit aan vrouwen zien. Na zijn ongeluk ging hij 's avonds een keer met mij op stap in Port-au-Prince, we gingen naar de straatmuzikanten luisteren. Alle vrouwen deden die avond de meest rare dingen om hem te vangen, ze kusten hem zelfs. Een van die vrouwen had mij opzijgeduwd om zo dicht mogelijk bij Michael in de buurt te komen. Michael had haar aan de kant geduwd, mijn hand gepakt en was samen met mij bij haar vandaan gerend, het was bijzonder om mee te maken. Er was die avond carnaval op Haïti en Michael had mij uitgebreid gevraagd welke – zeer schaars geklede – vrouwen ik mooi vond. Als ik later groot was mocht ik daar niet aan meedoen, had hij gezegd. Tegen het einde van de avond had hij met mij op slagwerkmuziek gedanst, hij en ik, samen in de stille nacht, dicht bij mijn tijdelijke huis in Port-au-Prince. Ik had erg lang op het ritme gedanst, Michael had me verteld hoe ik het moest doen en danste met me mee. Op een gegeven moment danste ik in mijn eentje, en hij keek toe. De slagwerkers leken niet meer op te houden, ik was doodmoe geworden. Ten slotte had Michael mij dicht tegen zich aan naar huis gedragen. Kelly was er geweest om mij van hem over te nemen, ik had een nachtkusje van Michael gekregen want hij sliep in een hotel. 'Tot morgen,' had hij gezegd. Kelly had mij in bed gestopt en ik was meteen in slaap gevallen.

Ik wist dus dat Lisa Marie Presley Michael nooit voorgoed bij zich zou kunnen houden, zij had echt helemaal niets te bieden waar hij van hield. Michael hield van donkere vrouwen, en dat was zij niet. Net als de hele wereld geloofde ik dat hij haar gebruikte om zichzelf te beschermen door zich achter haar te verschuilen. Het idee dat die vrouw seks had met Michael maakte mij misselijk. Toen er in de media berichten verschenen over haar zwangerschap werd ik al helemaal woedend. Ik dacht: nee, Michael begint daar vast niet aan. Hij had gezworen dat hij geen kinderen wilde, geen kinderen van hemzelf. Als het op zijn weg kwam dat hij voor een kind moest zorgen, dan zou hij dat ook doen. Hij had tegen mij gezegd: 'Van jouw moeder hield ik écht, met haar had ik wel een groot gezin gewild maar ze wilde mij niet. En nu is ze dood.' Ik was klein en wilde niets anders dan dat Michael een vrouw zou krijgen die mij ook lief vond. Maar nu ik wist dat hij dé Michael was, leek mij deze enge Lisa Marie Presley een verkeerde keuze van hem. Zij was in haar jeugd een vervelend meisje geweest en ze was moeder van twee kinderen. Ik had in de tussentijd alles over haar gelezen wat ik maar kon vinden.

Op een dag had ik een interview met haar en Michael gezien en in zijn blik gelezen dat hij het met haar had gehad. Ze logen alles bij elkaar. Deze vrouw was vol van zichzelf en begreep waarschijnlijk niet hoe bijzonder het was dat Michael in haar bed lag. Ik was er zeker van dat Michael het met haar deed, ik zag het in zijn ogen. Ik was nu negentien jaar en had begrepen dat mannen ook seks wilden als ze de betreffende vrouw niet je-van-het vonden. Waar ik het meest van schrok waren Lisa Maries kilheid en haar verschrikkelijke stem: ze had de stem van een dronken man. Ze had koude harde ogen en ze lachte Michael uit – ik vond het een walgelijke aanblik. En daar zag ik Michael weer, de man die almaar vriendelijk bleef glimlachen en met een zachte blik naar dat monster van een Diane Sawyer keek. Vrouwen zoals zij stonden voor alles wat hij in een vrouw verafschuwde. Ik had zulke dingen al door toen ik klein was. Michael keek haar lief aan, maar ik zag in zijn ogen dat hij haar verachtte. Deze hele poppenkast vertelde mij dat Michael Lisa Marie meer gebruikte dan zij hem en dat hij zich er ook van bewust was dat zij hem wilde gebruiken. Ik wist zeker dat hij haar nooit zijn kind zou geven, daarvoor hield hij niet genoeg van haar. Alles aan zijn lichaam vertelde me dit, en ik was niet de enige die daarvan overtuigd was: de kranten stonden er vol van en deden hun huwelijk af als poppenkast. Een andere factor die ervoor zorgde dat dit huwelijk geen kans van slagen had was het feit dat Michael in God geloofde, en in engelen in deze wereld, terwijl deze vrouw was aangesloten bij de Scientologykerk, die het geloof verkondigt dat aliens de aarde hebben gemaakt.

Toen ik klein was vertelde mijn vader me uitgebreid over zijn geloof in God en de schepping. Michael zei altijd: 'Wij zijn als onderdeel van de schepping gemaakt, wíj zijn eigenlijk de aliens hier op aarde, om te leren van het leven en over alles wat Hij heeft geschapen.' Michael was volledig geobsedeerd door de Maya's. Hij geloofde dat zij de eerste aliens waren met wie God in contact was gekomen. Zij hadden het begrip tijd verzonnen, vertelde Michael, en zij leerden hoe deze wereld verbonden was met andere plekken daarbuiten, tot en met de wereld van de geesten. Ik weet zeker dat Michael Lisa Marie er wel van heeft proberen te overtuigen dat wij mensen de aliens zijn en deze aarde gemaakt hebben zoals hij is, met de hulp van God, de Schepper van het leven. Met een beetje geluk van haar kant is het niet onmogelijk dat Michael haar urenlang verhalen heeft verteld over het ontstaan van de wereld, waarover hij heel mooi kon spreken – dat had ik zelf ondervonden. Hij vroeg me dan af en toe: 'En wat denk jij? Zou het zo geweest zijn of niet?' Michael geloofde in verschillende goden die met hun liefde over de wereld waakten. Hij geloofde dat de wereld ziek was omdat er haat en oorlog bestonden, en dat ieder mens afzonderlijk de redder kon zijn in deze wereld en niet één grote macht zoals de Scientologykerk van Lisa Marie veronderstelde.

Terwijl deze kerk geloofde in één grote macht, lag de macht volgens Michael in onszelf. Deze draaide uitsluitend om liefde, in tegenstelling tot het grote kwaad dat ook op deze aarde bestond. Michael was een gelovig man, die geloofde dat Jezus een profeet was die ons kwam leren over de openheid van onze geest in deze wereld. Hij vertelde wat deze grote profeet Jezus voor de wereld betekend had, en nog steeds betekent, en dat ik zijn naam nooit mocht beledigen, en het geloof van mensen nooit mocht beschadigen in wat ze over Hem wilden geloven. Michael geloofde in Hem, maar niet zoals de Bijbel het beschreef. Mijn vader was een geweldige bron van 'openmindedness'. De mooiste gesprekken met hem gingen altijd over de vrijheid van mijn ziel, van zijn ziel – er was niets wat niet mocht worden gezegd. Als Lisa Marie geluk had, dan had ze dit soort gesprekken met Michael. Het mooie was altijd geweest dat hij je nooit wilde overtuigen van zijn gelijk, maar je vooral geloof wilde geven in jezelf.

Na mijn verjaardag ging ik zelfstandig wonen. Ik had inmiddels iemand ontmoet aan wie ik vroeg of hij met mij naar bed wilde. Hoewel ik meermaals was verkracht was ik nog nooit echt naar bed gegaan met een jongen. Ik was zou in november negentien worden en had een jongen gevraagd of hij op mijn verjaardag met mij wilde vrijen – ik wilde de andere kant van seks leren kennen. Ik wilde graag kinderen en om die wens ooit te laten uitkomen, zou ik toch een keer seks moeten hebben. Ik was zelf op zoek gegaan naar pornoboekjes en had seksshops bezocht, hoe jong ik ook was.

Michael had mij altijd voorgehouden dat niemand zijn leven zonder pijn leidde en dat ik altijd mijn kracht moest vinden. Michael was een wijs man en ik wilde dat niet vergeten. Ik besefte dat hij nu de 'King of Pop' was en dat dat maar een spel was. Ik wist wie Michael in werkelijkheid was. Hij was de sterkste man die ik kende. Hij ging door met zijn leven, en ik moest ook door. Hij had zijn gezicht veranderd en dat deed mij verdriet, maar ik kon er niets aan doen. Ik had erom gehuild en gegild en begreep er niets van, het deed mij veel verdriet. Heel geleidelijk was Michael een soort blanke man aan het worden.

Na mijn ontvoering had ik allemaal rare lichamelijke onderzoeken ondergaan, waarna niet alles aan mij was verteld. Wat mij wel was medegedeeld was dat ik zware astmapatiënt was met zwakke longen. Ze wilden dat ik medicijnen ging slikken maar die konden ervoor zorgen dat ik moeilijk kinderen zou kunnen krijgen, dus ik weigerde ze. In 1994 wilde ik weten wat er met mijn huid aan de hand was: ik had witte plekken op mijn lichaam, ik vond dat heel erg. Er volgden veel pijnlijke onderzoeken waaruit naar voren kwam dat ik vitiligo had, dezelfde huidziekte die Michael scheen te hebben. Ik was er kapot van, en het bezorgde mij erg veel verdriet. Het feit dat ik niets kon doen om die ziekte aan te pakken was het allerergst, ik voelde er een soort schaamte over, en het kostte tijd om ermee te leren omgaan. Ik had het idee dat jongens mij niet mooi vonden, ook al was ik aangenomen als model. Hoewel ik al modellenwerk had, was ik er niet van overtuigd dat ik mooi was. De maffia had in diezelfde tijd een zeer knappe jongen ingehuurd om mij in de gaten te houden, en ik wilde gebruik van hem maken om seksuele ervaring op te doen. Nadat ik hem duidelijk had gemaakt dat ik hem leuk vond (al was het een schoft die mij moest volgen), was hij er verbaasd over dat ik hem vroeg of hij het met mij wilde doen. Hij moest het eerst navragen. Een week voor mijn verjaardag zei hij: 'Ja, dat is goed, ik ga met jou naar bed.' Hij vroeg aan mij: 'Hoe wil je het hebben?' Hij had een Mercedes en ik vroeg: 'Vind je het goed als we het in jouw auto doen? Dat lijkt mij wel wat.' Hij was een ervaren crimineel, maar ik maakte hem van streek. Hij had door dat ik het hard speelde. Ik had geen reden om bang te zijn want ik had zowat alles al meegemaakt. Ik had mensen zien sterven en werd al jaren bedreigd. De Nederlandse staat had mij in de steek gelaten: ik zocht het zelf maar verder uit. In 1994 had ik een erfenis gekregen, maar dat geld staken ze in eigen zak. Omdat ik een voogd had kreeg ik er een klein gedeelte van zodat ik zelfstandig kon gaan wonen. Voor de wet was ik nog maar zestien jaar terwijl het bewezen was dat ik drie jaar ouder was, dus in 1994 werd ik in werkelijkheid al negentien. Omdat ik nog steeds een voogd had werd mij dus onrecht aangedaan door de Nederlandse staat. Deze was nog trots op zichzelf ook. Ik kende geen greintje angst dus waarom niet met een crimineel naar bed gaan en hem gebruiken voor mijn doeleinde?

    Ik had al ongeveer een jaar een soort kuscontact met een heel mooie lieve jongen, hem mocht ik betasten teneinde het mannelijk lichaam te verkennen. Hij was dol op mij, en ik op hem, hij zei: 'Ik zal jou een relatie met mij niet aandoen: mijn ouders haten zwarte mensen, die zijn hartstikke gek.' Hij woonde met een vriend samen, hij wilde profvoetballer worden. Al wist hij dat het hem niet zou lukken, hij vond het wel een leuk idee. Hij wilde niet met mij neuken, hij zei:

'Als ik dat doe dan wil ik je houden, en dat gaat niet want ik wil hier nooit meer terugkomen.' Ik had hem verteld over mijn verkrachting, en dat ik heel graag van mijn angst voor mannen af wilde. Het was een intelligente jongen: hij zat op de universiteit in Leiden, was vijf jaar ouder dan ik en de knapste man die ik ooit had gezien. We bleven elkaar tegenkomen en zo ontpopte zich heel langzaam een vriendschap. Hij deelde zijn levensverhaal met mij, ik het mijne met hem, maar ik vertelde hem niet dat Michael mijn vader was. Voor de rest was alles bespreekbaar. We hadden geheime afspraakjes en keken samen naar de sterren. Hij kwam alleen nog thuis voor zijn moeder en voor mij, zei hij, maar binnenkort zou hij daarmee stoppen, hij ging weg en wilde niet meer terugkomen. Onze relatie duurde anderhalf jaar, zonder neuken. Ik mocht hem overal aanraken, en hij kuste mij, leerde mij kussen. Ik mocht zijn geslachtsdeel verkennen zonder er bang van te hoeven worden. Nooit heeft hij mij pijn gedaan, het was een heel fijn samenzijn. Er was sprake van een volkomen wederzijds respect, en het hielp mij mijn eigen seksualiteit te ontdekken. Hij was altijd lief, hij was mijn geheim, David, niemand wist iets over ons. Hij was mijn engel, hij leerde mij de waarde van het vrouw-zijn kennen, en dat seks meer was dan alleen een lul in een kut. Hij haalde mijn angsten voor mannen weg, hij raakte mijn vagina wel aan, maar hij ging nooit bij mij naar binnen. Ik mocht alles met hem doen, hij deed mij nooit pijn. Hij kreeg wel een erectie van mij, en dat vond ik ongelofelijk. Al zei hij dat ik heel mooi was, ik vond dat altijd maar moeilijk te geloven, of ik nou modellenwerk deed of niet. Ik vond hem prachtig, ik had niets anders gewild dan met hem trouwen, maar hij was niet van plan ooit te trouwen, of kinderen te krijgen, dat wist hij zeker. Hij kwam uit een gezin van vijf kinderen waarvan hij de tweede was. Hij had een oudere zuster en nog een broertje en twee kleine zusjes. Zijn ouders waren arm, leefden van een uitkering, ze woonden in een klein huisje. Zijn zuster was op zichzelf gaan wonen dus nu waren er nog drie kinderen thuis. Zijn moeder was altijd ziek geweest, hij begreep niet waarom ze nog meer kinderen had gekregen terwijl ze ziek was. Hij vond het stom van zijn vader dat deze haar telkens zwanger had gemaakt. Hij was niet bepaald een voorstander van het gezinsleven. Hoewel hij verknocht was aan zijn jongere broer en zijn zusjes en zijn best deed hen niet te laten vallen, had hij een moeizame verstandhouding met zijn ouders. Ik wilde ooit wel graag kinderen en ergens bij horen waar ze mijn huidskleur accepteerden.

Ik begreep de drijfveren van David heel goed. Ik zou weggaan uit Oosterbeek en naar Utrecht verhuizen, en dat zou het einde betekenen van mijn relatie met hem.

Hoewel mijn hart was gebroken, had ik toen het besluit genomen om het echt met een man te gaan doen. Richard was daar de geschikte persoon voor. Met liefde had dit niks te maken, seks werd voor mij een geestelijke bevrijding van mijn angst. Ik was niet bang om een piemel aan te raken omdat ik die van David zo vaak had betast, dus het was goed zo, ik deed dit vrijwillig. Richard was een zeer knappe man, en begreep heel goed dat dit moest gebeuren. Op een gegeven ogenblik vroeg hij: 'Weet je het zeker?' 'Ja,' zei ik. Hij had allemaal condooms en zei: 'Zoek maar uit welke kleur je wilt.' Ik zei: 'Dat maakt me niet uit, pak er maar een.' Vreemd genoeg had ik hiermee op geestelijk gebied iets uitermate belangrijks gedaan – ik voelde mij nu echt een vrouw. Richard was werkelijk heel lief geweest, maar toch was er tegelijkertijd iets in mij gebroken: ik was met hem naar bed geweest zonder de verliefdheid die daar eigenlijk bij hoorde, maar ik vond hem wel heel aantrekkelijk. Hij zei: 'De eerste keer is nooit zo lekker, de tweede keer voelt het fijner.' Ik stelde voor dat we het nog een keer deden. Nu mocht ik de leiding nemen, ik vond dat stoer. Richard deed wel zachtjes en voorzichtig, maar toch deed het allemaal best veel pijn. Daarna had hij mij keurig naar huis gebracht. We maakten nog een afspraakje, maar hij kwam niet opdagen en ik zag hem ook nooit meer bij mij in de buurt rijden.

Een maand lang voelde ik een soort pijn in mijn buik. Hoewel we veilig hadden gevreeën was mijn lichaam iets aan het verwerken, samen met mijn geest. Alles bleek goed te zijn, nadat ik onderzocht was door een dokter in opleiding. Deze zag er goed en begeerlijk uit, waardoor ik liever niet had dat hij mij onderzocht. Ik had al gezegd dat ik niet wilde dat hij het onderzoek zou doen. Hij zei dat hij voorzichtig te werk zou gaan. Terwijl hij mijn baarmoeder onderzocht kreeg ik een orgasme. Mijn God, ik zakte zowat door de grond van schaamte – hij bleef heel rustig – en ik beefde helemaal. Ik was erg boos op hem, ik zei: 'Ik had toch gezegd dat ik niet wilde dat jij mij zou aanraken?' Hij zei: 'Je hoeft niet zo boos te zijn, dit is normaal.' Ik ging daartegen in en schaamde me diep. Hij zei: 'Dit blijft tussen ons, hoor.' Het was druk in de wachtkamer, dat wist ik, maar toch gaf hij mij de tijd om tot mezelf te komen. Ik besefte dat ik niet was doodgegaan, en mijn verkrachting had mij evenmin doodgemaakt. Ik had nooit iets geweten over het krijgen van een orgasme, en dat het zo kon wist ik ook niet. Ik wilde daarna nooit meer door die dokter in opleiding worden aangeraakt.

Op een dag nodigde mijn eigen dokter mij uit voor een gesprek. Hij zei: 'Mocienne, er is niets aan de hand met jou, je bent gewoon je verkrachting aan het verwerken, dat is een positieve ontwikkeling! Je bent niet zwanger en je bent ook niet ziek. Je lichaam is bezig zich aan jou te hechten. Ga vooral door met het ontdekken van je seksuele ontwikkeling, en als je er vragen over hebt, mag je daarvoor altijd bij mij aankloppen. Je hoeft je absoluut nooit te schamen als je me iets wilt vragen, hoor.' Mijn dokter was erg aardig voor me, alsof hij al wist wat er was gebeurd. De dokter in opleiding was op dezelfde dag jarig als ik. Mijn God, wat was hij sexy – ik haatte hem omdat ik hem sexy vond. Op een gegeven moment was mijn eigen dokter er niet en nam hij de zaak waar. Ik ging weg, ik wilde niet door hem geholpen worden, ik wilde niet dat hij mij aanraakte. Een andere keer moest ik een gesprek met deze jonge dokter aangaan: hij vond het niet fijn dat ik hem steeds ontweek.

Daar zat ik dan in de spreekkamer. Hij vroeg: 'Heb ik soms iets fout gedaan dat je niet wilt dat ik jou help?' Ik antwoordde: 'Ja, ik vind jou mooi. En ik wil niet dat mij zoiets ooit nog eens overkomt.' Ook vertelde ik hem dat ik mij heel diep schaamde. Hij keek mij doordringend aan en zei: 'Dat hoeft helemaal niet. Misschien heb ík het wel niet goed aangepakt.' Ik had erotische dromen en dacht werkelijk dat ik gek werd, dus ik had besloten dat ik seks wilde met mannen zodat ik baas werd over hun geslacht. Ik wilde macht. Michael was niet een man met wie ik seks wilde hebben, ik was aan mezelf gaan twijfelen, ik dacht: misschien is Michael niet Michael, kan ik me er een voorstelling van maken dat ik met hem naar bed zou gaan? Bij de gedachte alleen al werd ik misselijk. Nee, ik kon dus niet anders over hem denken. Maar dat was heel anders met deze dokter in wording: als ik naar hem keek werd ik al gek, met rare ideeën. Ik zei tegen hem: 'Goed, laat mij nu maar gaan. Ik zal in het vervolg normaal tegen je doen.' Ik zorgde ervoor dat ik van tevoren wist of hij dienst had wanneer ik naar de dokter moest, ik bleef hem dus eigenlijk ontlopen.

Ik verhuisde naar Utrecht. Er waren allemaal vreemde mensen in mijn directe omgeving die mij niet gelukkig maakten – voor de eerste keer was ik bang om echt alleen te zijn. Daarom was ik als het ware een prooi voor misbruik. In 1995 kreeg ik mijn muziekdiploma van de muziekschool – ik studeerde al vanaf 1989 muziek. In 1995 maakte ik ook mijn eerste studio-opnames in Brussel. Sinds mijn ontvoering was ik daar niet meer geweest, elf jaar lang. Ik zat vol emoties, ik had niet het oogmerk om beroemd te worden: ik wilde gewoon fijn zingen want ik scheen talent te hebben. Ik wilde nooit zo groot worden als Michael, dat zag ik niet zitten. In 1994 had ik contact opgenomen met Sony Music, ik was min of meer hun stalker geworden. Het was niet mijn bedoeling om de muziek van Michael onder de knie te krijgen, het was meer mijn manier om de maffia van mij vandaan te houden nadat ik mijn periode op het internaat achter de rug had. Ik wilde niet per se iets bereiken, wel gaf het musiceren mij een veilig gevoel.

Al had ik wat mensen om me heen die ik mijn vrienden kon noemen, toch begon in 1994 mijn eenzame tijd. Intussen had ik een jongeman leren kennen die beantwoordde aan mijn behoefte aan intimiteit. Hij leerde mij gedurende negen maanden hoe je moest vrijen. We waren daarbij overeengekomen dat ik niet verliefd op hem mocht worden. Als ik toch verliefd werd, dan was het afgelopen. Zo gebeurde het ook. Hij had verschillende vriendinnen, hij was dan ook bloedmooi. Door hem begon ik in te zien dat ik een mooie vrouw was, die door veel mannen werd begeerd. Het was een hele ontdekkingsreis. Zo leerde ik dat elke man anders was in bed. Deze jongen was meer met zijn eigen geslachtsdeel bezig dan met kussen en aanraken en dat soort dingen. Ik genoot ervan dat hij mijn meester was en was vereerd dat hij iets met mij wilde.

Mijn huisbaas had een zoon die mij in een dronken bui had proberen aan te randen. Ik had hem met succes van mij weten af te slaan. Natuurlijk deed de Nederlandse politie niets, en dus trok ik in bij mijn beste vriendin. Ik hield van haar omdat ze ondeugend was – zij was alles wat ik niet was. Ik beschouwde haar bijna als mijn zusje, ze was mijn hartsvriendin. Aan onze vriendschap kwam in 1998 een einde, na mijn eerste reis alleen naar New York.

In februari 1998 zou ik iemand ontmoeten die Michael kende. Ik verbleef twee weken in New York en ontmoette daar Thomas die ik al sinds 1994 telefonisch stalkte met betrekking tot Michael. Thomas wilde mij wel te woord staan en ik begaf me naar de afgesproken plek, Central Park. Het was me zwaar te moede, alles was zo bekend voor me. Ik wist het nog allemaal te vinden, het was zo vertrouwd. Toen ik in New York was gearriveerd had ik gehuild. De douane vroeg of ik eerder in New York was geweest, en ik antwoordde huilend dat dat niet het geval was: hoe kon ik hun vertellen wat er veertien jaar geleden met mij was gebeurd? Ik moest mee naar een kamertje en ze belden iemand, ik hoorde hen zeggen: 'Ze is er.' Toen ik vroeg waarom ze dat zeiden, antwoordden ze dat er iemand wilde weten of ik veilig in New York was aangekomen en dat ze dat wilden bevestigen. Ik durfde niet verder te vragen.

Een paar dagen later ontmoette ik Thomas, ik was meteen verknocht aan die man en hij vond mij ook geweldig. Wel bleek hij een zekere afkeer van Michael te hebben. Het was plezierig om hem nu eens in het echt te zien. Hij zei: 'Jij bent een 'Big Apple girl'.' Ik zei: 'Ja, ik ken New York al mijn hele leven.' Alleen was ik er nu in mijn eentje. Thomas scheen op de een of andere manier veel van mij te weten, hij vroeg dingen over mijn moeder. Ik antwoordde: 'Zij is dood.' 'Je ogen heb je vast van haar.' Hij vond mij mooi en ik dacht: wauw, had ik maar zo'n vader.

Al jaren maakte ik grapjes tegen mannen dat ik verliefd op hen was, en dat wisten ze wel, denk ik. Thomas vond Michael een klootzak, hij vond hem zelfs nog minder dan een zak stront, en volgens hem was ik er te goed voor om zijn dochter te zijn. Thomas wist alles over mij, hij was wat mij betreft een goede vriend geworden, en dat gold ook voor zijn collega James, op wie ik zogenaamd erg verliefd was. Ik vond hen allebei leuk. Ik wist waarom ik hen belde: om de maffia op afstand te houden en te laten merken dat ik niet alleen was. Ik vertelde Thomas alles over mijn vriendje. Deze man was als een vader voor mij, hij was fantastisch. Al was hij Michael niet, ik vond het aangenaam om te dagdromen dat hij om mij gaf. Hij zei ook altijd: 'I love you,' en ik kon hem nu in het echt meemaken waardoor ik zeker wist dat hij het werkelijk meende, dat gaf mij een goed gevoel. Tijdens mijn periode in New York haalde ik ik oude herinneringen op en ik maakte nieuwe vrienden op straat. Tot mijn blijdschap waren er daar veel Jamaicaanse mensen, en mensen uit Afrika. De hele dag liep ik door de straten en keek naar mensen en praatte met hen. Thomas had ervoor gezorgd dat iemand mij in de gaten hield. Op een gegeven ogenblik zei hij: 'Ga es een keer naar het Statue of Liberty (het Vrijheidsbeeld),' en dat deed ik. Ik maakte de bootreis maar ik wilde niet naar binnen: op een afstand kijken was genoeg. Ik had niet gedacht dat Michael er zou zijn. In 1994 had ik de president van MJJ Productions gesproken,

Bob Jones, en nog iemand. Wat mij duidelijk was geworden was dat Michael dacht dat ik dood was, en dat ik dit dus niet echt was, dat er sprake was van een soort afpersing. Iedereen belde me om te kijken of ik echt was. Nu, in 1998, was Thomas heel blij mij in levenden lijve te zien.

Deze twee weken New York hadden mij sterker gemaakt, ik wilde iets maken van mijn leven. Michael was mijn Michael niet meer, ik was hem kwijt. Hij zou zijn tweede baby krijgen die opnieuw niet zijn DNA zou blijken te hebben, en dat vond ik onvergefelijk. Ik was teleurgesteld in hem en ging zonder hem met mijn leven verder. Ik was wel heel bang, maar ik wilde dit niet meer: het leek wel alsof hij mij begraven had sinds hij zijn nieuwe gezin had. Alles wat hij deed vond ik net als de rest van de wereld vreemd, ik zag bijna nooit meer de man achter het masker van de 'King of Pop', Michael, mijn echte lieve vader – ik was hem kwijt. Ik keerde terug naar Nederland met het gevoel dat mijn afscheid van Michael definitief was. In 1998 was ik er wel klaar mee, ik was in een fase van woede beland, waarbij ik me afvroeg hoe hij mij zoveel pijn had kunnen doen, hoe mijn moeder eruitzag, waarom hij mijn bestaan geheimhield en waarom hij in het gezelschap verkeerde van het soort vrouwen als Lisa Marie Presley. Michael was in 1996 van haar gescheiden en had nu iets met Debbie Rowe, die zwanger van hem heette te zijn – iets dat niemand geloofde, ik evenmin. De internationale media lachten hem uit en dat verbaasde hem. Hij zag er niet meer uit als de man dat hij ooit was geweest, hij maakte een ongelukkige indruk, en dan had hij ook nog eens zo'n lelijk vals mens, dat zich zijn vrouw mocht noemen omdat ze waren getrouwd hoewel ze niet samenwoonden. Zij beweerde dat ze niet voor haar eigen kinderen hoefde te zorgen: ze was niet nodig, Michael was in staat om alles zelf te doen. Hoe kon ik met deze wetenschap nog respect voor Michael opbrengen?

Net als de rest van de wereld vermoedde ik dat hij niet de biologische vader was van de kinderen. Toen de baby net was geboren bleek hij wit te zijn, met blond haar. De hele wereld dacht hetzelfde als ik: Michael had niet het DNA van dit kindje. Toen ik hoorde van de zwangerschap voelde ik mij verraden want Michael had mij verteld dat hij nooit zou gaan trouwen en kinderen krijgen – hij had geen vertrouwen in vrouwen. De manier waarop hij zijn leven nu inrichtte vond ik respectloos, vrouwonvriendelijk en bovendien heel erg voor de kinderen. Toen ik klein was had ik niets liever gewild dan dat Michael ooit toch zou trouwen en mij een geweldige stiefmoeder geven, maar deze twee vrouwen konden mijn goedkeuring in geen enkel opzicht wegdragen. De reden hiervan was louter en alleen dat ik net als iedereen vermoedde dat hij niet van hen hield. Lisa Marie Presley was vanaf het begin zijn speelbal geweest – ik had het in zijn ogen gelezen – en Michael had mij daar woedend over gemaakt. Toen ik echter over zijn affaire met Debbie Rowe had gehoord en foto's van haar had gezien had ik zowat een hartstilstand gekregen. Nadat ik had vernomen dat ze er ook nog geld voor kreeg en met hem trouwde, begon ik Michael te haten. Hoe kon hij zoiets doen? Als hij van haar had gehouden, ook al was ze de meest valse en gemene vrouw die je maar kon bedenken, dan had ik nog enig respect voor hem kunnen opbrengen, maar nu absoluut niet. Vreemd genoeg sloot ik de twee kinderen toch in mijn hart en wenste hun alle geluk toe. Wat Michael betreft was het voor mij echter een afgesloten hoofdstuk: ik hoefde hem niet langer te kennen. Prince was op 12 februari 1997 geboren en zijn zusje Paris kwam 3 april 1998 ter wereld.

Eind 1998 bleek ikzelf zwanger te zijn en in juli 1999 werd mijn zoon Joshua geboren – ik woonde toen al niet meer met zijn vader samen. Ik wilde graag een co-ouderschap met hem aangaan, zelfs nadat ik hem in bed had aangetroffen met een andere vrouw terwijl ik Joshua in mijn armen hield. Ik had steeds gedacht dat hij dé man voor mij was. Hij had geen gelukkige jeugd gehad en ik vermoedde dat wij samen een mooi gezinsleven aan onze kinderen konden geven. Zijn ouders hadden niets in mij gezien. Ik ging daarna mijn eigen weg, ik wilde niet de ondergang van mijn kind betekenen.

In 1999 scheidde Michael van Debbie Rowe. Zij liet haar kinderen achter bij Michael – ik werd onpasselijk bij de gedachte daaraan. Michael zou de kinderen dus zonder hun moeder opvoeden, en dat bracht alles van vroeger in mijn herinnering terug, ik haatte hem erom. Mijn relatie met mijn ex was heel slecht, maar ik vond het belangrijk dat Joshua wist wie zijn vader was, en hem als zodanig ook meemaakte. Ik wilde niet dat hij zonder een vader of een moeder zou opgroeien. Vanaf de dag dat ik zwanger bleek te zijn ging ik door een hel. In 1998 woonde ik samen met de vader van mijn kind, ik was vreselijk verliefd. Hij was de eerste man met wie ik een relatie had die niet alleen om seks draaide maar vooral om wederzijdse aandacht en liefde.

Na mijn verhuizing van Utrecht naar Hilversum in 1996 was ik samen met mijn beste vriendin Suzanne in het huis aan het schilderen waar wij allebei een eigen kamer hadden en een gedeelde huiskamer, toen ik hem voorbij zag lopen. Hoewel ik dacht dat hij mij niet gezien had, van buitenaf, ging de bel even later. Hij was het, hij wilde met mij uit. Er was sprake van een bliksem die bij ons allebei was ingeslagen. Hij vertelde dat hij maanden had zitten afwachten wie dit grote huis zou gaan huren, en toen zag hij mij, en dacht: wauw, wat is ze mooi. Ik had al maanden gedroomd dat ik naar Hilversum moest terwijl ik daar nog nooit was geweest. Ik wilde namelijk weg uit Utrecht omdat ik er schoon genoeg van had om onderhuurster te zijn. Ik stelde mijn vriendin voor om samen in Hilversum te gaan wonen. Zij ging erheen om naar een woning te kijken en kwam met goed nieuws terug: diezelfde dag hadden we een woning. Drie dagen later belde deze man aan. Hij heette Charat, was muzikant en speelde jazzgitaar. Ik was mijn hele leven al gek op gitaren en had mijn muziekopleiding al afgemaakt, hij nog niet. Ik kwam in de band van Charat en was nu eenentwintig jaar oud. Voor het eerst had ik een waardige verkering met iemand. Zijn ouders bleken niet veel op te hebben met donkere mensen. Hij had een broer die vreemden niet bepaald welkom heette. Ik kreeg nog geld uit mijn vermogen, had een paar baantjes als nanny en deed af en toe modellenwerk.

Toen ik in 1996 hoorde dat Michael een kind kreeg werd ik daar echt heel beroerd van: ik wist zeker dat hij niet van haar hield. In mijn hart was een stemmetje dat schreeuwde: 'Hield je maar écht van haar, was het maar waar!' Ze was lelijk en dik, ze zag er vals uit. Welke gezonde knappe man zou zo'n vrouw willen, zo vals en zelfzuchtig! Ik kende Michael zo goed dat ik er zeker van was: dit was geen liefde. De wereld praatte er ook over en zelfs haar eigen vader zei dat Michael niet de vader van het kind was dat ze in zich droeg. Michael was het spoor bijster en ik ging eraan kapot dat ik mijn eigen vader niet langer herkende. Oma Katherine had het hem nooit gegund om mij als zijn kind te hebben en nu kócht hij kinderen voor zichzelf! Katherine haatte blanke vrouwen. Hoe vaak heb ik haar niet horen zeggen dat de meesten van hen hoeren waren? Toen ik klein was begreep ik daar niets van maar nu ik ouder ben weet ik wat ze daarmee bedoelde. Mijn oma had altijd verteld hoe slecht de blanke mensen haar hadden behandeld toen zij als jong meisje polio had. Zij was door dat soort vrouwen altijd vernederd, en nu bracht Michael als papa van hun kinderen blanke vrouwen in de familie! Ik zag dit als niets anders dan pure wraak op zijn moeder Katherine, om wat zij hem had aangedaan. Het was nota bene haar idee geweest mij weg te sturen naar Haïti en nu werd ze oma van blanke kinderen!

Op Haïti had Michael altijd mooie verhalen verteld hoe sterk mijn oma Katherine was. Ik had ook altijd begrepen dat het tussen hen niet altijd boterde, maar Michael wilde goed zijn voor zijn moeder, hij was haar trouw en wilde niets anders dan dat ik veel bewondering voor mijn oma Katherine had. Michael wist maar al te goed dat ik haar niet lief en niet aardig vond: in mijn ogen was zij streng, ze was niet lief voor mij. Voor haar andere kleinkinderen was ze altijd veel liever geweest dan voor mij, ook al was ik toen klein. Ik hield niet van haar, dat was Michael bekend, hij vond het alleen moeilijk te aanvaarden. Als kind heb ik dus wel degelijk gehoord hoe sterk oma Katherine was, en ik heb haar daar ook om bewonderd, en mij vaak afgevraagd of ik net zo sterk geweest zou zijn als ik in haar schoenen had gestaan. Zij was in haar kindertijd ook veel ziek geweest, net als ik toen ik klein was. Michael vertelde deze verhalen over mijn oma mede om me te laten zien dat ik mijn eigen ziekte ook kon overwinnen. Hij vertelde soms zo levensecht over haar dat ik er dan heel erg om moest huilen, en het uitgilde van medelijden met mijn arme oma. Ik vermoedde toen dat ze zo gemeen was geworden omdat ze zoveel leed had moeten doorstaan – ik keek dwars door haar slechtheid heen.

Toen ik eenmaal wist dat Michael een ster was, en wat hij had moeten doen om zijn gezin te onderhouden, begreep ik de volle betekenis van mijn bestaan pas echt: ik had er helemaal niet moeten zijn! Michael was nog jong toen hij mij kreeg, en ik was opeens belangrijk voor hem: hij had iets wat van hem was: mij. Zijn hele leven was Michael onderdanig geweest jegens oma Katherine totdat hij mij kreeg. Dat maakte hem een man, een vader, een jonge vader. Ik had begrepen dat Michael vóór mijn komst alles voor mijn oma deed. Toen ik kwam werd alles anders, Michael maakte zich voor een deel los van het gezin, en dat was mijn schuld. Oma Katherine had hem niet langer volledig in haar macht. Als ik eenmaal weg was zou ze Michael weer voor zich alleen hebben – dat was volgens mij haar gedachtegang.

Toen ik ouder werd begreep ik dat mijn oma Katherine macht uitoefende op haar kinderen door emotionele chantage. Ik ben ervan overtuigd geraakt dat zij de touwtjes in handen had als het ging om het slaan van de kinderen toen ze klein waren. Ik weet zeker dat zij mijn opa Joe het vuile werk liet doen wanneer ze stout waren, zodat zijzelf nooit een hand naar hen hoefde uit te steken. Door alleen maar de naam Joe te noemen deden ze al wat zij wilde. Mijn opa was een man die dit maar al te graag ten uitvoer bracht want hij had ook zo zijn emotionele tekortkomingen uit zijn eigen jeugd. Oma maakte daar misbruik van, en dat leverde haar soms harde klappen op van opa Joe. Hij was niet echt een slimme man, dat weet de hele wereld, maar hij wilde wel graag stoer overkomen en steeds bewijzen dat hij een echte kerel was. Mijn opa Joe is altijd iemand geweest met een groot ego, dat is ook algemeen bekend, maar het was Katherine die de slimmerik was: zij zorgde ervoor dat Joe nooit te lui was om achter de jongens aan te rennen. Het was Katherine die het talent van haar kinderen had gezien voordat Joe dat doorhad, het was ook Katherine die alles achter de schermen in de gaten hield, en het was Katherine die The Jackson 5 kleedde en de kleding zelf voor hen maakte zodat ze gezien mochten worden. Joe was niet veel anders dan een pop die aan touwtjes vastzat. Dat wist mijn opa zelf maar al te goed, en daarom ging hij regelmatig vreemd want dát had zijn vrouw Katherine niet in de hand.

Ondanks het feit dat opa een groot ego had en met zijn eigen problemen uit zijn jeugd kampte, was het zijn onhandigheid in de omgang met kinderen die zijn eigen kinderen bang maakte. Wat hij Michael had aangedaan viel niet goed te praten, dat begreep ik heel goed, maar ik had als kind ook de andere kant van mijn opa gezien: hij was een man die van spanning hield. Michael hield van vissen – hij kon dat uren achtereen volhouden, terwijl mijn opa meer van schieten hield, dat was algemeen bekend. Hij kon niet wachten tot zijn kinderen groot genoeg waren om een geweer vast te houden. Mijn opa zag er niets slechts in. Ook bokste hij graag met ons, hij vond dat je jezelf snel moest kunnen verdedigen. Opa Joe was dan wel geen goede vader geweest, maar als opa had hij toch wel zijn best gedaan. Ik heb hem meegemaakt als iemand bij wie je wel op schoot mocht zitten, zelfs als je huilde. Ik denk dat opa een man was die pas op veel latere leeftijd begreep wat hij Michael had aangedaan. Ik zou nooit te weten komen of de andere kinderen doorhadden hoe oma Katherine hun vader al die jaren had gemanipuleerd. Katherine gebruikte Joe als een pop aan touwtjes waar zij aan trok, en speelde intussen de onschuld. Ik denk niet dat Katherine de kans heeft gekregen om hetzelfde met Joe te doen waar het zijn kleinkinderen betrof.

Mijn opa was niet handig, en zeker niet slim, en heeft in zijn leven heel foute dingen met Michael gedaan. Ik weet niet of de andere kinderen ooit hebben kunnen aanvaarden dat de schuld van hun leed uiteindelijk bij oma Katherine lag. Oma was gewiekst genoeg om emotioneel misbruik te maken van haar kinderen. Als er nu één iemand is in wie ik het vertrouwen had dat zij dat kon doorzien dan is het mijn tante Janet wel, evenals Michael toen hij ouder was en ik eenmaal bij hem weg was. Ik ben ervan overtuigd dat Janet dat als kind al in de gaten had, want zij was altijd de meest wijze van het gezin Jackson: ze ging haar eigen weg en liet zich door haar moeder niet vertellen wat ze moest doen. Ze was veel meer op de hand van haar vader, misschien omdat ze doorzag welke macht haar moeder over hem en de rest van het gezin uitoefende. Ik keek altijd tegen tante Janet op, ik vond haar werkelijk heel mooi. Ze zag niet zoveel in mij, maar ik vond haar een beauty.

Ik heb begrepen dat er een beeld is ontstaan dat Katherine de engel was en Joe de duivel. Voor mij zou het altijd zo zijn dat Katherine de duivel was en Joe haar dienaar. Het meest prijzenswaardig aan mijn opa was volgens mij dat hij het als zijn plicht zag om zijn gezin niet in de steek te laten, al had hij andere vrouwen zwanger gemaakt: hij is nooit weggegaan bij zijn gezin. Ook respecteer ik mijn opa om het feit dat hij niet bij Jehovah's Getuigen wilde horen, en dat is dan ook meteen het bewijs dat hij geen macht had over Katherine want zij maakte haar kinderen wél tot Jehovah's Getuigen. Mijn opa was een man die de mening was toegedaan dat men zo veel mogelijk van het leven moet genieten en zich niet aan een Kerk moet binden, hij schoof het geloof ver van zich af. Alle gezinsleden werden volgeling van Jehovah's Getuigen, alleen Joe niet, en dat was dan ook het enige dat mijn oma Katherine niet voor elkaar kreeg. Michael werd op den duur katholiek, met sympathie voor het boeddhisme en het jodendom. Zoals iedereen wist hield hij van Kerstmis, dat nooit gevierd werd toen hij klein was. Toen ik op Haïti ging wonen kwam ik in een katholieke geloofsgemeenschap terecht. Niet lang na mijn ontvoering verliet Michael zijn geloof volgens de leer van Jehovah's Getuigen. Ik weet zeker dat het een van de gelukkigste dagen was uit het leven van mijn opa Joe toen hij dat vernam. Iedereen had zo zijn eigen verhaal over de reden dat Michael niet meer bij Jehovah's Getuigen hoorde, maar ik ben er zeker van dat hij zich opzettelijk uit de religie van oma Katherine heeft laten gooien, 'wegens ongepast gedrag'. Michael had zijn hele leven al onder de plak van oma Katherines geloof gezeten. Ik denk dat hij, nadat hij mij kwijt was, er genoeg van had dat mijn oma hem onderdrukte.

In mijn jeugd had ik maar één verjaardag gevierd en dat was mijn achtste verjaardag, op Haïti. Michael was daar niet bij geweest. Het enige feest dat ik ooit met Michael had gevierd was carnaval op Haïti. We hadden een avond gedanst en door de stad gelopen. Ik vermoed dat hij, toen ik uit zijn leven was verdwenen, was gaan inzien dat ik dezelfde leegte ervoer als hij toen hij klein was, en dit keer gaf hij er zijn moeder de schuld van en niet zijn vader Joe. Michael was uit op persoonlijke macht over zijn leven, en om Katherine duidelijk te maken dat hij anders over mensen dacht dan zij, ging hij zover. Michael hield van kinderen – of ze nou zijn DNA hadden of niet, dat maakte voor hem geen verschil. Ik had op Haïti gezien hoeveel hij van alle kinderen hield. Bij mijn oma Katherine was dat volkomen anders: bij haar moest alles eigen zijn, eigen bloed. En nu had ze kleinkinderen zonder bloed van de Jacksons in hun aderen. Volgens mij maakte dat Michael niets uit: familie was familie voor hem, en het gaf niet van welk DNA er sprake was. Omdat Katherine aan mij, zijn echte kind, toch ook geen waarde had gehecht, en ik bovendien was ontvoerd, zag hij waarschijnlijk geen noodzaak om opnieuw dat risico te nemen. Michael wist dat oma Katherine nooit blij met mij was geweest, dus waarom zou hij haar dan meer kleinkinderen geven met zijn eigen DNA?

Met deze kinderen kwam het wel goed: als ze eenmaal achttien jaar of ouder waren zou ik er wel voor openstaan om een keer kennis met hen te maken, maar in dit stadium wilde ik niets met hen te maken hebben. Toen Prince Michael Joseph Jackson I werd geboren kreeg hij de naam Prince als bijnaam, zoals ik de naam Petit had gekregen. Prince is een Franse naam, net als Petit, en werd tevens zijn roepnaam. Michaels tweede kind zou Paris heten, ook een Frans woord. Zijn tweede zoon kreeg de naam Prince Michael Jackson II (roepnaam Blanket). Toen ik dat hoorde vond ik dat dit helemaal nergens op sloeg: hij was half Spaans en de moeder was onbekend. Hij werd geboren in 2002. Ik had begrepen dat Michael zich wilde wreken op zijn familie door er op deze manier voor te zorgen dat de Jacksons zijn vermogen niet in handen zouden krijgen als hij dood zou gaan. Ik begreep al meteen waar hij naartoe wilde met de kinderen, en ik vond dat slim bedacht en lief. Ik was niet langer in beeld, dus er was geen eigen kind van Michael meer dat de Jacksons voor de wereld konden verbergen. Michael had hier goed over nagedacht: hij was niet van plan om na zijn sterven alles aan de familie na te laten en dat vond ik op zichzelf een uitstekende gedachte. Hij was eenzaam, en dit was zijn manier om toch kinderen in zijn leven te hebben. Michael hield nu eenmaal van kinderen. Dit kon ik hem evengoed toch ook niet vergeven. Al kon ik zijn gedachtegang goed begrijpen, toch ging dit heel diep, en ik voelde me erdoor gebroken. De wereld lachte hem uit, ik niet: ik huilde.

Na de geboorte van Prince kwam er een andere kant van mij naar boven: ik wilde Michael niet meer kennen, ik zou de rest van mijn leven wel zonder hem verdergaan en vergeten dat ik hem ooit had gekend. Ik had genoeg van hem, dit was niet langer mijn Michael: dit was een man die kinderen kocht, en volgens mij andermans sperma erbij. Ik ging eraan kapot, ook omdat ik Michael een knappe man vond en graag zijn DNA had willen zien in zijn andere kinderen die misschien een beetje op hem en op mij zouden hebben geleken. Maar vooral had ik hem altijd gelukkig in de armen van een geweldige vrouw willen zien, zodat ik thuis zou komen in een fijn gezin, en nu zou ik thuiskomen bij kinderen die niets van mij waren, en ook nog respectievelijk een, twee en vier jaar in leeftijd verschilden van mijn eigen kind! Dat laatste vond ik weliswaar minder erg, maar dat Michael hen niet op de ouderwetse manier gemaakt had, namelijk door naar bed te gaan met een vrouw, vond ik heel erg. Ik begon me zelfs af te vragen of Michael misschien homoseksueel was.

Na de geboorte van Prince Michael II in 2002 huurde ik een detective in om onderzoek te doen naar Michaels gedrag op liefdesgebied. De uitkomst hiervan verbaasde mij zeer: ik had echt gedacht dat Michael wel een homo moest zijn, te oordelen naar zijn vreemde gedrag na al die jaren. Ik had mij erbij neergelegd en had er vrede mee als dat zo zou blijken te zijn, maar alles wees erop dat Michael wel degelijk van vrouwen hield. In de afgelopen jaren had hij zeker wel vrouwen in zijn bed gehad, maar nu bleek hij zijn bevrediging te krijgen door met zijn vrienden naar een club te gaan en daar de alfaman uit te hangen, met de vrouwen die hem allemaal wilden hebben omdat hij was wie hij was – hij scheen daar een kick van te krijgen. Michael ging het liefst met zijn kleine groepje vrienden uit in Hamburg, in Duitsland. Ze keken daar naar de vrouwen en maakten het tot een sport hen op te geilen. Hij was dan de sexy man die door elke vrouw werd begeerd. Hij vond het een leuk spelletje om de popster uit te hangen. Hij raakte vrouwen aan en kuste ook wel met hen, maar nooit bracht hij hen naar zijn kamer: hij vond het alleen maar leuk om hen in een hoekje op te geilen. Daarna ging hij weg. Er waren dus wel degelijk vrouwen die Michaels onderlijf betastten, maar hij ging niet met hen naar bed, voor zover we wisten. Hij wilde altijd mooie vrouwen hebben die zijn kamer schoonmaakten, en hij was graag in de buurt als ze kwamen werken. Hij genoot ervan hen gade te slaan tijdens hun werkzaamheden. De conclusie was al met al dat Michael gek op vrouwen was, en geen homo. Toen ik klein was had ik hem ook naar vrouwen zien kijken, maar ik wist toen niets over mannen. Toen ik ouder was begreep ik het echter wel: hij schepte er een groot genoegen in om met zijn zakenvrienden een groepje vrouwen op te geilen, te betasten en hun het plezier te geven om aan hem te komen. Hij bleek het spelen van alfaman heel opwindend te vinden en had het enorm naar zijn zin met zijn mannenclubje. Hij hield niet van porno maar wel van boekjes met naakte vrouwen. Hij had er heel wat in zijn bezit, dus er kan worden aangenomen dat hij aan zelfbevrediging deed en niet op mannen viel. Michael speelde een spel waarbij hij het niet belangrijk vond dat de wereld wist dat hij gek was op vrouwen. Hij speelde zijn spel goed volgens de detective.

In 2000 was mijn relatie met de vader van mijn kind onhoudbaar geworden. Thomas van Sony Music was mijn trouwe fan en gaf mij steeds goed advies. Als donderslag bij heldere hemel nodigde Sony Music mij uit om het dertigjarig jubileum van Michaels carrière in New York bij te wonen, op 7 september 2001. Ik wilde er aanvankelijk niet heen. Ik was namelijk heel boos op Michael omdat hij zich er altijd over beklaagde dat de media voortdurend leugens over hem verkochten: hij beweerde het slachtoffer ervan te zijn. Ze bleken toch meestal voor 99% gelijk te hebben – hij deed inderdaad rare dingen, dus er was vaak niet veel nieuws onder de zon en de beweringen klopten meestal. Ik was het beu dat hij almaar klaagde. Hoewel hij Michael was en ik heel veel van hem hield vond ik dat het zijn eigen schuld was dat hij door de media werd vertrapt. Hij speelde altijd het slachtoffer terwijl hij zich toch echt vreemd gedroeg. In die tijd had ik Michaels bijnaam, de 'King of Pop', tot de 'King of Dolls' omgedoopt, omdat 'doll' in het Nederlands 'pop' betekent. Thomas van Sony Music wist dat en had er hard om moeten lachen. Toen mijn zoon Joshua in 1999 geboren was, belde ik Sony Music op om zijn naam te vertellen. Ze dachten dat ze het allemaal wisten en zeiden: 'Hij heet zeker Michael.' 'Nee,' zei ik, 'mijn zoontje heet Joshua Lynden.' Toen waren ze allemaal stil. Ik zei: 'Michael heeft zijn kinderen al naar zichzelf vernoemd dus waarom zou ik mijn zoon naar hem vernoemen, na alles wat hij mij heeft aangedaan? Ik zal nooit, maar dan ook nooit een kind van mij naar Michael vernoemen!' Dit had hen allemaal van streek gemaakt, ze wisten niet zo goed hoe ze ermee moesten omgaan.

In dat jaar hield ik me weinig met Michael bezig. Ik was alleen maar aan het rouwen omdat ik hem kwijt was. Ik herkende deze rare man niet meer, en had het erg druk met mijn ex. Hij had inmiddels een nieuwe vriendin die mij lastigviel, en de politie deed niets om mij te helpen. Ik was verhuisd en was erachter gekomen dat mijn huurhuis in een asociale buurt stond, met rare mensen. Ik kwam echter niet van die woning af. Ik was weer verdergegaan met mijn studie, ik had ook een parttimebaan en zorgde voor mijn kind. Langzaam maar zeker werd ik erg ziek: ik kreeg last van mijn astma als gevolg van alle stress. Ik wilde mijn leven op een andere manier inrichten, maar ik wist nog niet precies hoe. Hoewel Joshua en ik het samen heel gezellig hadden, ging het niet zo goed met zijn spreekvaardigheid. Ik kreeg daar van iedereen de schuld van, terwijl het leven dat wij hadden heel fijn was. Ik begreep evenmin waarom zijn taalontwikkeling te wensen overliet, ik handelde toch volgens de opvoedingsboeken en deed taalspelletjes met hem. Hij was ook regelmatig op de crèche, maar niets hielp, en ik had de hele wereld op mijn nek.

In 2001 vroeg Sony Music mij of ik naar New York wilde komen om bij de eerdergenoemde viering van de dertigjarige muziekcarrière van Michael aanwezig te zijn. Uiteindelijk besloot ik ernaartoe te gaan. Ik had de indruk dat ik alles goed in orde had gemaakt met de vader van mijn kind, en met een vriendin van mij, die achteraf stapelgek bleek te zijn. Dit was dan ook dé kans voor mijn ex om mij zwart te maken. Toen ik in New York was gearriveerd, belde ik naar huis, maar ik kon er door alle stress niet van genieten. Sony had een afspraak gemaakt voor mij gemaakt met Michael, maar ik was weggelopen, en zo zou dat de hele tijd gaan.

's Avonds was het optreden. Voor de eerste keer in zeventien jaar zag ik Michael weer. Het eerste wat ik mij weer herinnerde was zijn lichaamsgeur: hij rook altijd zoetig. Hoewel het een mooi moment was kon ik het niet zo goed aan. Al die gillende vrouwen maakten mij nerveus en op een gegeven moment kreeg ik ruzie met zijn fans. Ik ben toen even weggegaan. Ik had de zaal voortijdig verlaten want ik kon het niet langer aanzien. Ik had namelijk het gevoel gekregen dat Michael heel ziek was, ook al was hij aan het dansen. Zijn lichaam was mij zo vertrouwd, en toch stond daar opeens een heel andere man. Ik zag pijn en gespannenheid in hem, hij was niet gelukkig – hij leek wel een pop. Ik voelde niets van de opwinding die door de zaal ging. Het publiek gilde en klapte, maar het deed mij niets. Het leek alsof Michael daar niet uit eigen vrije wil stond. Het enige dat er door mij heen ging was: zouden ze Michael nu van kant willen maken omdat ik zo dicht bij hem ben? Aan Joseph van Sony had ik verteld dat ik bang was om te komen omdat ik niet wilde dat Michael door mijn schuld vermoord zou worden. Hij stelde me gerust: er zou niets gebeuren. Ik was er niet van overtuigd, het voelde allemaal niet goed. Toen later bleek dat Sony iets had geregeld was ik al weg. Er waren verspreid door de stad wat afterparty's, en ik was uitgenodigd door een stel knappe donkere mannen. Eerst twijfelde ik omdat ik dacht dat New York eng was, maar na enig aarzelen zei ik tegen mezelf: kom op, ga nou maar mee, en daar had ik later geen spijt van.

De volgende dag belde ik Thomas en om hem te vertellen dat ik opeens weer wist hoe Michael rook, en dat ik dat heel bijzonder vond. Het deed mij goed en tegelijkertijd maakte het mij verdrietig. Thomas was boos over het een of ander, en opnieuw kwam er een afspraak voor mij om Michael ergens te ontmoeten, maar had ik niet genoeg geduld en liep voortijdig weg. Iedereen bij Sony Music probeerde mij naar Californië te krijgen, op weg naar Neverland. Ik wilde echter niet, ik was bang, dus ik vloog weer terug naar Nederland.

Toen ik daar op 11 september 2001 aankwam hoorde ik wat er in New York was gebeurd. Ik was er kapot van, net als de rest van de wereld, en het kostte me heel veel tijd om het te verwerken. Michael had nog een tweede optreden gehad, en ik wilde weten of hem niets was overkomen. Na heel lang bellen kreeg ik Thomas aan de telefoon, die zei dat hij het jammer vond dat Michael nog leefde, in verband met wat hij mij allemaal had aangedaan. Ik kon hem wel begrijpen: hij was er boos over wat er met zijn stad was gebeurd, en hij vond ook dat Michael mij absoluut niet verdiende.

In mijn privéleven ging het in die periode helemaal niet goed. Op een dag stond Michael plotseling voor mijn deur, dat was in 2002. Ik was zo geschrokken dat ik dacht zowat flauw te vallen. Er kwam een golf van woede over mij heen, als een orkaan. Mijn lichaam raakte in shock, ik dacht dat ik hem wel kon doden, zo erg was het. Ik dacht: hoe durft hij zonder mij vooraf te bellen plotseling voor mijn neus te staan? Het leek wel of ik doodging – mijn borstkas deed pijn en ik kon bijna niet meer ademen. Toen ik de deur opendeed was Michael al weg, ik zag hem in een auto stappen, en mijn wereld stortte in. Ik was er niet op voorbereid geweest dat hij voor mijn deur zou staan, en wist niet wat ik moest doen. Thomas had een paar keer gevraagd: 'Wat zou je doen als hij opeens voor je neus stond?' Keer op keer had ik geantwoord dat ik het niet wist, en nu bleek dat te kloppen. Mijn wereld stortte in, en ik kreeg zware astma. Niets ging meer goed, ik was er kapot van. Ik belandde bij een therapeut, maar deze zag mij niet voor vol aan. Ik was gebroken, iedereen verklaarde mij voor gek. Ik had de keuze tussen dit leven of doodgaan, dacht ik. Vanbinnen werd ik heel erg stil. Ik dacht dat ik mijn astma-aanvallen met de dood zou moeten bekopen en vroeg mijn ex of hij me wilde helpen, maar hij weigerde om de zorg voor Joshua tijdelijk op zich te nemen.

In hetzelfde jaar 2002 was Michael in zijn favoriete stad Berlijn, waar hij zijn jongste kind over het balkon liet bengelen. Ik vond dat onvergeeflijk. Zijn fans beweerden dat het niet erg was. Toen de mensen van Sony mijn mening hierover vroegen, zei ik: 'Michael mag van mij nooit ofte nimmer op Joshua passen!' Wat mij betreft had Michael had de dag daarna op camera moeten verschijnen om in het openbaar zijn excuses aan te bieden. Opnieuw vond ik dat hij niet zichzelf was, hij was net als ik heel erg van streek.

Er brak nu een periode aan waarin ik mijn ontvoering opnieuw beleefde. Terwijl ik op de fiets zat met mijn kind, zag ik hoe er een film in mijn hoofd draaide over de moorden waarvan ik als kind getuige was geweest. Het was doodeng. Ik zocht hulp, maar ik kreeg helaas geen goede hulp – ik had een waardeloze therapeut getroffen en niemand had begrip voor mij. Toen ik dacht dat het niet erger kon worden, kreeg ik dreigtelefoontjes dat ze mijn kind hetzelfde zouden aandoen als mij. Mijn leven stond op zijn kop en aan de politie in Hilversum had ik al helemaal niets: die hielpen mij ook niet met het gestalk van de vriendin van mijn ex. Werkelijk alles werd te gek voor woorden, ik leefde in een nachtmerrie. Ik maakte mij klaar om weg te gaan, ik was van plan te vluchten. Ik wilde in geen geval dat Michael nog eens ongevraagd op mijn stoep zou staan, hij was mij zowat aan het stalken. Hij was er waarschijnlijk boos over dat ik mijn hele leven niet over hem had gepraat. Ik dacht: rotzak, jij denkt alleen maar aan jezelf. Wees toch blij met je nieuwe kinderen!

Op een gegeven moment kreeg hij mij zo kwaad dat ik een advocaat in de hand nam, omdat Brian Oxman van Sony een cameraploeg op mij af had gestuurd. Ik besefte dat mijn privéleven voorgoed beschadigd zou zijn. Ik begreep heel goed dat mijn leven voorbij zou zijn, en de hele wereld mij voor gek zou verklaren. Dat maakte Michael woedend dus er kwam een cameraploeg op het kantoor van mijn advocaat. Ik deed mijn verhaal en de mensen van Sony vonden het geweldig. Het werd uitgezonden, en daarmee begon de ellende van de terugkeer in mijn leven van de maffia. Michael had op zijn manier onderzoek naar mij gedaan, en was zo meer van mij te weten gekomen. Hij wilde weten of ik een geldwolf was of een hoer, of een mannenhater. Als dat het geval was, zou hij zonder meer van mij weglopen. Ik was woedend dat Michael durfde te denken dat ik niet kosjer was.

Op een dag was ik in Amsterdam, dat was in 2003. Er stapte een vrouw uit een auto en zij begon aan mijn kind te trekken, ze probeerde Joshua mee te nemen. Niemand kon mij in Amsterdam houden, en ik trapte haar terwijl ik mijn zoontje stevig vasthield. Ik was naar een winkel gegaan en opeens was Joshua weg. Een vrouw had me verteld dat een man met een kind hem had meegenomen. Ik had daarop de politie gebeld. Een andere vrouw had gezien dat ik de moeder van Joshua was. Zij was die man vervolgens achternagegaan, had Joshua opgeëist en was tegen hem tekeergegaan. Hij moest van de politie zijn excuses aan mij aanbieden. Ik was die vrouw erg dankbaar, en toen dacht ik: ik moet hier weg. Daarna verliet ik Amsterdam onmiddellijk en kwam er voorlopig niet meer terug.

Drie maanden lang ging ik bij kennissen op bezoek – ik wilde terug naar mensen die mij vertrouwd waren. Ik wilde een huis zoeken dat bij hen in de buurt was gelegen. Ik vroeg mijn ex of hij mij wilde helpen door Joshua op te halen, en hij stemde daarmee in. Daarna kreeg ik hem echter niet meer terug. Er volgden vier jaren van ellende. Er kwamen rechtszaken en mijn ex ging naar bed met een vrouw van de jeugdzorg en van de Raad voor de Kinderbescherming, waarmee hij wilde bewerkstelligen dat zij negatieve rapporten over mij schreven, en natuurlijk ook dat ik wel gek moest zijn om te denken dat Michael mijn vader was. In dezelfde tijd, in 2003, werd Michael aangeklaagd wegens kindermisbruik. Dit gebeurde tien jaar na de eerste keer dat hij werd aangeklaagd. Op deze manier werd het contact dat ik met Michael had, stopgezet. Hij ging vechten voor zijn leven, en ik voor dat van mijn kind.

2003-2013

In onderstaand verhaal beschrijf ik wat er van 2003 tot 2013 met mijn kind en mij is gebeurd. In 1996 was ik, zoals gezegd, naar Hilversum verhuisd en had daar de man ontmoet die in 1999 de vader van mijn kind zou worden. Hij, Charat de Graaf, zou mij eind 1998 zwanger maken. We waren toen al op een punt gekomen dat ik de relatie had beëindigd en alleen verder wilde met mijn leven, zonder hem. Ik was er inmiddels achter gekomen dat hij verslaafd was aan drugs en tegen iedereen kon liegen alsof het geschreven stond. Ik kon daar niet tegen op, mijn liefde voor mijn ongeboren kind was sterker dan voor hem. Zijn moeder had mij gevraagd om een abortus te laten doen, ze heeft mij nooit zwanger gezien. De mensen om mij heen raadden me aan om Charat niet toe te laten in het leven van mijn kind: hij zou ons allebei kapotmaken. Ik kon het echter niet over mijn hart verkrijgen zijn eigen kind van hem af te nemen, ik wilde blijven geloven in het goede in de man op wie ik verliefd was geworden. Bovendien spookten de fijne jaren die ik met Michael had gehad door mijn hoofd en ik vond mede daarom dat ik Joshua zijn vader niet mocht ontnemen.

Daar kwam nog bij dat de dokters eerder hadden gezegd dat deze man wel eens moeilijk kinderen zou kunnen verwekken, en dat als wij ooit kinderen wilden hebben we er beter aan zouden doen geen anticonceptiemiddelen te gebruiken. We waren toen een onderzoek begonnen om te zien of we allebei vruchtbaar waren en daar kwam uit dat Charats sperma onder de maat was. We waren naar de huisarts gegaan toen ik ondanks het feit dat ik de pil gebruikte, zwanger bleek te zijn – door een fout op medisch gebied dus, terwijl ik dacht dat ik vanwege mijn verkrachting geen kinderen kon krijgen.

Een maand na dat onderzoek was ik zwanger. We hadden erover gepraat: als ik zwanger zou worden dan zouden we het samen doen, wat er ook gebeurde. Hij kwam die afspraak niet na, hij had me op een gegeven moment zelfs geslagen tijdens mijn zwangerschap. Ik had de politie gebeld en hij kreeg een taakstraf. Die avond had ik het hele huis doorzocht en drugs gevonden. Ik had hem er diezelfde dag uit moeten trappen, maar ik had slecht advies gekregen. Hij had me ten huwelijk gevraagd, ik weigerde. Na Joshua's geboorte wilde hij nog een kindje met mij en dat weigerde ik ook. Daarna was zijn enige doel nog om mij kapot te maken en mijn kind af te pakken. Hij slaagde daarin: mijn leven was vijftien jaar lang kapot. Iedereen trapte erin, in zijn verraad aan mij, alles wat ik hem ooit in vertrouwen had verteld, buitte hij uit, en de Raad voor de Kinderbescherming ging er altijd gedwee in mee: ik was geen gezeglijk kind geweest dus dan kon ik onmogelijk een goede moeder zijn.

Ik had geen tijd meer voor Michael, ik was moeder geworden en was aan het vechten voor mijn kind. Ik woonde in een slechte buurt. Hoewel ik in een leuk huisje woonde had ik nare buren. Als alleenstaande moeder kreeg ik rare mannen aan mijn deur die seks met mij wilden. Na verloop van tijd wilde ik dan ook niet langer in die buurt wonen. Omdat ik geen ander huis kreeg toegewezen, stopte ik op een gegeven moment met het betalen van de huur, zodat ik de eerste stap had gezet om daar weg te gaan – dit was in 2003. Ik was niet langer veilig omdat er opnieuw sprake van contact tussen Michael en mij was geweest. Ik voelde mij niet meer veilig waar ik woonde en moest daar weg.

Dit is wat er in die tijd gebeurde rondom mijn kind. Opnieuw zou ik door de Raad voor de Kinderbescherming in de steek worden gelaten. Dit instituut had mij niet alleen laten stikken toen ik klein was, maar ook in de jaren die daarop volgden, en na 2003. Verderop volgt een brief die ik aan de Kinderbescherming schreef over alles wat er de afgelopen jaren heeft plaatsgevonden. Het was voor mij de enige manier om nadere uitleg te geven want naast mijn zorgen om Michaels priveleven en zijn rechtszaken had ik ook mijn persoonlijke ellende die mij wakker hield. Ik was geen kind meer: ik was een vrouw geworden en een trotse moeder. Het beste dat mij ooit was overkomen was van mij afgenomen.

In de periode dat Michael werd beschuldigd van kindermisbruik, werd ik eveneens aangeklaagd. Het draaide om de vraag of ik wel een goede moeder zou zijn. De rechtszaken van Michael en die van mij liepen parallel in de tijd. Mij ging het met name om de zorg voor mijn zoontje Joshua, maar daar werd overheen gewalst. Ik ging in de tegenaanval, die mijn ex en zijn moeder betrof. Als ik ouders had gehad, of familie, dan ben ik ervan overtuigd dat hetgeen er tien jaar geleden gebeurd is, nooit zou hebben plaatsgevonden. Door veel mensen heb ik me laten vertellen dat het in geen geval aan mij lag.

De Raad voor de Kinderbescherming staat bekend als een valse organisatie achter de Nederlandse rechters, die ervoor zorgt dat die rechters klakkeloos doen wat de Kinderbescherming wil. In 99% van de zaken is er dus geen sprake van een eerlijk proces, en ik kan ook nog eens concluderen dat er discriminatie in het spel was, al zou ik dat nooit hard kunnen maken. Dit baseer ik op het feit dat er jarenlang documenten waren waarin stond dat ik nooit iets goed kon doen – het was nooit goed genoeg, wat ik ook bereikte – terwijl mijn ex ongestraft tien jaar kon doorgaan met het mishandelen van mijn zoon: iedereen stond erbij en keek ernaar! Ze vonden hem niet ongeschikt voor het ouderschap want mijn kind had een dak boven zijn hoofd, en hoewel het allemaal niet om over naar huis te schrijven was, was het goed genoeg. Deze mening hield zelfs stand toen Charat een relatie kreeg met een alcoholiste die ongelukken veroorzaakte in bijzijn van mijn zoon waarbij hij zelfs letsel opliep. Ik had tegen de rechter gezegd: 'Haal die vrouw bij mijn kind weg anders vermoord ik haar nog! Ik wens niet dat mijn kind doodgaat als gevolg van haar verslaving!'

In mijn jeugd had ik wat lessen geleerd. Een daarvan was dat ik Joshua, mijn kind, die mijn alles was, nooit zou verlaten of aan zijn lot zou overlaten. Ik zou voor hem, en met hem, vechten tot hij volwassen was. Ik zou nooit handelen zoals Michael, die zijn werk veel en veel belangrijker had gevonden dan mij, zijn jonge dochter. Joshua was voor mij het allerbelangrijkst, en ik was zeker niet van plan hem in de steek te laten, en zijn leven te laten leiden zonder mij. Soms voelde het wel zo, maar ik ging nooit écht bij hem weg.

Op 21 december 2012 schreef ik onderstaande brief aan de Raad voor de Kinderbescherming in verband met het rapport dat in mei 2012 was uitgebracht.

'Op advies van een juridisch adviseur bij de Raad voor de Kinderbescherming, Landelijk Bureau Utrecht, dien ik hierbij mijn klacht in met betrekking tot het rapport van mei 2012 van de Raad voor de Kinderbescherming over de bezoekregeling aangaande mijn zoontje Joshua, geboren 6 juli 1999. Ik heb de klacht over de mishandeling in mijn jeugd kenbaar gemaakt in een brief aan de landelijk directeur. Deze zaak gaat naar de rechter, tezamen met de klacht van 2009 die in 2011 verjaard is verklaard door de Raad voor de Kinderbescherming. Ik heb daar vandaag, 21 december 2012, over gesproken met de juridisch adviseur van de Landelijke Kinderbescherming te Utrecht. De landelijk directeur kon in deze zaak niets voor mij betekenen. Deze zaak is beschreven in bovengenoemde brief aan de Raad voor de Kinderbescherming en handelt over de achtentwintig jaar mishandeling die ik heb ondergaan. Om die reden breng ik deze zaak verder naar de rechter bij de Landelijke Raad voor de Kinderbescherming en gaat deze klacht u aan, meneer ..., louter en alleen vanwege het rapport dat uw mensen in mei 2012 over mij geschreven hebben in verband met de bezoekregeling omtrent mijn zoon Joshua.

Vanaf 2004 is er een bezoekregeling van kracht, die in 2009 echter plotseling door toedoen van Joshua's vader is stopgezet. Ik ben de moeder van Joshua en heb als zodanig voor hem zorg gedragen vanaf de dag dat hij geboren is, 6 juli 1999. Er is nooit sprake geweest van een ongeval met hem terwijl hij met mij samen was, in welk verband dan ook. Evenmin heeft Joshua ooit een voedselvergiftiging of uitdroging onder mijn toezicht opgelopen. De bewering in het rapport van de Raad voor de Kinderbescherming dat er niet op vertrouwd kan worden dat mijn kind veilig is bij mij, is naar mijn mening dan ook een klacht waard. Hierbij geldt ook dat mijn kind in die dertien jaar nooit geestelijk of lichamelijk door mij of door mijn omgeving is mishandeld en ik nog nooit met hem naar de eerste hulp heb hoeven gaan.

Daarnaast ben ik sedert 2008 hoofd van een eigen zorginstelling, met een AWBZ-erkenning. Hieronder volgt informatie over mijn werkachtergrond:

"Mocienne Petit Jackson is oprichter van Thuiszorg Ernestine, gestart in 2005, en momenteel directeur van deze onderneming, die wordt bijgestaan door de Raad van Toezicht. In 2008 heeft ze de AWBZ-certificering behaald als zorginstelling in the United Care. Haar werkzaamheden bestaan uit sociaalpedagogisch werken met mensen met een lichamelijke en geestelijke beperking: verzorging en ondersteuning van gezinnen met kinderen die een autistische aandoening hebben, en van mensen met een lichamelijke handicap. Haar carrière in de zorg is begonnen toen zij vijftien jaar was, in 1990. Zij ging eerst naar de huishoudschool en vervolgens volgde zij het voortgezet speciaal onderwijs, waar zij de leerweg koos voor sociaalpedagogisch werkniveau 1, 2 en 3. Deze leerweg bestond uit het leren van het vak op de werkvloer. Ze studeerde in 1995 af. Ze heeft veel werkervaring opgedaan in tehuizen en zorginstellingen, in de gezinszorg en in crèches, waar zij te maken had met leeftijdsgroepen die varieerden van nul tot en met vier en van zestien tot en met tachtig. In 2002 heeft ze een vervolgopleiding sociaalpedagogisch werk gedaan op MBO-niveau 4. In 1999 heeft ze kennisgemaakt met de thuiszorg bij Thuiszorg Gooi- en Vechtstreek, na gewerkt te hebben als professionele nanny, zowel in de hoedanigheid van zelfstandige als voor Medi Interim Uitzendbureau. In 2004 is ze interne bedrijfskunde gaan studeren door bij bestaande ondernemers stage te lopen binnen hun organisatie en onderzoek te doen."

De informatie die is doorgegeven aan de rechter, is dan ook misleidend en heeft geen enkele onderbouwing. Er zijn geen aanwijsbare redenen of bewijzen dat de veiligheid van Joshua bij zijn eigen moeder in het geding zou zijn. Tegen de bewering dat ik psychische problemen zou hebben die een gevaar voor mijn kind kunnen opleveren, breng ik in dat ik geen drugsverslaafde ben, geen hoer, niet dakloos en geen geldgebrek heb, noch rare dingen op straat doe die een bedreiging vormen voor de samenleving of voor mijn kind. Waarom zou mijn kind niet veilig bij mij zijn? Voor iemand die haar kind drie jaar niet op normale wijze heeft mogen zien, ben ik zeer rustig en netjes. Ik heb geen strafbare feiten gepleegd – noch in Nederland, noch in het buitenland – en ik participeer in de samenleving doordat ik een baan heb en vrienden.

De afwijzing van mijn bezoekregeling door de rechters heeft te maken met het feit dat ik de Raad voor de Kinderbescherming heb geweigerd toestemming te geven om mijn medisch dossier in te zien, in mijn geval geschreven door mijn voormalig psychiater. Het is een privékwestie waarop het recht van de wet 'Bescherming medische gegevens' van toepassing is. Uit het vonnis van de rechter (2012) komt naar voren dat ik dit recht niet zou hebben en daarom mijn kind Joshua niet mag zien. Volgens dit vonnis zou ik toestemming moeten geven aan de Raad voor de Kinderbescherming om mijn medisch dossier in te zien zodat deze kan bepalen of ik mijn kind wel of niet mag zien. Deze wet 'Bescherming medische gegevens' geldt ook voor mensen die zware delicten hebben gepleegd en zelfs na iemands dood.

Dat ik als kind verkracht ben en een pijnlijk verleden heb waarvoor ik in tijden van nood geestelijke ondersteuning vraag, zou geen probleem moeten zijn. Het is mijn eigen keuze dat ik mijn verleden over mijn verkrachting met niemand deel, afgezien van de arts die ik in vertrouwen heb genomen. Zo heeft de Raad voor de Kinderbescherming geen gegronde reden aangevoerd dat ik iets heb gedaan wat een gevaar voor mijn kind en de samenleving kan betekenen. Er is onvoldoende draagkracht getoond – alles is gebaseerd op wat mijn ex, de vader van mijn kind, al vanaf 2004 tot aan zijn verslag aan de rechter op 6 december 2011 blijft schrijven. De Raad voor de Kinderbescherming heeft mij gedurende zevenentwintig jaar geen enkel bewijs gegeven dat ik deze kon vertrouwen. Ik ben in mijn pleeggezin als kind keer op keer verkracht en de Raad zag niets, ofschoon ik onder toezicht stond van deze instantie! Het kan dus geen grote verrassing zijn dat ik, op advies van mijn toenmalig psychiater, de mensen van de Raad voor de Kinderbescherming buiten mijn privézaken houd, die alleen mijn arts en mij en de rechters aangaan. Er is een hoop oud zeer, dat ik als klein meisje heb opgelopen en dat gelieerd is aan de Raad voor de Kinderbescherming.

Wat is er zo schandelijk aan dat ik in tijden van geestelijke nood hulp en ondersteunende begeleiding vraag aan een psychiater, zoals ieder ander persoon dat kan en mag doen? De huidige situatie rond mijn kind valt mij dan ook wel heel zwaar in het dagelijks leven, temeer daar ik ook nog eens geregeld nachtmerries heb over de verkrachtingen die tussen mijn negende en twaalfde levensjaar plaatsvonden. Maar maakt die vraag om hulp mij ongeschikt als moeder om mijn kind te kunnen zien? En dat mijn ex bovendien zover gaat dat hij de man die mij verkracht heeft, via Facebook en telefoon benadert, geeft wel aan dat juist mijn ex geestelijk iets mankeert, ook volgens de normen en waarden van de Raad voor de Kinderbescherming! In feite ligt het als volgt: ik zou zogenaamd niet goed zijn voor mijn kind omdat het contact van mijn ex met mijn verkrachter mij hevig aangrijpt, en ik mede daarom heb aangeklopt bij een psychiater met de vraag om tijdelijke ondersteuning en advies bij het omgaan met deze situatie.

Zo neemt de Raad voor de Kinderbescherming het verhaal van mijn ex klakkeloos aan en worden andere partijen niet gehoord, zoals punt P., en evenmin wordt er iets gedaan aan het misleidende schrijven van mijn ex.

De zaak met betrekking tot de bezoekregeling gaat in hoger beroep omdat het niet anders kan. Dit lost nog niet het gehele probleem op waarmee ik word geconfronteerd waar het mijn recht betreft om een waardig bestaan te hebben. Het verweerschrift van mijn ex van december 2011 mocht van de rechters worden ingediend onder het mom van 'vrijheid van meningsuiting'. Zo schrijft mijn ex daarin onderstaande punten, zonder bewijzen, en toch gaat iedereen er maar gewoon in mee en neemt het voor waar aan:

Ik zou hebben geprobeerd om mijn minderjarige kind te verdrinken. Ik, de moeder, ben echter nooit veroordeeld voor letsel aan mijn kind of aan derden. Er is dan ook nooit een strafrechtelijke uitspraak geweest over enigerlei mishandeling mijnerzijds, dus ook niet over mishandeling van mijn kind. Deze bewering betekent dat mij smaad is aangedaan. Noch mevrouw Blom, de advocaat van mijn ex, noch de Raad voor de Kinderbescherming heeft dit punt aantoonbaar gemaakt of bewezen aan de rechter. Ik verwacht op zijn minst dat er voor dit soort uitspraken toch enig onderbouwd bewijs geleverd dient te worden. Mijn ex beweert dat ik psychisch niet in orde ben – dat beweert hij al sinds de rechtszaken in 2004 over ons kind begonnen. Hij heeft het voor elkaar gekregen dat er van mij wordt verwacht dat ik zijn standpunt moet bewijzen voor de rechter.

Is het niet aan de Raad om de standpunten van mijn ex te bewijzen en hem te vragen waarom hij dit soort dingen schrijft over de moeder van zijn zoon? In plaats daarvan gaat de Raad in zijn rapport in het geheel niet in op de beweringen van mijn ex, en evenmin wordt de vraag opgeworpen of die beweringen stroken met de waarheid.

In het verslag van 2011 schrijft mijn ex dat ik zijn leven kapot heb gemaakt omdat hij voor ons kind Joshua moet zorgen. Hoe kan een rechter achter iemand gaan staan die dit soort dingen over zijn kind schrijft en er systematisch voor zorgt dat het kind zijn moeder niet meer ziet? De Raad heeft zich bij dit stuk ook niet afgevraagd of zo iemand de veiligheid van mijn zoon wel echt kan waarborgen, na zo'n uitspraak over het kind aan derden.

De inbreuk die door mijn ex op mijn privacy werd gemaakt in het verslag van december 2011, is voor mij een openbare kruisiging geweest. Ik ben al vanaf 2000 van deze man gescheiden, en hij wil mij al twaalf jaar niet meer kennen. Zijn beweringen zijn dan ook niets dan fictie. Dat de Nederlandse overheid daar zonder meer achter is gaan staan, zonder na te denken over het leed dat mij hierdoor is aangedaan, is met geen pen te beschrijven. Opnieuw zijn er geen aantoonbare bewijzen voor de beschuldigingen met betrekking tot mijn gedrag. Dit kan dus niets anders zijn dan discriminatie. Zo kan men in het verslag van de Raad voor de

Kinderbescherming niets positief over mij vinden. De laatste brief ligt er niet om, zoals het bezoek van de Raad aan mij is verlopen. Het rapport van de Raad voor de Kinderbescherming is niet gebaseerd op eerlijkheid: daarin wordt gesuggereerd dat ik (de moeder) niet meewerkte en dat er sprake was van een 'normaal' bezoek van de Raad aan mij. Integendeel, het is juist de Raad die geen enkele poging tot verzoening naar mij toe heeft getoond in het onderzoek. Toen de vrouw in kwestie mij aan huis bezocht, stonden er koffie, thee en sinaasappelsap voor haar klaar en een stuk gebak, maar zij wilde alleen maar een glaasje water – het was toen tien uur in de ochtend.

Vandaag, d.d. 21 maart 2012, had ik een gesprek met de Raad voor de Kinderbescherming.

In mijn brief van 6 maart 2012, aan de hierboven geadresseerden, heb ik aangegeven dat ik niet wil dat er druk wordt uitgeoefend op mijn relatie met mijn psychiater omdat dit een privéaangelegenheid betreft die het doel heeft om mij de gebeurtenissen met mijn ex – tevens vader van Joshua – een plaats te doen geven.

De Raad voor de Kinderbescherming zei vandaag nogmaals dat zij mijn psychiater willen spreken en dat het cruciaal is voor het onderzoek, waarin de Raad bepaalt of ik recht heb op een bezoekregeling aangaande mijn kind of niet. In de wet van private persoonsgegevens staat dat ik als patiënt kan weigeren om toestemming te geven voor een gesprek tussen de Raad en mijn dokter of psychiater. Dat de Raad voor de Kinderbescherming denkt mij dat recht te kunnen ontnemen en mij te kunnen chanteren, gaat me te ver. Het is mijn ex, Charat de Graaf, die het idee in de wereld heeft geholpen dat ik niet zou sporen. Het is dan ook aan hem om dat te bewijzen, maar dan wel zonder mij. Net als zoveel gescheiden mensen, zeggen veel exen dat over elkaar: dat de ander gek is, over en weer.

Ik heb geleerd dat ik niet langer aan de buitenwereld hoef te bewijzen wat ik ben en zeker niet aan de Raad voor de Kinderbescherming, die mij vandaag in mijn huis vertelde dat de Raad wil weten hoe mijn geestelijke gezondheid ervoor staat, en ook dat ze met mijn psychiater willen praten, als hun informant.

Ik heb nooit gevraagd om mijn psychiater als hun informant te gebruiken en dat zal ook niet gebeuren. Dat de Raad voor de Kinderbescherming denkt zich mijn privézaken eigen te maken door te stellen dat mijn psychiater hun informant moet zijn, is in strijd met de wet op mijn privéleven. Ook moet de Raad niet denken dat mijn brief aan hen, d.d. 6 maart 2012, hun enig recht geeft om over mijn bezoek aan mijn psychiater aan de rechter te vertellen – dat is inbreuk op mijn privéleven. Het is voor de bezoekregeling irrelevant om in het onderzoek te vermelden dat ik een psychiater heb bezocht. En het is niet aan de Raad voor de Kinderbescherming om mijn psychiater te spreken te krijgen: daartoe heeft deze geen recht. Als privépersoon heb ik het recht zo vaak naar een psychiater te gaan als ik maar wil. Wanneer ik binnenkort zou gaan trouwen, ruzie met mijn ex zou krijgen en in relatietherapie zou gaan, dan zou de Raad misschien ook wel denken het recht te hebben om mij de rest van mijn leven lastig te vallen met wat er in het verleden met mijn zoon Joshua is gebeurd, namelijk dat ik Joshua heb toevertrouwd aan zijn vader, die geen goed woord voor mij overheeft.

Het persoonlijkheidsonderzoek dat ik in 2005 heb ondergaan, kon de Raad niet tevredenstellen. Daarin stond dat ik gewoon een normaal persoon ben. Het gaf niet alle antwoorden die de Raad had willen horen. Een persoonlijkheidsonderzoek gaat erover hoe je bent als persoon. Het is dan ook geen momentopname. Van mij als persoon gaf het rapport van 2005 een voldoende duidelijk beeld. Dat het geen psychiatrisch rapport is is mijn keuze – dat is dan ook iets dat niemand kan afdwingen. Het is derhalve triest dat de Raad voor de Kinderbescherming denkt dit, in verband met de bezoekregeling, alsnog te kunnen claimen omdat ik in gesprek ben met een psychiater. Met het persoonlijkheidsrapport van Altrecht van 2005 zal de Raad – en eenieder die mijn geestelijk welzijn in twijfel trekt – het moeten doen. Zou ik wegens dergelijke twijfels soms de rest van mijn leven moeten bewijzen en laten zien wat ik doe bij een psychiater of een therapeut? Kan de Raad voor de Kinderbescherming mij keer op keer vragen om van mijn psychiater hun informant te maken? Omdat ik daar niet mee instem, probeert de Raad mij het idee te geven dat ik geen goede moeder kan zijn van – wie weet – de kinderen die ik in de toekomst heb van de man met wie ik dan getrouwd ben. Ik heb de Raad heel duidelijk verzocht om van mijn bezoek aan de psychiater geen gespreksonderwerp te maken. Er werd mij echter meteen door de mevrouw van de Raad voor de Kinderbescherming verteld dat de Raad een gesprek over mijn geestelijke gezondheid nodig vindt in het onderzoek. Het lijkt er dus op dat als ik geen psychiater zou hebben gehad, de Raad dan van mening is dat er alsnog een psychiater aan te pas zou moeten komen om te kijken of ik normaal ben. Laat me niet lachen.

Ik wil nogmaals heel duidelijk aangeven dat ik geen levend speelgoed ben. Indien de Raad volhardt in zijn poging om mijn geestelijk welzijn te onderzoeken, dan geef ik er eerder de voorkeur aan mijn zoon pas weer te zien wanneer hij volwassen is, dan dat ik mij een geestelijke ziekte laat aanpraten door Charat de Graaf, Joshua's vader. Echt, ik houd van Joshua, maar deze werkwijze kan de Raad voor de Kinderbescherming mij niet opdringen. Ik zit al drie jaar in een rouwproces over het feit dat het tussen Charat de Graaf en mij op deze manier gaat en dat Joshua al negen jaar als middel wordt ingezet in de strijd van Charat tegen mij. Ik wil mijn tijd goed besteden ten bate van Joshua zodat ik hem een goede basis kan geven wanneer hij eenmaal achttien jaar is.

Mocht de rechter vinden dat ik de Raad voor de Kinderbescherming iets over mijn geestelijke gezondheid moet bewijzen – de rechter zou dat misschien kunnen vragen of als voorwaarde stellen om Joshua zijn moeder terug te geven – dan blijft mijn antwoord, ook aan de rechter: nee. Ik werk niet mee aan een geestelijk onderzoek, door wie dan ook afgedwongen. Jullie zullen het met mij moeten doen zoals ik voor jullie sta, Mocienne Elizabeth Petit Jackson, moeder van Joshua. De oude koeien waarmee Charat de Graaf elke keer op de proppen komt, moeten maar eens verdrinken, zodat men werkelijk kan zien wie ik ben. Ook vandaag werd er door de Raad weer tegen mij gesproken alsof ik niet wijs was.

Ik versta de Nederlandse taal en ik ben goed in luisteren. De Raad heeft vandaag, d.d. 21 maart 2012, tegen mij gezegd dat het in het belang van het onderzoek is om mijn geestelijk welzijn vast te stellen. Maar dit gaat dus niet meer om een bezoekregeling, dit gaat blijkbaar veel verder dan dat. Er wordt hier door de Raad over het hoofd gezien dat ik geen ouder met ouderlijk gezag ben en mijn kind al bijna drie jaar niet op normale wijze heb kunnen zien. De laatste keer dat dat gebeurde is ruim zes maanden geleden, en Joshua woont ook al die tijd niet meer bij mij. Dit alles draait zogenaamd om een bezoekregeling. Zelfs al zou deze zaak om gezag gaan, dan nog heeft de Raad niet de juridische rechten om te claimen dat mijn artsen hun informant zijn. Onder geen enkele omstandigheid kan dit van mij geclaimd worden. De rechter kan te allen tijde een verzoek doen, maar hij kan mij juridisch tot niets verplichten. Ik ben steeds mijn eigen baas wat betreft medische besluiten. Het is dan ook een schande dat de Raad denkt dat dit recht niet voor mij geldt. Het is niet aan de Raad om mijn medische toelichting mee te nemen in een rapport over een bezoekregeling. Het kan dus niet zo zijn dat mijn verzoek daarom niet geldig is, terwijl mijn mededeling aan de Raad voor de Kinderbescherming niets met medici te maken heeft. Ik heb geen advies van de rechter gekregen om naar een psychiater te gaan – dat was mijn vrije keus en daar blijft de Raad van af.

De Raad lijkt niet mee te wegen dat ik geen drugsverleden heb of misdaden heb gepleegd tegen de mensheid, en dat ik mijn kind nooit heb mishandeld in welke zin dan ook, of dat ik dat bij herhaling zou kunnen doen. Derhalve heeft de Raad geen recht op het psychiatrisch rapport. Ik vorm geen gevaar voor de samenleving of voor mijn kind. Het lijkt erop dat het enige waar ik schuldig aan ben geweest, is dat ik Joshua's vader, Charat de Graaf, het welzijn van mijn kind Joshua heb toevertrouwd, maar daar heb ik ook geen schuldgevoelens over. Het is nu eenmaal zoals het is.

Zoals ik vandaag tegen de Raad heb gezegd, kan ik geen verder gesprek met de Raad hebben zolang deze mijn geestelijke gezondheid in twijfel trekt, en dat terwijl dit een nieuw gesprek had moeten zijn over Joshua. Ik heb de Raad vandaag verzocht om maar weer te vertrekken, omdat deze de oude onderzoeken en meningen meeneemt in dit nieuwe onderzoek. De Raad kijkt vrijwel uitsluitend naar het verleden, en het 'nu' schijnt maar een klein beetje mee te tellen, anders zou de Raad niet zoveel interesse tonen in mijn psychiater en mijn geestelijk welzijn van 2005 en 2012.

Ik stel de Raad in de gelegenheid opnieuw een gesprek met mij aan te gaan waarin mijn psychiater erbuiten wordt gehouden, en waarbij er niet langer sprake is van vooringenomenheid ten aanzien van mijn geestelijk welzijn. Het gesprek zal uitsluitend over Joshua moeten handelen zodat de Raad onderzoek kan doen. Maar mocht de Raad daar geen zin meer in hebben, dan zeg ik: best, dan laat ik het verder aan de Raad over. Ik sta open voor een normaal gesprek en ik zou het zeer waarderen indien er een therapeut van de Raad met mij komt praten, die het geduld en het fatsoen heeft om een rustig gesprek met mij aan te gaan, en zonder dat ik voor de zoveelste maal word gewezen op hetgeen de Raad met mijn psychiater en met mijn geestelijk welzijn wil, kortom een gesprek dat werkelijk over Joshua, mijn zoon, gaat. Het getuigde niet van veel fatsoen zoals het er vandaag aan toeging, want ik had in mijn brief van 6 maart 2012 al duidelijk kenbaar gemaakt wat mijn redenen waren om naar een psychiater te gaan. Ik zal nog wel vaker in therapie gaan en dan gaat het de Raad voor de Kinderbescherming ook niet aan waar dat over gaat en waarom ik dat nodig heb – dat is een zaak tussen mijn dokter en mij. Mijn psychiater, dokter en therapeut zullen geen van drieën informant zijn voor de Raad voor de Kinderbescherming, voor de rechter inzake de bezoekregeling of voor wat dan ook. Dat is een privéaangelegenheid en staat geheel los van de vraag van hoeveel waarde ik als moeder ben voor Joshua, op advies van mr. ..., juridisch adviseur bij de Raad voor de Kinderbescherming, Landelijk Bureau Utrecht. Ik zit al meer dan negen jaar – van 2004 tot heden – in zich voortslepende rechtszaken over mijn kind Joshua, omdat de Raad voor de Kinderbescherming steeds maar smaad over mij blijft verspreiden en de Nederlandse overheid niet van de Raad eist dat deze met harde bewijzen komt.

Ik heb het hier over deze zelfde Raad voor de Kinderbescherming die mij als kind moest beschermen maar nog niet eens zag dat ik drie jaar lang seksueel werd misbruikt. Deze Kinderbescherming die niets deed toen ik als kind op de kostschool in elkaar werd geslagen en fysiek werd mishandeld, en die er juridisch geen geld in wilde investeren om een en ander recht te trekken door mijn onjuiste geboortedatum te wijzigen in de juiste: ik ben immers drie jaar ouder dan wat er staat vermeld in de adoptiepapieren. De Raad heeft de bewijsstukken van de artsen dat ik lichamelijk en geestelijk ouder ben dan op de wettelijke papieren van de Nederlandse staat is aangegeven, genegeerd. Het is deze Kinderbescherming van de Nederlandse staat die misbruik maakt van mijn verleden om mij daarmee van 2004 tot heden van mijn kind te scheiden. Het is deze Raad voor de Kinderbescherming die ervoor zorgt dat mijn ex, die mij al jarenlang mishandelt, nu ons kind kan mishandelen door hem zijn moeder te ontnemen met onbewezen beweringen. Het zijn medewerksters van de Kinderbescherming met wie mijn ex naar bed ging teneinde smaadrapporten over mij te verkrijgen. Hoewel zij uiteindelijk ontslagen zijn, blijft dat soort smadelijke documenten mij de rest van mijn leven achtervolgen.

Het rapport is overgekomen als het 'uit de sloot halen van oude koeien', hoewel er in de wet staat dat de Raad voor de Kinderbescherming de betreffende zaak bij elke nieuw rapport opnieuw moet bekijken. Dat is in mijn geval zeker niet van toepassing geweest. De medewerkster van de Raad voor de Kinderbescherming heeft gewoon 'oude koeien uit de sloot gehaald' en mij samen met mijn kind spreekwoordelijk opgehangen, dus om die reden kan er geen twijfel zijn dat mijn klacht gegrond is.

Het is jammer dat de Raad voor de Kinderbescherming van geen enkele erkenning blijk geeft wat betreft de liefde die ik in mij heb. Het kan machtsmisbruik worden genoemd dat men mij neerzet als iemand die niet zou sporen. Ik heb datzelfde meegemaakt op mijn werk, toen ik er door de inspectie van gezondheid van werd beticht dat ik als zwarte vrouw nooit in staat kon zijn geweest thuiszorg Ernestine zelf op te richten. De generaal zelf, de heer Van der Wal, heeft mij toen persoonlijk een brief gestuurd waarin hij schreef dat het wel duidelijk was dat zijn personeel gemeen tegen mij was, en dat hij de zaak in de gaten bleef houden.

Ik voel dat mij thans ditzelfde onrecht wordt aangedaan door de Raad voor de Kinderbescherming, onder leiding van justitie. Ze kunnen het blijkbaar niet hebben dat ik in die negen jaar iets in mijn leven heb bereikt: ik kan volgens hen gewoon niets goed doen. Er is geen sprake van dat ik aan een geestelijke ziekte zou lijden, maar de Raad voor de Kinderbescherming wil graag dat dat wél het geval is. Omdat ze dat zelf niet kunnen bewijzen, moet ík dat maar even voor hen doen. Zijn dit nu mensen die zich om het welzijn van mijn kind bekommeren? Welnee, dit is discriminatie die tegen mij gericht is. Justitie gaat wel achter mensen aan die van misdaden worden verdacht, maar als haar eigen mensen misdaden plegen doet ze dat niet. Dan hebben die mensen vrij spel. Opeens accepteren ze je klacht niet – hun naam is haas. Vervolgens mag je naar het juridisch loket of naar de ombudsman. Er komt geen ombudsman in deze zaak, ik ga hiermee nog liever naar de internationale media dan naar een instantie zoals die van de ombudsman.

Het gaat hier wel over mijn leven, waarin ontvoering, verkrachting en ernstige geestelijke mishandeling zijn voorgevallen, en smaad onder leiding van de Raad voor de Kinderbescherming, onder justitie zelf! De Raad voor de Kinderbescherming die de Nederlandse rechtbank blijft voorliegen waar het mij aangaat. Deze zaak is van persoonlijke aard en zal dan ook door mij persoonlijk worden opgelost. Ik ben nu zevenendertig jaar oud, niet meer het onschuldige kind van acht, dat ooit in Nederland aankwam. Ik ben de laatste negen jaar behoorlijk verhard na alles wat er met mijn kind – mijn eigen vlees en bloed – is gebeurd. Wat Joshua, is overkomen vind ik erger dan wat ik in mijn eigen jeugd heb doorstaan!

Mijn ex heeft in de tijd die hij aangeeft, nooit meegemaakt hoe ik met Joshua in een thuissituatie omga, want we woonden vóór Joshua's geboorte, in 1998, al niet meer samen. In 2000 was er ook geen sprake meer van een liefdesrelatie – ik had hem in bed betrapt met een andere vrouw. Vanaf dat moment gaf deze man alleen nog maar blijk van haat jegens mij. Zijn schrijven uit 2011 over deze zaak laat er geen twijfel over bestaan hij mij ten zeerste haat. Het feit dat hij contact had opgenomen met degene die mij als kind drie jaar lang verkrachtte, wijst op Charats ondeugdelijk gedrag, evenals het feit dat hij mijn kind van mij heeft weten te scheiden.'

Wat er met mijn kind en mij allemaal is gebeurd, betreur ik niet, ik had dat immers nooit kunnen voorkomen. In 2003 stond ik voor een reusachtig dilemma: ik liep het risico om, als ik hem bij mij hield, Joshua kwijt te raken aan ontvoerders zodat hij hetzelfde lot zou ondergaan als ik, of ik moest hem aan zijn vader afstaan waarbij de Raad voor de Kinderbescherming over hem zou waken en ik dan maar moest hopen dat er bij zijn vader niets zou gebeuren. Als ik Joshua niet aan zijn vader zou geven, zou ik hem wie weet nooit meer zien en niet weten waar hij was, terwijl ik hem in het andere geval op afstand zou kunnen blijven volgen.

Ik wist dat er met Michael en mij voorgoed zou worden afgerekend. Ik zou Michael langzaam voor mijn ogen zien sterven, en ze zouden mij schaduwen en proberen kapot te maken. Ik koos daarom voor de veiligheid van mijn zoon en gaf Joshua aan zijn vader. Dit zorgde voor de ergste pijn in mijn leven, en ik begreep die dag hoe erg Michael had geleden toen hij mij kwijt was. In deze tijd kreeg ik van lieverlee meer begrip voor de fouten van Michael. Het was een pijnlijke en uiterst eenzame tijd voor mij. Ik ervoer dat men in tijden van nood zijn vrienden leert kennen: ik stond er geheel alleen voor.

Eind 2003 waren de rechtszaken in verband met Michael in voorbereiding. De moeder van mijn vriendin was inmiddels overleden – een vrouw die mijn hart in pijnlijke tijden had verwarmd. Na een lang ziekbed – zij had parkinson – was Antonia er niet meer, en dat betekende eigenlijk ook het einde van een soort vriendschap die ik met haar dochter Annabella had. Ik was de laatste maanden bij haar geweest en had haar ware gezicht leren kennen: ze was een gemene, onaardige vrouw geworden. Het deed mij wel goed om te weten wie ze echt was, daarmee kon ik de verleiding van haar moeder een plaats geven. De dood van Antonia was een groot persoonlijk verdriet voor mij. Deze gebeurtenis in combinatie met het gedoe rond Michael en mijn kind brak mijn hart.

Ik had een tijd in Twello verbleven en keerde weer terug naar Hilversum. Daarna, in februari 2004, zou ik een huis vinden in Soest. Ik wist dat ik mijn kind misschien niet meer terugkreeg omdat ik geen bewijzen had dat Michael mijn vader was. Die bewijzen zou ik ook nooit krijgen, behalve mijn DNA, want alles was van mij afgenomen. In 1995 had ik onderzoek gedaan naar de situatie op Haïti. Ik was erachter gekomen dat pater Lespinas heel oud en ziek was, en waarschijnlijk snel dood zou gaan. Ik kwam ook te weten dat mijn oude school in Cap-Haïtien was verwoest. Omdat ik op Haïti een goede opleiding had gehad mankeerde er aanvankelijk niets aan mijn schrijven. Het waren de onderwijzers in Nederland die mij niet goed hadden geleerd om Nederlands te schrijven: het was in het belang van de Nederlandse staat dat wat er allemaal met mij was gebeurd, nooit naar buiten zou komen, want pater Lespinas stond bekend als de maffioso van de katholiek Kerk. Men dacht wereldwijd dat hij echt arme kinderen redde, maar men was er in Nederland ook achter gekomen dat hij niet altijd op de juiste wijze te werk ging: er was sprake van kinderhandel.

Het was internationaal bekend dat Michael een rijk man was, en deze pastoor was evenals Michaels familie niet vies van geld. Michael was door de maffia gebruikt en ik wist nu waar ze zaten en hoe alles in elkaar stak. Zo wist ik dat ik via New York was ontvoerd, en dat alles wat er met mij gebeurd was, echt was. Ik begreep dat deze mensen mijn nichtje Délivrance en mij expres ziek hadden gemaakt, met als doel ons een kans te geven om te worden geadopteerd. Ook waren de Europese landen erachter gekomen dat Lespinas achter de paspoortvervalsing zat van meer dan duizend kinderen die in Europa waren geadopteerd.

Ik had iemand gevonden die in Haïti onderzoek voor mij was gaan doen. Deze hulp kreeg ik van een bijzondere vrouw die ook de praktijken en het netwerk van de pater kende. Ik begreep ook wel dat het geheim moest blijven dat ik er als Michaels kind per ongeluk bij zat. Toen ik in contact was gekomen met Sony Music had ik Thomas mijn oude vervalste Haïtiaanse paspoort gegeven, en hij had het aan Michael laten zien, waardoor deze wist dat ík het was. Vervolgens startte Michael zelf een onderzoek en ik werd in de gaten gehouden door zijn eigen mensen. Ik hoorde later van Sony dat Michael was ingestort en in therapie was gegaan. Het grappigst vond ik dat hij schoonmaakwerk moest doen bij wijze van therapie. Daarna vertelde Sony mij over Martin Bashir die Michael de das om zou doen, en over de jongen die Michael zou gebruiken zodat deze van kindermishandeling zou worden beschuldigd. Ik was er kapot van dat hij zich zo had laten inpakken, maar ik wist ook wel dat als het niet zo was gegaan, ze hem er wel op een andere manier bij hadden gelapt. Sony vertelde mij dat Michael echt onschuldig was en dat dit een aanslag op zijn leven was. Vanaf dat moment waren zijn bodyguards mijn bodyguards-op-afstand.

De meeste van die mannen waren bijzonder aantrekkelijk. Ik stelde mijzelf de vraag hoe ik bij al mijn verdriet om Michael nog stoute gedachten aan mannen kon hebben. In 2004 kwam er een nieuwe liefde in mijn leven, een man met wie ik alleen seksueel contact wilde hebben, voor de rest niets. Na alle narigheid die mijn ex mij had bezorgd dacht ik: ik moet mezelf redden, anders raak ik nooit meer een man aan. Ik vluchtte in een seksueel web met een man die allesbehalve goed voor mij was. Hij heette Marcel, hij lachte mij uit om mijn verhalen over Michael en vertelde het aan iedereen die het maar wilde horen. De mannen die mij in opdracht van Michael beveiligden vonden dat niet best, en daardoor werden er in de tijd dat hij met mij omging, meer auto's van hem gestolen dan voor die tijd. Altijd wanneer hij mij verdriet had gedaan, ging er iets mis met zijn auto's zonder dat hij dat dat verband zag. Tijdens de omgang met Marcel kwam ik tot ik de ontdekking hoe sterk ik eigenlijk was. Iedereen had altijd al gezegd dat ik sterk was maar ik had zelf geen idee.

In 2004 kwam zomaar uit het niets mijn nichtje Délivrance op de proppen. Zij wilde een gesprek met mij nadat we gedurende veertien jaar geen enkel contact met elkaar hadden gehad. Toen wist ik echt zeker dat de maffiafamilie hier iets mee te maken had, samen met Katherine, en gericht tegen Michael. Ik raakte volledig in paniek, en liet haar weten dat ik geen contact met haar wilde. Ik had gehoord dat, ook al was Katherine elke dag in Michaels gezelschap, ze er betaald voor kreeg om naast Michael te zitten, en dat hij met geen enkele Jackson wilde praten. Hij sloot zich van hen af wanneer hij van de rechtszaken terugkwam, en als zij er waren ging hij meteen door naar zijn kamer.

De media schreven erover hoe geweldig Katherine wel niet was dat ze elke dag aan Michaels zijde bleef, zij als oudere vrouw, terwijl hij er zelf de voorkeur aan gaf dat ze dat niet deed. Dit werd mij verteld door mensen van Sony. Katherine zou zo'n twee ton krijgen om al die jaren naast haar zoon te staan. Ik wil niet beweren dat ze niet aangeslagen kon zijn, maar ik was niet vergeten wat ze met mij had gedaan – mijn oma was voor mij een vrouw met een dubbele agenda. Ze speelde graag de liefdevolle dame maar vanbinnen was ze keihard. Ze was al jaren geen arme Katherine meer die als klein kind aan polio had geleden, ze was nu een zelfzuchtige vrouw met twee gezichten. Toen haar man Joe vreemdging, wisten die vrouwen zelfs te vertellen dat Katherine degene was die hen bedreigde. Lieve arme Katherine zou zoiets nooit doen, en Michaels advocaat Thomas Mesereau prees haar de hemel in om haar goedheid dat ze altijd achter haar zoon stond.

Ik zal nooit weten of het een spel van hem was, of dat hij het echt meende. Wat ik wel had geleerd was dat het zinnetje: 'Ik hou van jou' in de familie Jackson voor de broers en zusters niet veel betekende. Ik had dat zelf meegemaakt, ze waren niet lief voor elkaar. Als mijn neven en nichten meer liefde hadden ondervonden was dat van hun naaste familie geweest, buiten de familie Jackson, in dit geval van de vrouwen die kinderen met mijn ooms hadden, hun moeders dus. Michael was er ook niet in geslaagd mij de hoeveelheid liefde te geven die ik als kind nodig had. Ik was te veel alleen, en zonder moeder, dus ik kan wel stellen dat er een emotioneel probleem was binnen de familie Jackson. Bij de vrouwen met wie de Jacksons kinderen kregen, lag de liefdesfactor voor mijn neven en nichten: zij compenseerden wat de kinderen bij de familie Jackson tekortkwamen. Dat valt niet te ontkennen. Het staat eveneens onomstotelijk vast dat Michael ook heeft geleden onder het gebrek aan liefde binnen het gezin Jackson, anders was hij beter met mijn komst in zijn leven omgegaan, en later met die van zijn drie andere kinderen. Als er meer sprake van liefde en harmonie in zijn familie geweest, dan had hij zijn kinderen een moeder gegund. Hij had er geld genoeg voor om een goede mooie vrouw te krijgen die een goede moeder had kunnen zijn voor ons, zijn kinderen, maar hij vertrouwde niet één vrouw. Ik leg de schuld van dit alles bij Katherine, zijn moeder.

Ook geef ik haar de schuld van de manier waarop haar zoon, samen met mijn opa Joe, met vrouwen omging. Michael had geen respect voor vrouwen.

Zijn broers Jackie en Marlon gaven hem wat dat betreft het goede voorbeeld. Zijn andere broer, Jermaine, heeft elf kinderen bij verschillende vrouwen, en er zijn kinderen in de familie geadopteerd die zijn DNA hebben. Ik kan er dan ook niet anders over denken dan dat het de schuld was van mijn oma Katherine dat Michael ervoor koos al zijn kinderen zonder moeder op te voeden. Mijn vader scheen het heel erg te vinden dat zijn familie interviews over Michael gaf inzake het kindermisbruik. Wie kan hem dat kwalijk nemen?

De hele wereld wist dat Michael na de Victory Tour in 1984 – dezelfde tijd waarin ik werd ontvoerd – afstand had genomen van zijn familie en er nog maar weinig contact was. Mijn oma Katherine deed als aanhanger van Jehovah's Getuigen niet aan verjaardagen, maar kwam wel op de verjaardag van Michaels kinderen om hun een cadeautje te geven, zodat haar eigen zoon haar niet de deur kon wijzen. Ze zette de voorschriften van haar geloof even op een laag pitje om Michaels kinderen af en toe toch nog te kunnen zien. Michael hield hen zo veel mogelijk bij haar weg. Dit werd al heel snel nadat ze geboren waren bekend. Iedereen wist dat er een fikse ruzie was geweest tussen Michael en zijn familie. Dat kwam in de loop der jaren ook naar buiten toen zijn broers via de pers ruzie met hem begonnen te maken. Hun optreden van 7 september 2001 hadden de mensen ook niet bepaald opgevat als een gezellige samenkomst. Zo vertelde Sony mij dat Michael zijn broers niet had willen zien voordat ze het podium op gingen, en dat hij daarna meteen weer weg was. Hij wilde niet in één kamer met zijn broers zijn. Michael had helemaal niet gewild dat ze in de media over hem spraken. Omdat hij dat moeilijk kon zeggen gaf hij zelf twee keer een interview en speelde het spelletje mee hoeveel hij wel niet van zijn familie hield. Opnieuw waren het zijn fans die dat geloofden. Natuurlijk waren er ook een paar die dachten: ja ja, Michael, we begrijpen het, je hebt nu ook geen andere keus! Je móét dat wel zeggen want je vrijheid is in gevaar, het is nu niet de tijd om te beweren dat je van je familie baalt.

Na de rechtszaak in 2005 zou er bijna geen contact meer zijn tussen Michael en zijn familie, dat wist de pers wel te vertellen. De Jacksons begonnen de media weer te gebruiken om bij Michael binnen te komen – alleen werkte het dit keer niet. Voor die tijd wist iedereen hoe de rechtszaken verliepen. Michael werd depressief en heel ziek, had ik van zijn vertrouwelingen begrepen, maar daar kreeg de pers geen lucht van.

Op een gegeven moment dacht ik bij mezelf: vertel mij maar niets meer, alles staat toch al in de krant! Ik kreeg tot en met 2004 informatie over Michael en daarna was mijn contactpersoon weg. Eigenlijk wilde ik het ook niet meer horen, net als ieder ander kon ik wel zien hoe zwaar mijn vader het had. Ik was heel blij voor Michael toen hij in 2005 werd vrijgesproken. Ik kon het niet echt vieren want er zat te veel verdriet in mijn hart. Ik hoopte dat hij nooit meer hetzelfde zou doen en Neverland zou verkopen of er in elk geval iets anders van maken. Net als velen dacht ik dat hij dood zou gaan, dat de stress zijn tol zou eisen. Ik bad uit de grond van mijn hart dat Michael een nieuw album op de markt zou brengen, en weer gaan optreden om de stress eruit te gooien en zijn fans te bedanken. De afgelopen jaren had ik een soort snelcursus van Sony Music gekregen om te leren begrijpen hoe belangrijk de fans voor Michael waren. Een nieuwe wereld was daardoor voor mij opengegaan. Ik was ook wel jaloers op zijn fans omdat het voor mij heel anders was: ik vond hem niet geweldig op de manier waarop zij hem zagen. Ik was bijvoorbeeld niet verliefd op hem, wilde niet met hem trouwen en kinderen krijgen, integendeel: deze man was eerder mijn nachtmerrie waaruit ik wakker wilde worden. Ik wilde antwoorden hebben die ik misschien wel nooit zou krijgen. Ik wilde weten: ben jij nu echt Michael, en vertel mij eens: waar kom ik vandaan, wat ben jij van mij? Nadat Michael zijn andere drie kinderen had gekocht kwamen er de meest vreemde dingen in mijn hoofd, zoals: wat als jij *níet* echt Michael bent, wat als je mij ook gekocht hebt, of iemand mij aan jou heeft gegeven? Ik had zo vreselijk veel vragen. Wat het ook was, ik wilde het weten, en intussen behandelden zijn fans hem als een god! Nou, ik had graag net zo gek als zij willen zijn, dan was het antwoord een stuk makkelijker voor mij geweest.

Hoewel ik van Michaels stem hield en zeker van mening was dat hij talent had, hield ik meer van zijn oude werk met The Jackson 5, met het oude Motown-geluid, en van 'Off the Wall'. Alles wat na het album 'Bad' uitkwam, vond ik eigenlijk maar niets – het ging allemaal over het leed van Michael had niets meer te maken met levensvreugde, het was te zwaarbeladen, het waren de donkere dagboeken van Michaels leven, met al zijn verlies. 'Thriller' daarentegen was als het ware een leerboek dat de wereld aanging, en 'Bad' was voor mij een album van troost, omdat hij mij niet was vergeten en zijn leven zou beteren, een beter mens zou worden. Hij zou niet meer alleen aan zichzelf denken, hij was van plan een andere man te worden. Het album 'Dangerous' ging over ontrouw van vrouwen en mannen, en over het vragen van vergiffenis aan God. Michael was bezig zichzelf kwijt te raken in dat album, vond ik, en het maakte mij zeker niet blij. Hij wilde opeens dat iedereen ging bidden. Michael was altijd een gelovig man geweest, maar in 'Dangerous' bleek hij kwetsbaar en gebroken. Uit het album 'HIStory: Past, Present and Future, Book I' kwam hij naar voren als een woedend persoon, die eiste dat de wereld beter zou worden. Hij was boos, boos en nog eens boos, over alles, 'HIStory I' was Michaels woedeaanval die zijn leven en de wereld betrof, en daarmee raakte ik mijn lieve vader kwijt. Zoals op de hoes van het album 'Dangerous' te zien is verbergt hij zich achter een masker, en op de hoes van 'HIStory I' zien wij hem in de gedaante van een grijs hard standbeeld van ijzer.

In 1998 had ik iets bijzonders meegemaakt in New York. Ik was iemand tegengekomen die mij nog kende van Haïti – als kind van Michael. Dit was een zeer machtig man, die in 1999 klaarstond om mij uit nog meer ellende van de maffia te redden. Het was een zakenman, die ik samen met Michael soms tegenkwam op Haïti. Ooit had hij een broodje voor mij gekocht voor schooltijd toen ik geen dollar meer had, en sindsdien waren we kennissen geworden. Hij had een keer aan mij gevraagd wie Michael was en ik had geantwoord: 'Pierre Joseph Petit.' Hij wist toen dat ik loog want hij had Michael al herkend: zijn familie hield namelijk van Michaels muziek. Deze man was mijn redder in de nood geweest bij diverse gelegenheden.

In 2003 had hij de taak op zich genomen om Michael en mij te redden. Ik kan niet nader ingaan op zijn (goede) daden, maar ik kan wel stellen dat ik hem eeuwig dankbaar ben. Hij heeft achter de schermen veel gedaan wat betreft de rechtszaken van Michael, hij heeft Michaels advocaten geholpen met winnen. Zonder hem hadden ze het nooit kunnen winnen, omdat hij de maffia achter de rechtszaak heel ver weg hield van Michael. Ook hield hij mij uit hun klauwen, waardoor hij mijn leven redde. Hij was erachter gekomen wat er met mij was gebeurd en was jaren naar mij op zoek geweest.

Als uit het niets had ik daar opeens in Central Park in New York gestaan, in 1998. Hij wilde even een pauze houden in het park, en ik stond daar naar een paar straatdansers te kijken. Hij had de muziek van de straatartiesten al van verre gehoord en was ernaartoe gelopen toen hij mij in een hoek bij een groot standbeeld had zien staan. Ik had hem ook gezien, en bij mezelf gedacht: hij lijkt op die man van vroeger op Haïti. Ik vermoedde dat ik me dat maar verbeeldde en ik was weggelopen van de artiesten. Ik was begonnen te huilen, omdat ik het heel erg vond dat ik opeens aan weer de hele tijd aan Haïti moest denken.

Terwijl ik wegliep klonk er zomaar opeens een stem die mijn naam riep. Ik had mij omgedraaid, en daar stond hij dan, hij was het echt! Hij was ouder geworden, hij had geen zwart haar meer, maar zwart met grijs, en hij was minder groot dan ik mij herinnerde maar nog steeds groter dan ik, en nog altijd erg knap. Hij had mij verteld dat hij zich had afgevraagd waar ik toch was gebleven. Ik had hem niets verteld, wat moest ik zeggen? Dat ik was ontvoerd? Ik zat vol schaamtegevoelens. Later was hij weggegaan, nadat hij tegen me had gezegd: 'Ik zal jou altijd weten te vinden.'

Dat was inderdaad zo. Toen ik terug was in Nederland had hij mij opnieuw gevonden, en toen ik last had van mijn astma ging ik daarvoor naar dokters die hij mij had aangeraden. Eerst moest ik door veel pijn heen, ik moest van alles in mijn leven veranderen – wat ik at, welke sporten ik beoefende en hoe ik met stress omging. Ook moest ik naar een specialist om beter te leren ademhalen, en trainen om mijn longen sterker te maken. Hij redde mijn leven, want ik was van 2001 tot 2004 echt bezig dood te gaan. Iedereen in mijn omgeving had het over mijn gewichtsverlies. Hoe kon ik hun vertellen dat ik zowat stervende was? Deze man redde mij. Aanvankelijk was hij erg boos op Michael: hoe had hij zo slecht voor mij kunnen zijn? Daarna was hij echter toch begonnen ook Michael te redden.

Hij legde mij de problemen van Michael uit. Thomas Mesereau – niemand binnen Michaels team mocht hem – plukte Michael kaal, maar dat maakte Michael niet uit: wat had hij aan al dat geld als hij de rest van zijn leven achter de tralies zou moeten wegkwijnen en wachten op de dood? Iedereen zag deze man als een held maar ik vond het een slimme rat. Toen mijn vader hem na de rechtszaak om hulp had gevraagd in verband met mij en andere zaken, antwoordde Mesereau dat hij niet van plan was dat te doen. Mesereau liet Michael verder stikken met zijn problemen en bovendien zat Michael nu zowat zonder contant geld. Na de rechtszaak over zijn vermeende kindermisbruik had hij dus wel de vrijheid die hij wilde, maar bijna geen cent meer op zijn bankrekening: die man had het meeste geld meegenomen, samen met de andere advocaten. Thomas Mesereau was een held geworden door toedoen van Michaels fans. Ikzelf haatte hem, terwijl ik hem eigenlijk dankbaar moest zijn dat hij Michael had gered. Hij had zichzelf stinkend rijk gemaakt. Hij was een legende want hij was de man die Michael zou hebben gered. Maar dat had hij absoluut niet voor elkaar gekregen zonder mijn hulp en die van andere mensen die buiten hem om keihard hadden gewerkt om Michael te helpen loskomen van de ellende die dertig jaar geleden in zijn leven was gekomen. Ons team, zoals ik die mensen noemde, was van mening dat Thomas Mesereau Michael nooit had kunnen redden zonder hun inspanningen, omdat hij te kleinschalig dacht en het probleem tien jaar daarvoor al heel groot was geworden. Ze wisten toen al dat Michael alleen op die manier kon worden gebroken, en niet anders. Michael had zich geweldig gehouden en sterk, maar voortaan zou hij het anders moeten aanpakken dan door middel van het geven van geld. Hij moest nu op leven en dood vechten met mensen die hem wilden vermoorden.

Ik gaf mezelf de schuld van dit alles want ik had mijn best gedaan met Michael in contact te komen, en hij op zijn beurt met mij. Zo wist ik dat hij naar de Nederlandse ambassade was geweest, en had gezegd: 'Mocienne is mijn kind, ik wil haar terug.' Ze hadden hem gevraagd of hij daar bewijzen voor had. Vervolgens had Brian Oxman de opdracht gegeven om mij uit te dagen, en zodoende kregen ze een video in hun bezit waaruit bleek dat ik wist dat hij Michael was. Ze hadden hem deze video getoond en hem daarna weggestuurd met de woorden: 'Mocienne is nu een volwassen vrouw, wij kunnen haar niet meer aan je teruggeven, ze moet uit zichzelf naar je toe komen.'

Daarna kreeg ik het advies van Sony Music naar California te gaan, naar Neverland, maar dat wilde ik niet. Ik zei: 'Michael erkent zijn eigen zusje Josephine niet, en heeft nog steeds ruzie met zijn vader. Michael lost die problemen op door haar uit te nodigen en het goed te maken met zijn vader.'

We stonden op het punt nader tot elkaar te komen toen de zaak begon. De maffia zorgde ervoor dat Michael en ik gescheiden bleven. In de tijd van Michaels rechtszaken ging ik bijna kapot van verdriet. Ik moest iets doen, dus ik zette een eigen onderneming op in de zorg, met de naam: Thuiszorg Ernestine. Ik had de muziekwereld de rug toegekeerd om alles wat ze met Michael hadden gedaan. Het was mij langzamerhand duidelijk geworden dat Hollywood de woonplaats was van de duivel, en de broedplaats van de hel: alles draaide om geld, en zwarte sterke mannen zoals Michael werden afgemaakt. Ik begreep niet waarom mensen daar wilden wonen. Degenen die iets voor Michael hadden betekend gaven opeens niet thuis toen hij hulp nodig had – het waren zijn fans die er écht voor hem waren, en daardoor besefte ik tot mijn verdriet dat wildvreemden meer van Michael hielden dan mensen die hem al jaren kenden.

In 2003 overleed Barry White, die aardige geweldige man aan wie ik zulke mooie herinneringen had, met zijn riante huis. Ik was benieuwd of Michael ondanks alles naar zijn begrafenis zou gaan, en daar ging hij inderdaad naartoe om Barry de laatste eer te bewijzen, ondanks al zijn eigen ellende. Ik moest huilen van trots dat Michael daar aanwezig was. Ik moest er ook om huilen dat die mooie sterke man, die ik als kind zo had bewonderd, vaarwel moest worden gezegd. Wat had ik Barry graag nog een keer willen zien, met zijn stralende glimlach en zijn liefde voor kinderen, met zijn spannende stem en zijn grapjes, met zijn mooie donkere ogen die dwars door mij heen hadden gekeken! Ik had bij hem op schoot gezeten en mij veilig gevoeld bij die grote man. De lol die ik met Michael had gehad over zijn naam: hij heette White maar hij was net zo donker als Michael en ik. Hoewel ik me niet kan herinneren dat ik hem frequent had ontmoet, wist hij toch precies wie ik was, en ik voelde dat hij van mij hield. Ik mocht stout van hem zijn en hoefde niet naar Michael te luisteren. Ik had het gevoel gehad dat ik arm was omdat zijn kinderen zulk mooi speelgoed hadden, en zijn dochtertje zo'n mooie pop, en hij woonde in zo'n groot duur huis.

In 1984 was Marvin Gaye overleden. Hij was de eerste man met een baard die mij had gekust. Dat was op een van de meest bijzondere avondjes uit geweest met Michael, en voor mij was het de eerste keer dat ik een band had zien spelen. Het was er vol met mensen geweest en ik was nog maar klein dus Michael had mij de hele avond vastgehouden, ik mocht niet lopen. Ik weet niet meer in welk jaar het was. Michael hield mij vast met mijn rug tegen zijn buik aan en daar kwam de stoerste man op ons af die ik ooit had gezien. Iedereen had mijn vader begroet en mij een kusje op de wang gegeven. Toen kwam deze Marvin Gaye naar ons toe. Hij had een baard, en hij kuste mij vol op de mond, hij at mij bijna op, en die baard kriebelde. Hij had een innemende glimlach. Hij zei van alles tegen mij, maar ik verstond er niets van. Nooit eerder was ik door een man op mijn lippen gekust en al helemaal niet door een man met een baard. Net als bij Michael blonken er sterretjes in zijn ogen, hij was heel knap.

Michael en ik hadden hem die avond zien optreden, terwijl ik in een hoek van een kleine ruimte dicht tegen mijn vader aan zat. Ik had geen idee waar we waren, ik weet alleen dat ik bij Michael op schoot zat, en dat Marvin met zijn band musiceerde. Ik vond het allemaal prachtig. Er werd gerookt en gedronken, en het was er donker, het was in mijn kinderogen een magische avond. Michael had zijn benen niet stil kunnen houden, en ik had op zijn knieën de beat van het slagwerk en de gitaren gevoeld. Wat kon die man mooi zingen, wat een stem, het leek wel of ik in een andere wereld was, zo mooi vond ik zijn muziek!

Na het optreden was hij naar Michael toe gekomen en had hem gevraagd: 'En, wat vind je ervan?' Hij had mij uit Michaels armen gehaald, en ik kon zijn zweet voelen. Terwijl hij mij vasthield, kwamen er mensen bij hem staan die hem allerlei vragen stelden. Toen ze vroegen van wie ik was, antwoordde hij: 'Van mij.' Hij toonde de mooiste glimlach van de wereld en bleef mij kussen terwijl hij met mij door de zaal heen liep. Michael kon ik niet zien, en ik was bang dat ik hem kwijt zou raken. Zonder dat Marvin iets had gezegd liep hij ergens naartoe waar ik Michael wél kon zien. Hij bracht mij niet naar Michael toe, hij hield mij de hele tijd vast. Ik begon erg moe te worden van het geroezemoes van al die pratende mensen en hoorde hem zeggen: 'Nog niet in slaap vallen, hoor!' Uiteindelijk bracht hij mij terug bij Michael. Terwijl ik weer tegen mijn vader aan lag keek ik nog een keer naar deze knappe man met zijn mooie stem, en hij kuste mij net zoals Michael dat deed: vier keer, in de vorm van een kruis – op mijn kin, op mijn beide wangen, op mijn mond en ten slotte op mijn voorhoofd. Hij glimlachte daarbij en ik zag, nog voordat ik in Michaels armen in slaap viel, dat iedereen blij was. Michael had het altijd over óóm Marvin, mijn stoute oom noemde hij hem. Hij was gek op die man. Niet dat ik hem vaak zag, ik kan me dat althans niet herinneren. Wat me nog wel goed bijstaat is dat toen Michael dat ongeluk had gehad waarbij hij aan zijn hoofd gewond raakte, oom Marvin was doodgegaan. Ik woonde nog in Port-au-Prince. Toen Michael mij vertelde dat hij dood was, drong het nog beter tot me door wat het begrip dood betekende – ik had het één keer eerder meegemaakt toen oma overleed.

Michael kon niet meer stoppen met huilen nadat hij het aan mij had verteld. Hij was er kapot van dat zijn vriend dood was. Wat hij daarna allemaal zei begreep ik niet zo goed, maar wel dat hij zich nu alleen voelde. Michael had mij in zijn armen getrokken en gehuild, ontroostbaar gehuild. Hij noemde deze man zijn inspiratiebron, zijn grote broer, en ik wist wat dat betekende, grote broer, want mijn neef Antwan was mijn grote broer geworden, en ik zou niet willen dat hij dood zou gaan en mij alleen zou achterlaten, zónder grote broer. Ik kon mij inleven in Michaels gevoel, en het enige dat ik kon doen was hem maar laten huilen, en zeggen: 'Het spijt me zo voor je, papa.'

Michael had me na een tijdje opgetild en was met mij door de stad gaan wandelen. Ik had toen voor het eerst zo'n beetje Porte-au-Prince gezien, want we hadden aan de buitenkant van de stad gelopen. Het was een verre en zware wandeling geweest. In de verte had ik de zee gezien, het was een prachtig uitzicht. Ik had ook gezien hoe arm de stad was. Aan één kant stonden geen armoedige huizen maar iets verderop had ik heel armzalige hutjes gezien. Sommige mensen leefden op de vuilnisbelt, kinderen waren daar spullen aan het zoeken. Het leek erop dat de rijke mensen hun leefomgeving vervuilden aan de oever van de rivier, waar de vrouwen bij elkaar kwamen om hun kleren te wassen. Het kwam allemaal heel mistroostig op mij over. Er werd veel ruziegemaakt en de arme mensen waren boos omdat de rijken hun puinhopen daar dumpten. Ik vond het er eng, ik begreep niet waarom Michael hiernaartoe was gelopen. Hij had weinig tegen mij gezegd, hij was verdrietig over mijn oom Marvins dood. Ik had het als kind heel erg gevonden om het verschil tussen arm en rijk zo te moeten zien. Mijn eerste vraag aan Michael was: 'Papa, waar horen wíj bij?' Michael had geantwoord: 'Wij zijn niet arm maar ook niet vreselijk rijk, wij zitten er eigenlijk tussenin.'

Daarna had mijn vader mij op zijn nek genomen en gingen wij Port-au-Prince weer in. Bij een mevrouwtje had hij eten voor ons gekocht, en we hadden het samen opgegeten. In de verte hadden we muziek op een djembé horen spelen en Michael had mij uitgedaagd op het ritme door de straten te dansen. Hij had zelf niet gedanst, hij had alleen maar naar mij gelachen. Mijn voeten hadden pijn gedaan van het lopen – ik kon bijna niet meer, maar ik wilde Michael wat opvrolijken omdat Marvin dood was. Het was alsof Michael het wist want hij tilde me op en zette me op zijn schouders. Daar zat ik dan, terwijl de zon onderging in de stad. Hij liep met mij terug naar huis en overhandigde me aan mijn tante Kelly. Hij had haar heel zachtjes goedenacht gekust, mij gewassen en in bed gestopt, en was toen weggegaan.

En nu was Barry White overleden, alweer een van zijn dierbare vrienden, die hij eveneens zag als zijn broer. Door de dood van deze twee was Michael een gebroken man. Ik wist niet of hij nog steeds contact had met Haïti, maar ik was er zeker van dat deze twee mannen voor Michael heel veel betekend hadden. Verder kon ik niemand bedenken die hem kon troosten, behalve Elizabeth Taylor – de vrouw van wie ik pas later wist hoe ze eruitzag, en naar wie Michael mij had vernoemd (mijn tweede naam). Anderen hielden zich stil. Ik kon er geen hoogte van krijgen: mensen die zelf erg beroemd waren en riepen dat Michael zo geweldig was, waren nu opeens muisstil – dat gold vooral voor mijn tante Diana Ross. Ik vond haar wel heel zwijgzaam over Michaels zaak, ik was daar woedend over en vond het teleurstellend: waarom wilde zij niet met hem op televisie gezien worden, wat had Michael gedaan dat zij zelfs niet één dag naast hem had gestaan? Ik nam het haar erg kwalijk en vond het onvergefelijk. Ze had haar mond moeten opentrekken, ze had het luid en duidelijk van de daken moeten roepen: 'Michael is een goed, goed man, en ik ben niet de enige die hem en zijn familie veel sterkte wenst!' Ik vond dat een heel koude opstelling van Diana Ross. Het stelde me teleur, en ook al gaf ze Michael – wie weet – op een afstand steun, ik vond het niet genoeg.

Vanbinnen was ik gebroken om de man van wie ik zielsveel hield zo te zien lijden. Tegelijkertijd had ik ook kwaadaardige gedachten: dit is jouw straf van God voor het leed dat jij mij hebt aangedaan, door er nooit echt voor mij te zijn. Maar dat gevoel overheerste niet. Ik huilde, en bad vurig dat Michael dit zou overleven en we weer gelukkig samen konden zijn. Dat hij zijn echte ik weer aan de wereld zou laten zien, de Michael die volop man was, niet de illusoire persoon die het kleine jongetje wilde zijn, zoals hij zich na het uitkomen van 'Bad' voordeed, waardoor men hem vreemd vond, zelfs ik. Nee, ik wilde, als dit allemaal voorbij was, dat hij de mán Michael zou laten zien, die de waardigheid had om een vaderfiguur voor kinderen te zijn, niet de King of Pop die kinderen wilde redden en vrede op aarde wilde brengen, met zijn Peter Panverhaal. Ik wilde de man Michael, die van mening was dat Peter Pan alleen maar een symbool was

– een manier om met jezelf in contact te blijven, verbonden te zijn met het kind in jou – maar die intussen wel durfde te leven als een volwassene die het kind in zichzelf koesterde. Niet leven als een kind zoals de Michael de King of Pop dat deed voorkomen. Ook wilde ik dat hij zijn normale stem zou gebruiken, waarmee hij de nummers op de albums 'Thriller', 'Off the Wall' en 'Bad' had gezongen, niet dat zweverige gedoe.

In 2001 kwam zijn album 'Invincible' uit. Sony had mij gevraagd wat ik ervan vond, ik had geantwoord dat ik het haatte. Dat was omdat het slecht gemaakt was, niets klopte: Michael klonk nu eens als een smekend klein kind, dan weer als een boze oude man. Het was een weerspiegeling van zijn depressie en zijn agressie. Ik begreep het wel, maar de rest van de wereld zou het niet begrijpen want men kende het verhaal van hem en mij niet. Toen ik deze muziek voor de eerste keer had gehoord, had ik de cd kapotgemaakt en hem toen opnieuw gekocht, terwijl ik dacht: papa, niemand zal jou dit vergeven, en elke krant heeft het recht om te schrijven dat dit de meest waardeloze cd is die je ooit gemaakt hebt.

Michael werd boos op Sony Music, ja hij was al jaren boos op Sony Music, omdat niet álles wat hij op die cd zei onzin was. Muzikanten waren altijd al uitgebuit door platenlabels, en toen ik ontvoerd was zag ik al helemaal dat donkere mensen het niet makkelijk hadden in een blanke samenleving. Ik begreep dus wel dat hij zich als donkere man in zijn doen en laten onderdrukt voelde. De twee jaar op Haïti hadden me dat wel geleerd, en ook had ik gemerkt dat er op MTV niet veel zwarte mensen te zien waren. Er was geen respect voor de zwarte artiest, dat was mij ook al opgevallen toen ik nog maar een kind was. Als je toevallig zwart was dan was je toch minder waard, dus ik begreep wel waar Michael het in 2002 over had in zijn oorlog met Sony Music. Maar weer vond ik dat hij het niet op de juiste wijze aanpakte, en niet de juiste mensen om zich heen had om dat te doen. Michael leek op Jan Klaassen, een poppetje aan een touwtje, die rare dingen deed zoals een nar, en een grappig optreden voor de koning gaf. Mijn vader leek bepaald niet op een respectabel wereldmuzikant die iets te zeggen had – het was allemaal heel goedkoop.

Wat ik het mooist vond was een oud stukje dat ik van Michael zag: hij noemde Tommy Mottola (voorzitter van Sony Music) een duivel. Ja, dat was typisch iets voor Michael: zo sprak hij over slechte mensen. Hij zei dan dat het duivels waren, niet van deze wereld. Als kind werd ik daar altijd behoorlijk bang van. Michael gaf mij toen een lesje over angst: dat je altijd het licht moest opzoeken als je bang was. Ik was het echter niet eens met dat stukje, ik vond dat hij dat uit respect voor zichzelf nooit had mogen doen. De vader die ik kende, míjn Michael, was een echte diplomaat. Altijd had ik hem problemen netjes zien oplossen, en niet zoals in 2002. Die man, Tommy Mottola, was zeker niet mijn grote vriend maar hij had groot gelijk dat hij dat album niet wilde promoten. Ik was dan wel geen Michael maar wel zijn dochter, en ik beschikte over muzikaal talent, dus ik kon heel goed horen dat deze cd nooit het daglicht had mogen zien. Ik begreep dat het voor Michael zelf een belangrijk werk was want hij wilde zijn gevoel laten zien aan zijn fans, maar hij had niet door dat het op deze manier gewoon niet kon.

Ik zal het Sony dan ook nooit vergeven dat ze Michael dit album lieten uitbrengen. 'Invincible' zou zijn allerlaatste volledige album worden. Ook al zou ik geen verstand van muziek hebben en niet zijn kind zijn, dan nog was het overduidelijk een slechte productie omdat Michael er medelijden met zichzelf in toonde. Ik kon het niet uitstaan hoe hij zijn tijd als kindsterrendom in de media uitbuitte – de zielige Michael. Ik begreep waarom de media hem 'Wacko Jacko' noemden, hij verdiende dat wel een beetje vanwege de wijze waarop hij zich voordeed: een kleine zielige jongeman. Iedereen moest hem als een soort nobel iemand beschouwen en tegelijkertijd als een onschuldig kind. In mijn jeugd had ik zelf gezien wie Michael in werkelijkheid was: hij was een seksmagneet voor vrouwen en een goed zakenman, dus díé Michael en de zogeheten King of Pop waren voor mij echt twee verschillende personen en daar had ik het de laatste jaren heel moeilijk mee. Ik kon het niet goed begrijpen. De Michael die ik had meegemaakt was een fijner mens dan die King of Pop. Het leek wel of hij bang was om zichzelf te laten zien.

Ik was in mijn jeugd in Neverland geweest toen het nog niet zo heette, en ik vond het geen fijn oord. Het had mij altijd een onbehaaglijk gevoel gegeven. Ik was ervan overtuigd dat het Michaels 'showhuis' was geworden. Hij zou zijn onderkomen in Santa Barbara, dat dicht bij zee lag, nooit wegdoen. Daar hervond hij zijn rust. De kasteelheer die Michael in Neverland speelde hoefde hij daar niet te zijn.

In 1991 gaf hij een interview aan Oprah Winfrey. Toen ik dat eenmaal had gezien, haatte ik hem hartgrondig. Ik had er met afschuw naar gekeken en me afgevraagd: wie is die mafkees? Ik was niet de enige geweest die er zo over dacht. Ik had onenigheid met Michael gehad over zijn gedrag, vanaf de dag dat hij voor mijn deur stond in 2002 tot 2003. Ik had de mensen van Sony al laten weten dat ik hem erom haatte. Er zullen vast wel genoeg voicemails bewaard zijn gebleven waarop te horen is dat ik over Michael tekeerging, dus dat zou ik nooit kunnen ontkennen. Er was een tijd dat ik hem haatte en ook wilde dat iedereen dat wist.

Op een keer moest ik van Sony Music de advocaat Gloria Alfred bellen. Ze verwachtte mijn telefoontje, ik moest tegen haar zeggen dat ik Michaels dochter was. Natuurlijk geloofde ze mij niet, en vervolgens zei iemand van Sony Music: 'Als nota bene de waarheid voor de neus van deze vrouw staat, herkent ze die nog niet eens!' Michael haatte haar, maar ik mocht haar wel – ik hield wel van iemand die vocht voor de rechten van de vrouw. Ik bewonderde haar vooral omdat ze in de bres sprong voor persoonlijke macht. Ze had een hekel aan Michael en dat vond ik ook niet onterecht, ze was tegendraads waar het Michael betrof. Ze ging grenzeloos ver, en dat vond ik mooi want hij verdiende het!

Michael was naar mijn idee een vrouwonvriendelijke man geworden nadat hij de kinderen van Debbie Rowe had gekocht en alles bij elkaar had gelogen waarmee hij ook nog eens respect afdwong. Daar kwam nog bij dat hij de moeder van het derde kind als draagmoeder had ingehuurd. Het allerergst vond ik dat hij dat heel normaal vond. Om deze redenen juichte ik het toe dat Gloria Alfred hem aan het kruis probeerde te nagelen. Ik vond het een goede zaak dat er een vrouw in Michaels leven was die hem openlijk haatte, en wat voor een vrouw! Hoe kon ik – zelf vrouw – géén respect hebben voor iemand als Gloria Alfred? Ik haatte Michael ook omdat hij mij voor zijn eigen plezier had laten gebruiken om haar op te bellen, alsof ik al niet onzeker genoeg was over mijn lot als zijn dochter en door het ongeloof daarin van de mensen. Ik haatte hem zoals hij was geworden, maar ik kon nog steeds niet ontkennen dat hij Michael was, en dat het met mijn leven raar was gelopen. Michael noemde Gloria Alfred 'Piggy'. Voor mijn gevoel had hij zelf een 'piggy' uitgezocht om moeder te worden van zijn twee oudste kinderen, Debbie Rowe, en daarom vond ik niet dat hij het recht had vrouwen uit te schelden voor 'piggy'. Het grootste varken kon hij beter zijn ex-vrouw noemen, en slim of liefdevol was ze ook niet bepaald.

Ik had altijd uiteenlopende gevoelens voor Michael, niet altijd per se goede gevoelens, maar nu, met de rechtszaken in verband met zijn vermeende kindermisbruik, had ik echt met hem te doen. Ik wilde graag dat hij trots op mij zou worden, dat had ik nodig, dan had ik een doel in mijn leven.

De man uit mijn jeugd op Haïti, die ik weer was tegengekomen in New York, was er kapot van toen hij hoorde wat ze met mij als kind hadden gedaan. Hij was lange tijd boos op Michael en zei het volgende tegen mij: 'Alles wat hij nu meemaakt is een straf van God voor wat hij jou heeft aangedaan. Hij wilde beroemd worden in plaats van voor jou te zorgen en jou op de eerste plaats te laten komen. De kinderen die hij nu gekocht heeft zullen hem nooit dat gevoel geven wat hij met jou heeft gehad. Hij heeft spijt, en wil het opnieuw en beter doen met zijn andere kinderen, maar dat zal hem niet lukken. Hij zal in zijn denken en doen misschien wel een betere vader zijn, maar het zal niet hetzelfde zijn. Hij zal zijn nieuwe kinderen verwennen zoals hij jou nooit heeft verwend, maar in zijn hart zal het nooit meer goed komen.' De man zei verder: 'Ik heb jullie gezien! Hij was in die tijd een gelukkig man, samen met jou, zijn kleine meisje. Al krijgt hij nog honderd kinderen, zo een als jij krijgt hij nooit meer.' Hij smeekte mij om alles te vergeten en voor mezelf te kiezen. Hij zei: 'Je móét wel!' Ik zei dat ik dat zou doen. Hij zei: 'Laat je vader jou maar smeken om aandacht. Hij ziet zelf ook wel dat Joshua, zijn kleinkind, op hem lijkt. Laat hem smeken of hij Joshua mag zien, hij heeft jullie gewoon niet verdiend!' Nog nooit had ik iemand zó horen praten over het vaderschap, en over mijn zoon en mij. Desalniettemin besloot deze man om Michael achter de schermen te helpen. Hij was schatrijk, wist overal de weg en liet de maffia weten dat als ik een onnatuurlijke dood zou sterven, hun datzelfde lot beschoren zou zijn.

Eindelijk was ik in 2004, na twintig jaar, bevrijd van de maffia. Ik werd niet langer gestalkt, ik was vrij. Deze oude vriend uit Haïti had mij het leven gered. Hij had mij toentertijd een lief klein meisje gevonden en soms was hij er voor mij geweest als ik om de afwezige Michael moest huilen. Hij zorgde ervoor dat alles weer goed voor mij was. Ik stond er voor de eerste keer in mijn leven niet meer alleen voor en kon onbevangen mijn leven gaan leiden. Ik vond het een geruststellend idee dat er een oudere man op de wereld rondliep die wist dat ik niet gek was, dat Michael en ik elkaar goed kenden en ik zijn kind was, hij had het met eigen ogen gezien. Ik was ervan doordrongen dat men mij nooit op mijn woord zou geloven omdat hij de King of Pop was – een artiest van wie heel veel mensen op de wereld beweerden iets te zijn.

Na de rechtszaken van mij en van Michael had ik nog steeds een slecht gevoel over me. Alles in mij vertelde me dat Michael dood zou gaan, en ik was niet de enige die dat dacht: dat gevoel had iedereen die om hem gaf. Michael was stervende, de twee en een half jaar rechtszaak had hem gebroken. Zijn ziel was leeggezogen, hij was nog slechts de schaduw van wie hij ooit was geweest. Michael was een gebroken man, na de rechtszaken, hij kon niets meer, en iedereen wilde iets van hem. Ik wilde hem met rust laten totdat hij weer contact met mij zou opnemen. Dat deed hij pas in 2007. Die twee jaren waren een hel voor mij vanwege mijn eigen rechtszaken in verband met mijn zoon. Ik deed onderzoek naar mijn verleden, en dat bleek een zware weg.

In 2002 was Michael bezig geweest een homevideo van hem uit te zenden, over zijn leven, en er kwam een vrouw in voor die mij deed denken over mijn overleden moeder. De mensen van Sony Music hadden tot dan toe nooit een woord over mijn moeder gezegd. Na de rechtszaak van Michael was ikzelf geestelijk ook gebroken, en lichamelijk heel ziek aan het worden, ik had het gevoel of ik dood was. De dokters zeiden dat dat ook best eens kon gebeuren als ik zo door zou gaan: ik was te gespannen en moest mijn leven voortaan anders aanpakken. In 2003 hadden wat medewerkers van Sony en anderen wel iets over mijn moeder gezegd. In 1998 was Thomas van Sony over haar begonnen. Ze zeiden dat ik zulke mooie ogen had, dat ik de schoonheid zeker van mijn moeder had, want Michael vonden ze een lelijke man. In 2006 zeiden mijn detectives: 'Mocienne, wij hebben het idee dat je moeder nog leeft.' Ik was daar letterlijk heel ziek van. Iedereen had begrepen dat ik dat niet aankon, het betekende namelijk dat ik nu een heel groot probleem had met Michaels verhaal. Hij had mij immers verteld dat mijn moeder niet meer in leven was. Ik kon dat emotioneel nauwelijks verwerken. Ik had al veel moeten verdragen omdat ik bezig was Michael kwijt te raken, en was zwaar depressief na de rechtszaken. Ik vond het erg pijnlijk dat niemand hem kon helpen. Michael moest er na de rechtszaken tegen hem wegens kindermisbruik zelf uit zien te komen, en nu zou deze zelfde man tegen mij altijd over mijn moeder hebben gelogen! Het maakte mij doodziek, ik kon en wilde niet geloven dat Michael mij dat had aangedaan. Hij had mij op die manier mijn moeder ontnomen, en dat dit eventueel echt waar was greep mij aan. Ik vreesde dan ook voor het ergste. Michael had in 2002 verteld dat zijn drie nieuwe kinderen hun moeder evenmin kenden, en dat hij dat aan hen zou uitleggen als ze ouder waren. Toen werd ik beroerd van de gedachte dat hij ook zo te werk was gegaan met mij toen ik klein was. Mijn hele leven had ik medelijden met mijn vader gehad vanwege zijn akelige jeugd en later omdat hij zich daardoor zo vreemd gedroeg. Ik raakte in paniek – ik had mijn eigen vader dus niet echt gekend. Hij was niet meer zoals hij op Haïti was geweest.

Desondanks waren er toch nog altijd veel dingen die overeind bleven: Michael was slim, lief, hij had een goed hart, hij was grappig en hield niet van poppen. Als kind had ik niet eens een pop of een teddybeer, wel had ik lakentjes, een klein geel en een wit lakentje, die naar Michael roken. Als mijn bed werd verschoond, lagen die tijdelijk bij hem in bed en als ik ze na een paar dagen terugkreeg, roken ze naar Michael. Ik was mijn hele leven niet anders gewend dan dat ik die lakentjes met zijn geur had. Michael kon spannende verhalen vertellen, eng en tegelijkertijd grappig. Hij was goed in sport, en lief voor oudere mensen en kinderen. Soms vocht hij met zijn broers. Hij was veel weg, en was meestal vrij rustig, af en toe heel druk. Hij geloofde in God. Ik heb Michael in mijn jeugd nooit voor leugenaar kunnen uitmaken, totdat ik erachter kwam dat hij 'de' Michael was. Hij had daar nooit echt over gelogen, maar wel over zijn baan – hij deed mij geloven dat hij bij de politie werkte. Toen ik achter de waarheid kwam was ik boos geweest, en het had mij pijn gedaan, maar niet zo erg dat het voelde of ik dood zou gaan, zoals het geval was toen bleek dat mijn moeder nog leefde.

Het was nu 2006 en het was stil rond Michael. Hij was in een crisis beland, hij leed heel erg. Mijn detectives wisten niet of hij het zou overleven, hij was er heel slecht aan toe, zeiden ze, volledig kapot vanbinnen. Ze vertelden mij dat er veel slechte mensen in de buurt van mijn vader waren, die zo slecht bleken te zijn dat sommigen van mijn detective-team ontslag namen. Anderen hielden echter zoveel van Michael dat ze het nooit zouden opgeven.

In datzelfde jaar was Elizabeth Taylor heel ziek geworden. Michael had tegen haar gezegd dat hij niet zonder haar kon, en dat ze voor hem moest blijven leven. Wij waren hierdoor erg aangeslagen. Hoewel Elizabeth Taylor voor de buitenwereld Michaels beste vriendin was, lag dat in werkelijkheid toch wel anders – ze spraken elkaar niet zo vaak als men dacht. Het kostte ons veel tijd om uit te zoeken met wie Michael het meest contact had. Er was lange tijd weinig contact geweest tussen Diana en Michael, maar nu leek dat weer hersteld te zijn. Michael was heel boos op Diana, maar zij bleef rustig tegen hem, ze liet hem boos op haar zijn. We konden de reden van zijn boosheid niet achterhalen, maar wel dat Diana er heel goed mee omging. Zij hadden dat jaar een afspraak met elkaar zonder dat zijn drie kinderen erbij aanwezig waren. Daarna ging hij in therapie om aan zichzelf te werken. Diana Ross en Elizabeth Taylor, de weinige vrienden die hij nog overhad, hadden hem dat allebei aangeraden.

Michael ging in die periode door een reusachtig zelfmedelijden – hij keek daarbij terug op zijn eigen leven, en dacht aan niets anders dan aan zichzelf. Iedereen rondom hem had het moeilijk met zijn gedrag. Met zijn kinderen ging het goed, maar er kwamen almaar brieven van advocaten die hem ziek maakten. Michael was kaalgeplukt en kon geen kant meer op. Toch zeiden mijn detectives dat het wel goed zou komen, omdat hij zijn zaakjes op zichzelf best goed voor elkaar had – het waren de advocaten die hem kaalplukten. Michael was er in 2006 mee gestopt Katherine geld te betalen, en hij wist inmiddels ook wat zij hem en mij had aangedaan, hij haatte haar erom.

Zijn zuster Janet nam de financiële zorg van Katherine over. Haar eigen geldzaken leken ook goed te gaan, en ze wilde haar broer graag helpen. Mij werd verteld dat Michael zijn familieleden uit zijn leven had gegooid om wat ze hem in de loop der tijden allemaal hadden aangedaan. Hij vertrouwde hen niet langer, niet een van hen, en hij wist ook wat Janet met hem had gedaan. Michael was teleurgesteld dat het familieleven dat hij zo graag wilde, blijkbaar geen bestaansrecht had. Hij had ervaren dat niemand goed voor hem was en dat hij keer op keer door iedereen werd gebruikt. Hij wilde dit niet meer, en sloeg daarom voor zijn familie op de vlucht. Michael was in het verleden weggezakt, zo werd mij verteld. Hij was nu in Indiana, waar hij vandaan kwam. Hij had eerst besloten dat hij nooit meer in Nederland wilde zijn, en weg wilde uit Californië, weg uit Amerika. In heel korte tijd was hij echter van gedachten veranderd: hij wilde wel in Amerika blijven wonen, maar niet meer in Californië. Hij wilde terug naar Indiana of naar de omgeving van Michigan. Hij had ontdekt dat Europa niets voor hem was. Hij miste Amerika, hij wilde naar een vertrouwde plek verhuizen, en daar lag zijn verleden. Ik was er erg naar van dat Michael door zo'n moeilijke tijd heen ging, maar ik kon niets voor hem doen, en ik leed bovendien zelf onder het verdriet dat hij over mijn moeder had gelogen.

In mijn eigen leven ging er ook veel mis. In 2006 vonden al die ellendige rechtszaken rondom Joshua plaats. Ik kocht mijn eerste huis bij de verkeerde bank, de Lehman Brothers Bank, die mij al heel snel oplichtte en uiteindelijk mijn huis zou verkopen. Door toedoen van deze bank raakte ik in 2009 al mijn spaargeld kwijt. Ik had al meteen spijt van het koopcontract dat ik in 2006 had gesloten, maar ik kon niet meer terug. In januari 2007 was ik heel ziek, in de letterlijke zin van het woord – het verdriet om Michaels leed had mij lichamelijk geknakt. Vervolgens kreeg ik ook nog eens te horen dat mijn moeder nog in leven was, endat zij de zuster van Diana Ross was: Barbara Ross-Lee. Ik dacht dat iedereen gek was geworden, totdat ik een foto van haar zag. Mijn hele wereld stortte in, ik haatte Michael en wenste hem dood. Ik had Barbara Ross-Lee opgebeld. Aanvankelijk had ik op internet gelezen dat ze dood was, maar dat bleek dus niet zo te zijn. Ik kon mij haar gezicht niet meer herinneren van toen ik klein was, maar toen ik het eenmaal zag, schrok ik want zij en ik hadden veel gelijkenissen. Dat ik in de zorg werkte en mijn moeder dokter was, vond ik meer dan alleen maar louter toeval.

We bleken veel overeenkomsten in onze levensloop te hebben. Zo had zij de dansschool willen doen of zelfs gedaan – zij had graag danser willen worden, net als ik – maar in 1995 besloten toch niet die richting te kiezen. Ik op mijn beurt had mijn hoofd er niet bij, en toen ik toelatingsexamen deed besefte ik dat dit toch niet was wat ik wilde. Ik was in huilen uitgebarsten, in verband met alles wat er in mijn leven was gebeurd. Ik kreeg de kans het een jaar later opnieuw te proberen, maar toen wilde ik het niet meer, hoewel ik tot in het diepst van mijn ziel een danseres was: in mijn verdriet rond Michael was de danser in mij wakker geworden. Urenlang kon ik op allerlei muziek dansen. Ik kreeg les bij een dansstudio, waar ik aan jazzballet, Spaanse dans en vrij dansen deed. Ik hoefde maar vier keer naar een dans te kijken of ik kon het al nadoen. Dansen gaf mij macht en kracht, en men vond mij heel erg goed, het zat gewoon in mij. Ik danste elke dag twee uur en nu wist ik dat dit niet alleen door Michael kwam maar ook door mijn moeder. Ook las ik dat zij goed kon zingen, dus ik had het zangtalent alweer niet alleen van Michaels kant. Ik was er kapot van dat ik een moeder had die ik me bijna niet kon herinneren. Mijn moeder had een baan gehad als bibliothecaresse. Het kon dus geen toeval zijn dat Michael op zijn album 'Bad' de song 'Liberian Girl' vertolkte: dat was zij, mijn moeder! 'Liberian' lijkt erg op 'Librarian' en bovendien heeft mijn moeder haar wortels in Afrika. Michael had mij verhalen over haar verteld, hoe mooi ze voor hem kon dansen, en dat hij op zijn elfde al verliefd op haar was. Ze vond hem niet belangrijk, dus hij moest haar aandacht zien te trekken. Hij danste heel graag met haar. Hij vertelde me ook dat zij hem niet goed genoeg voor haar vond omdat hij zo jong was en nog geen levenservaring had. Michael had mij allerlei mooie verhalen over haar verteld: hoe verliefd hij op haar was, en dat mijn moeder de liefde van zijn leven was maar zijn hart had gebroken, en dat hij nooit meer een nieuwe vrouw wilde.

Nu pas begreep ik waarom hun relatie was gestrand: mijn moeder was twee keer getrouwd geweest, en zwanger van mij toen ze met een andere man was getrouwd. In dezelfde tijd kreeg ze een relatie met een man die beter in het leven stond. Als ik naar de foto van mijn moeder keek, begreep ik waarom Michael wilde weten of ik aardig tegen mannen was, en geen mannenverslindster zoals deze vrouw. Nu kon ik ook verklaren waarom ik die oogziekte had gehad: mijn moeder had, terwijl ze zwanger van mij was, seksueel contact gehad met een man die niet schoon was geweest, of misschien had ze zelfs wel met meer dan één man seks gehad. Het feit dat Michael mij had toegewezen gekregen kwam dan ook waarschijnlijk doordat een DNA-test had uitgemaakt dat hij de vader was.

Het huwelijk van Barbara Ross liep spaak in de tijd dat ik werd geboren en dat Michael afstand nam van de Jackson 5 en als solo-artiest verderging. Michael werd zelfstandig, ook op zakelijk gebied. Barbara Ross zou in 1976 een kind krijgen met haar nieuwe man, een kind dat ik mij niet kan herinneren, ik weet niet waarom. Wat ik wel weet is dat zij mij overduidelijk niet wilde houden, maar dat Michael zich wél over mij wilde ontfermen. De details hierover zitten niet in mijn herinnering – daarvoor was ik toen te klein.

In 2007 was ik het ouderlijk gezag over mijn zoon kwijtgeraakt omdat mijn ex en ik niet met elkaar konden praten en Joshua nog steeds bij hem woonde. Daardoor kon ik me goed voorstellen dat mijn moeder mij buiten haar schuld aan Michael was kwijtgeraakt. Mijn ex Charat de Graaf had, nadat hij het ouderlijk gezag in zijn eentje had gekregen, de spaarbank van Joshua kaalgeplukt, en dreigementen naar mij toe geuit inzake Michael.

Mijn detectives zeiden dat ik Michael voor de rechter moest slepen, maar dat was mij toen onmogelijk: ik was ziek en wilde mijn kind veiligstellen, ik wilde ervoor zorgen dat mijn bezoekregeling met Joshua van kracht bleef. Joshua had mij nodig, en ik had mezelf nodig, het was me verder allemaal te veel.

Ik nodigde Michael en Barbara uit om in New York een gesprek met mij te hebben. Ik had mijn moeder aan de telefoon gehad, en haar manier van praten klonk alsof ze bij mijn team hoorde. Dat was een schok voor me geweest, er had een spanning tussen ons gehangen. Ik was naar het buitenland gevlogen voor een korte vakantie en had haar daar gebeld, en haar aan de telefoon gekregen. Later had ze mij een e-mail gestuurd. En nu had ik voorgesteld dat wij alle drie naar New York zouden gaan om als volwassenen met elkaar te praten. Michael had weer iemand ingehuurd die in hetzelfde hotel zat als ik. Ik kende Michael door en door – ik kon zijn zaakjes al van verre ruiken. Zo had hij tijdens zijn vakantie in Duitsland een kennis van hem naar mij toe gestuurd om me over te halen daarheen te komen.

Michael was bezig mij op te vangen, en ik vond dat heel lief maar ik was ziek en kapot vanbinnen vanwege de toestanden met mijn kind, en ook omdat ik nu wist dat mijn moeder nog leefde. Ik was ontroostbaar. Michael wilde niet dat ik alleen was. De vrouw die hij naar me toe had gestuurd bleek bijzonder lief te zijn. Haar doel was om mij langer in Amerika te houden en naar Detroit in Michigan mee te nemen – de plek waar mijn moeders familie vandaan kwam. Mijn moeder was niet komen opdagen, Michael wel. Hij wilde er graag bij zijn als mijn moeder naar mijn hotel zou komen om me te ontmoeten. New York was een stille plek voor mij geworden: ik had daar nog maar één kennis, de rest van mijn dierbaren waren op 11 september 2001 omgekomen. Ik miste hen en huilde er vaak om. New York was een groot eenzaam oord, omdat de mensen van wie ik hield, er niet langer waren.

Achteraf hoorde ik van een van de detectives dat Michael die vrouw had ingehuurd zodat ik niet alleen was in New York, en dat ze mij zou meenemen naar Detroit, waar hij dan ook naartoe zou komen. Michael was blijkbaar vergeten dat ik een onderneming had: ik kon niet zomaar even wat langer wegblijven. In New York had ik gehuild om Michael en mijn moeder, en om zijn drie kinderen omdat ze door dezelfde ellende heen zouden moeten als ik nu. Midden in de nacht had ik vreselijk gehuild door deze pijn. Ik was boos, en mijn hart was gebroken. Toen ik terugkwam schold ik op mijn moeder – ik maakte haar zelfs uit voor hoer, en dat ik haar haatte om wat zij Michael had aangedaan. Ik had Brian Oxman, een advocaat van Michael, gebeld en tegen hem gezegd: 'Vertel maar aan mijn vader dat ik hem haat, ik wens hem dood!'

Eind 2007 bleek ik in de eerste fase van een soort kanker te zijn. Ik had mijn moeder aan de telefoon. Haar assistent zei dat ik rustig aan moest doen, en door minder stress de verdere ontwikkeling van de kanker kon tegenhouden, in combinatie met veel rust. Ik werd doodziek, ik zat midden in een behandeling van een andere ziekte. Deze behandeling moest het begin van een hersenvliesontsteking, die door een bacterie was ontstaan, de kop in drukken. Er waren verschillende operaties in mijn mond verricht, die zo zwaar waren geweest dat mijn gezicht flink was toegetakeld. Ik had het gevoel dat ik kapotging, en daarnaast werd ik door de bank geplukt: het stond vast dat ze mijn huis, dat ik met mijn eigen vermogen had gekocht, zouden vorderen, en dat ik aan het kortste eind zou trekken. Daar kon ik nog wel mee leven want mijn onderneming ging goed. Tegen doodgaan kon ik echter niets doen. De dokters smeekten mij om het rustig aan te doen, anders zou ik nog aan stress bezwijken.

Inmiddels was het 2008. Iedereen maakte zich zorgen over mij, en ik vervloekte Michael en Barbara Ross-Lee. Michael was erachter gekomen dat ik heel ziek was. Hij belde mij weer op, alleen maar om te zeggen dat hij van mij hield, en om zijn muziek vanuit de studio te laten horen. Hij was ook veel in Nederland, hij was dicht in de buurt van Joshua. In deze periode reisde hij met zijn kinderen in Europa rond en verbleef ook een tijdje in Amsterdam. Mijn detectives vertelden mij dat Michael in zijn eentje in Amsterdam kon rondlopen zonder dat mensen hem herkenden. Hij liep daar dan ook vaak alleen, of hij fietste wat door de stad. Hij droeg heel andere kleren dan men van hem verwachtte. Hij had zijn huid donker gemaakt met make-up en was sportief gekleed. Hij droeg een pruik met kort haar, hij zag er heel sexy uit, zeiden ze. Michael was gefocust op mijn zoon Joshua die nu acht jaar oud was. Hij keek graag naar hem, hij zag zichzelf lopen toen hij klein was, hij genoot daarvan. Hij ging vroeg op pad om te zien hoe Joshua naar school werd gebracht. Hij had voeling met mijn kind. Het leek erop dat Michael bezig was met een proces waarbij de wonden die door zijn verleden waren veroorzaakt, begonnen te helen. Joshua hielp hem daar blijkbaar goed bij – hij vormde als het ware een therapie voor Michael. [In 2009 zou mij een advocaat worden toegewezen wiens buurman de dokter van Michael bleek te zijn in die tijd in Amsterdam.] Ik vroeg aan deze man wat Michael daar nog meer deed: hij gebruikte wiet, omdat hij daardoor beter kon slapen. Hij kon het gewoon zelf kopen zonder dat men hem herkende. Hij voelde zich in Amsterdam als een vis in het water.

Ik vond het heel fijn dat Michael zo genoot want niet alles was goed wat ik hoorde. Hij scheen met Barbara Ross-Lee ruzie over mij te hebben, en Diana Ross verzekerde hen er telkens van dat het niet mijn schuld was wat er was gebeurd. Ten slotte kon mijn moeder Michaels bloed wel drinken, en hij dat van haar. Diana wilde zich er niet mee bemoeien, maar ze deed wel haar best hen te laten inzien dat zij dit probleem voor mij moesten oplossen. Zij was altijd mijn peetmoeder geweest, en gaf heel veel om mij. Het scheen er nogal heftig aan toe te gaan tussen Michael en Barbara Ross-Lee. Hij voelde niets meer voor haar, hij had het echt gehad met haar, terwijl zij nog niet over Michael heen was – ze zat nog met een behoorlijke portie woede jegens hem. Het was lang geleden dat hij het met haar voor gezien had gehouden, en hoe meer ik hoorde over die twee, hoe zieker ik werd. Mijn dokter en mijn vrienden smeekten me om te vechten voor mijn leven, en dat kostte me veel moeite omdat ik was gebroken.

In de tussentijd was ook Michael ziek geworden: iemand was hem ergens mee aan het vergiftigen, zomaar opeens ging hij ging geestelijk achteruit – dit speelde zich eind 2008 af. Al zijn vrolijkheid was verdwenen en hij vertrok uit Amsterdam. Daarna werd het heel stil: weinig of geen telefoontjes meer, en nog maar weinig gesprekken met Diana Ross, de enige vrouw die ooit zijn allerbeste vriendin was geweest. Zij kon hem ook niet meer goed bereiken. Er was sprake van stilte rondom hem.

Er kwam een bericht naar buiten dat hij met de nanny van zijn kinderen, Grace Rwaramba, wilde trouwen. Iedereen die mijn vader jarenlang gevolgd had, was van mening dat het een gemene vrouw was, die er vast van overtuigd was dat het goed voor zijn carrière zou zijn als hij weer een relatie met een vrouw zou krijgen. Ik zei tegen mijn detective dat ik haar het doodtrappen niet waard vond en mezelf niet langer als Michaels dochter zou beschouwen indien hij inderdaad met haar zou trouwen. Ik had schoon genoeg van al die ellendige vrouwen van hem, niks meer en niks minder.

Op een dag kwam echter het heuglijke nieuws dat ze was ontslagen. Mijn God, wat was ik blij! Ik belde Michaels advocaat, Brian Oxman, weer op – hij was de contactpersoon. Michael had hem indertijd vijf miljoen doller gegeven om iets met mij te doen. Nog altijd weet ik niet waar dat precies om ging – behalve mij in 2003 aan de media verkopen. Maar in de periode 2003-2009 was Brian wel mijn luik naar Michael toe. Ik haatte die man tot op het bot. Michael had een soort afspraak met Brian en betaalde hem ervoor. Hij was op zijn nummer nooit bereikbaar.

Begin 2009 had ik langzaam maar zeker vrede gekregen met de leugens van mijn ouders. Ik had Michael eind 2008 laten weten dat ik hem had vergeven. Mijn detectives zeiden dat hij waarschijnlijk dood zou gaan, hij was heel ziek. Bepaalde mensen zorgden ervoor dat hij ziek werd: hij kreeg iets slechts binnen, maar men wist niet wat het was. Brian Oxman had eind 2008 opeens geen toestemming meer om Michael te bezoeken. Toen ik hoorde dat de 'This Is It'-tournee eraan zat te komen, werd mij het volgende gezegd: 'Je vader weet niet meer waar hij mee bezig is, hij is heel ziek en wij kunnen niets meer voor hem doen, Mocienne. Hij gaat dood.' Daar was ik dan: alleen op de wereld. Ik had tegen vrienden gezegd: 'Michael gaat dood, en ik kan er niets tegen doen.' Mijn vrienden hadden dat tegengesproken en hadden zijn op handen zijnde optreden genoemd.

In mei belde Michael mij op. Hij zei: 'Ik hou van je! Als ik in Londen ben, kom je mij dan opzoeken? We gaan opnieuw beginnen, jij en ik, Babyface.' Hij belde mij overdag. Dat was anders dan daarvoor: dan belde hij mij ergens zeer vroeg in de ochtend. Dat was voordat er sprake was van rechtszaken rondom zijn vermeende kindermishandeling. Hij belde mij dan rond die tijd om te zeggen: 'I love you', waarna hij weer ophing. Zijn nummer was altijd en eeuwig afgeschermd. Ik haatte dat, ik had nooit de tijd om ook iets tegen hem te zeggen. Hij gaf mij daarvoor de kans niet omdat hij altijd meteen weer ophing. Ik was daar woedend over, ik wilde wel eens op een normale manier een telefoongesprek met hem voeren. Mijn advocaten zeiden: 'Neem het dan op, dan heb je in elk geval het bewijs in handen dat je hem überhaupt kent.' Ik kreeg daar echter geen gelegenheid toe want het was altijd te kort, en ik wist ook nooit precies wanneer hij belde. Dat ik nogal opgefokt was wist Michael wel.

In 2007 wilde hij een DNA-test doen maar het kwam heel ongelukkig uit: ik moest er toen voor mijn zoontje zijn, en alles rustig houden. Nu was het dus in de middag toen Michael mij belde. Het leek wel of hij dronken was, maar dat was niet het geval. Het was iets anders, ik kon het niet plaatsen. Ik luisterde naar Michael en zei alleen oké. Zijn stem had heel raar geklonken, en het duurde een tijdje voordat ik besefte dat hij het was. Hij klonk niet zichzelf, hij klonk doodziek en heel ver weg. Ik raakte volledig in paniek. Het was zoals gezegd overdag, ik was nog aan het werk. Michael had gezegd: 'Ik hou van jou,' en ik had hetzelfde tegen hem gezegd. Daarna stortte ik in, ik dacht: mijn God, wat is dit? Het gaat helemaal niet goed met hem! Als ik naar iemand toe zou gaan en zou zeggen: 'Red Michael!' zou ik niet worden geloofd. Ik begon langzamerhand te beseffen dat men dacht dat ik gek was, en ik kon dat zelfs wel een beetje begrijpen.

Geheel onverwacht kwamen de familieleden aan wie ik al die jaren zo'n hekel had gehad, in het nieuws. Ze gingen tekeer en maakten stampei over het feit dat het niet goed ging met Michael, maar niemand kon bij hem komen. Vervolgens vernam ik dat zijn concert zou worden verschoven. Diep vanbinnen voelde ik al dat ik een dierbare vriend had verloren. Hij bleek in zijn vakantiehuisje te zijn gevallen. De familie had mij alvast gevraagd of ik op zijn begrafenis wilde zingen. Ik kon het niet opbrengen, ik was kapot door het verlies van zo'n fijne man, zo'n geweldige vader en echtgenoot voor zijn vrouw. Michael was nu vreselijk ziek. Daar kwam nog bij dat mijn huis inmiddels door de bank was geveild.

Het goede nieuws in januari 2009 was voor mij dat ik niet meer ernstig ziek was, en er geen gevaar meer bestond dat ik dood zou gaan, maar ik voelde mij als gevolg van de behandeling nog wel zwak. Intussen was mijn huis verkocht waar ik bij stond, en deels was ik daar zelf schuldig aan. Wat de wereld echter nog niet wist was dat er veel meer mensen aan de beurt zouden komen waar het oplichterij van de banken betrof, die blijkbaar alleen bestemd zijn voor mensen met geld. Ik behoor niet tot die categorie en laten we het maar niet hebben over mijn huidskleur.

Mijn ex ging naar bed met dames van de jeugdzorg en van de Raad voor de Kinderbescherming. Al had ik alles op orde, toch raakte ik mijn zoon kwijt. Als hier geen discriminatie in het spel was, weet ik het ook niet meer. Ik was in een hoek getrapt nadat ze het van mij hadden gewonnen. In 2007 verdween jeugdzorg uit het leven van Joshua. Mijn ex hoefde niet langer mooi weer te spelen. Het gevolg van dit besluit was dat mijn kind opeens niets meer kreeg, ook geen kleren, en zijn spaargeld, dat 10.000 euro bedroeg, werd door zijn vader van de bank gehaald. Zijn verjaardag werd niet meer gevierd en ik werd verbaal mishandeld, net als in 2000, toen ik mij van deze man had laten scheiden. Het werd me wel erg moeilijk gemaakt om niet tot de conclusie te komen dat dit alles – met name de oneerlijke behandeling van de rechters in Nederland – met mijn huidskleur te maken had. Ze werken voor en krijgen betaald door de overheid en blijkbaar is er een gouden code die voorschrijft dat zwarte mensen en de gewone man nooit mogen winnen. Wat ik van 2002 tot 2013 heb geleerd is dat advocaten niet voor jou werken, maar dat zij degenen zijn die altijd winnen – het gaat hen immers niet echt om jouw leven. Waar het de jeugdzorg in Nederland betreft, geven ze alleen om hun eigen werk. Ze willen geen strijd aangaan met de Raad voor de Kinderbescherming, of met de jeugdzorg, ze denken altijd eerst aan hun zaak, daarna pas aan jou – met andere woorden: aan hun inkomsten.

In de loop der tijd heb ik het volgende geleerd: begin maar niet eens aan rechtszaken als je toevallig zwart bent en Mocienne Elizabeth Petit Jackson heet, want je krijgt werkelijk helemaal níets gedaan! Ze zullen je op de knieën krijgen en wachten op het moment dat ze je kunnen afslachten. Nederland heeft de mond vol van vrijheid van haar inwoners, en van de multiculturele samenleving, maar dat is alleen op papier zo. Als je niet voldoet aan een bepaald uiterlijk dan krijg je zelfs geen baan, terwijl in Amerika iedereen gelijk is. In Nederland is daar geen sprake van. Ik ben al negenentwintig jaar in dit land maar er wordt door de overheid nog steeds op mij als zwarte werkende vrouw neergekeken. Zo kreeg ik van de gezondheidsinspectie te horen dat ik mijn onderneming 'Thuiszorg Ernestine' alleen maar kon opbouwen omdat ik de juiste mensen om mij heen had: omdat ik geen universitaire opleiding had genoten zou ik wel te dom zijn om dit bedrijf zelfstandig van de grond te krijgen. Kort gezegd: ik was een handige maar domme zwarte vrouw. Toen ik werk maakte van de AWBZ, kreeg ik een e-mail waarin stond vermeld dat deze zwarte vrouw niet dom was. In exact deze woorden stond het er niet, maar het ambtenaarsjargon dat was gebezigd had wel dezelfde strekking.

Toen ik als zwart meisje ontvoerd was lieten ze mij ook door blanke mensen kopen. Het is een wonder dat ik het geluk had met een paar rechters in contact te komen die hart voor mijn zaak hadden. Dat is bij elkaar dan ook maar twee keer het geval geweest. Ten eerste werd mijn slavencontract van toen ik nog een kind was, met die blanke familie Rietveld beëindigd. Ten tweede werd mijn werkelijke leeftijd eindelijk officieel. Het feit dat ik als eigendom aan de Nederlandse staat werd overgedragen en de manier waarop Nederland met mij is omgegaan, getuigen echter niet bepaald van een land dat veel om zijn inwoners geeft, laat staan om de minderjarige persoon die ik tussen 1984 en 1993 was.

Ik had te kennen gegeven dat ik niet bij die mensen wilde wonen: ik was gewoon aan hen verkocht. De mensen van de overheid waren dus zeker niet mijn vrienden en dat zullen zij ook nooit worden, want ze hebben geen gezicht, en ze hebben allemaal dezelfde naam. Ze zijn in feite het gezicht van Nederland, ze geven niets om een leven, ze hoeven hun hart niet te laten spreken en ze zijn verzuurd. Ook zijn ze nog eens racistisch, dat blijkt als men naar deze samenleving kijkt. Straten in Nederland zijn vernoemd naar de grootste slavendrijvers, en tegelijkertijd wordt er beweerd dat dit een multiculturele samenleving is!

Toen mijn huis onder mij vandaan was verkocht, was het weer 'zo'n zwarte die het allemaal fout had gedaan', en dat alles omwille van de goede buitenlandse betrekkingen met de Amerikaanse banken. De bank Lehman Brothers ging na honderdzestig jaar failliet en nam geld van Nederland mee het schip in. Daar werd helemaal niets tegen gedaan. Ze namen ook mijn geld mee, en het was ook nog eens mijn eigen schuld. Mijn advocaat verknalde het hoger beroep omdat het niet op de rechtbankrol was gezet. De houding van de Raad van State in Nederland naar mij toe was: jammer maar helaas, geld weg, vette pech. Dus men hoeft mij niets op de mouw te spelden aangaande Nederland en de behandeling van zwarte mensen in deze samenleving. Van adoptiekinderen wordt verwacht dat ze heel dankbaar zijn dat Nederlanders hen het leven redden met hun goedheid. Gaat het niet zoals de mensen het graag hadden willen zien, dan stoppen ze de kinderen in een internaat. Ja, Nederland is een geweldig land, en je moet als zwarte vrouw maar gewoon dankbaar zijn als je zo ongeschikt bent bevonden als ik.

In Amerika is het leven openlijk hard, maar in Nederland wordt er mooi weer gespeeld terwijl het geen mooi weer is! Mensen komen niet in opstand tegen de overheid, dat is na de jaren tachtig opgehouden. Men denkt alleen nog maar aan zichzelf. Als iets ongeloofwaardig wordt geacht, dan is het zonder meer onwaar, dan is de persoon in kwestie niet goed bij zijn hoofd en moet zich eens grondig laten nakijken! Het lijkt wel of je het in dit land als zwart persoon alleen maar succes kunt hebben als de overheid je graag mag. Na alles wat er met mij in Nederland is gebeurd, kan ik nog slechts tot de conclusie komen dat overheidspersonen in hun multiculturele samenleving van niemand houden – en zeker niet van deze zwarte vrouw.

Ik heb mijn succes te danken aan de liefdevolle mensen die er in Nederland ook zijn, die mij als kind hebben gemaakt tot wie ik nu ben – en daar zit geen enkele bijdrage van de familie Rietveld bij. Het zijn mijn therapeuten en anderen geweest die mij voor korte of langere tijd liefhadden. Mijn hulpverleners hebben ervoor gezorgd dat ik ben geworden die ik nu ben. Toen ik mijn huis en mijn kind was kwijtgeraakt, waren zij het die zich over mij hadden ontfermd zodat ik verder kon met mijn leven.

Nu had ik het nare vooruitzicht dat Michael zou sterven en ik er voortaan alleen voor zou staan. Omdat de Nederlandse overheid weigerde mij bij te staan in het zoeken naar de waarheid of Michael mijn biologische vader was of niet, ervoer ik de pijnlijkste tijd van mijn bestaan. Voor de eerste keer in mijn leven voelde ik mij echt verlaten. En toen waren daar opeens de Jacksons die vochten om bij hem binnen te komen, teneinde Michael van de dood te redden. Ik dacht: jullie zijn te laat, ik voelde het, hoewel ik altijd iemand was geweest die de hoop niet snel opgeeft. Ik wilde de hoop behouden dat Michael zou blijven leven.

De gekte en de clown

In 2009 schreef ik een verslag dat gericht was aan de Raad voor de Kinderbescherming. Het betrof een klacht over de rol die zij in het verleden in mijn leven hadden gespeeld. Ik werkte tot heel laat door – ik heb het niet zo op televisiekijken – en had mijn telefoon uitgezet want ik wilde rust. Na verloop van tijd deed ik mijn telefoon weer aan en luisterde naar de voicemail. Iemand zei: 'Gecondoleerd.' Ik dacht: waar heeft hij het over? Toen hoorde ik het: het was de stem van een voormalige kennis. Hij zei: 'Mocienne, gecondoleerd met je vader Michael.' Een paar mensen in mijn omgeving wisten dat ik ervan overtuigd was dat Michael mijn vader was, en respecteerden dat. Ik gooide mijn telefoon neer en zette het nieuws aan. Het eerste dat bij mij opkwam was: het is mijn schuld, ze hebben Michael vermoord en het is mijn schuld. De maffia had ervoor gewaarschuwd, en ik had van mijn detective vernomen dat Michael keer op keer naar mij toe had willen komen maar even zo vaak was tegengehouden. Ik voelde mij ineenkrimpen van verdriet, ik dacht bij mezelf: Nee! Geef hem terug, ik zal stil zijn, geef hem terug, ik zal gehoorzaam zijn! Ik zal leven zonder hem, maar breng hem alsjeblieft terug! Mijn detectives hadden het gezegd, en ik had ervan gedroomd nog voordat zij iets hadden verteld, maar nu was het dus werkelijk gebeurd!

Hij was weg. Mijn lichaam raakte in shock, ik voelde dat het niet meer een was met mijn geest. Ik had het gevoel of ik stierf, ik had pijn in mijn hoofd. Toen ik ontvoerd was, hadden ze mij blootsvoets in een kooi gestopt waarin ik alleen op mijn hurken kon zitten en de kou van het ijzer tegen mij aan voelde. Ik hoorde een innerlijke stem zeggen: 'Dat was niet zo erg als dit. Breng Michael alsjeblieft terug!' Ik zag voor me hoe ik uit de auto werd getrokken. Ik voelde de pijn tot in de botten van mijn armen, veroorzaakt door de man die mij uit de auto trok en met zich meesleepte. Hij trok mij mee, hij rende en de andere mensen renden voor hem uit. Ik kon hem niet bijhouden, ik viel op de grond terwijl hij mijn armen stevig vast had. Mijn benen bloedden, hij trok me hard mee. Ik was zo moe dat ik dreigde te vallen, maar dit keer voelde hij dat, tilde me hardhandig op en begon met mij rennen, mij dicht tegen zich aan houdend. Ik riep tegen hem: 'Raak me niet aan, laat me los, ik wil niet zo dicht bij jou zijn,' en hij legde zijn grote handen op mijn mond en rende met mij verder. Ik hoorde iemand in het Engels schreeuwen: 'Haal je handen van haar mond anders gaat ze nog dood!'

Vervolgens was ik terug in 2009. Alles wat ik toen, in 1984, had gezien was weer weg. Mijn innerlijke stem riep tegen mij: 'Je gaat niet dood, ik heb dit allemaal voor jou overleefd. Je gaat niet dood, kom terug!' Opnieuw voelde ik dat in die kooi werd gezet, en hoe ik om Michael huilde, opnieuw was ik negen. Michael was kort daarvoor nog bij me geweest. Mijn vriendje was nog maar net tien jaar geworden voordat hij werd vermoord in mijn armen, ikzelf was negen. Terwijl ik in de kooi zat bloedde ik. Mijn lichaam was gaan schokken. Er kwam een dokter aan die schreeuwde: 'Maak dat hok open!' Niemand had de sleutel – de man die er wel een had, was weggelopen. Daarop rende de dokter al schreeuwend pijlsnel de deur uit. De vrouwen gilden, de mannen vochten. De dokter kwam hijgend met de man die de sleutel had, aanrennen, en duwde hem hardhandig opzij nadat deze de kooi had opengemaakt. Het was een witte man, daarom dacht ik dat hij de dokter was. Hij tilde me eruit, en ik moest overgeven: het braaksel kwam op hem terecht. Ik had het koud, ik had kippenvel en mijn handen waren blauw en geel van de kou. De dokter wilde mij op de grond zetten, maar mijn benen deden het niet. Ik voelde mijn hele lichaam niet meer en toen werd alles zwart – ik was bewusteloos geraakt. Ik voelde dat er een naald in mijn lichaam werd gestoken. Toen ik weer bijkwam hoorde ik de vrouwen tegen de mannen tekeergaan. Ze zeiden: 'Jullie mogen haar niet doodmaken.' 'Nee,' zeiden de mannen, 'wij gaan júllie doodmaken!' Toen ik echt wakker was, bleek ik bij een heel sterke dikke man op schoot te liggen in een grijze deken, en ik keek naar de vrouwen. Het waren de vrouwen die mij hadden ontvoerd, zag ik. De ene vrouw bleef rustig, de andere begon heel hard te gillen – ze zouden sterven. De dokter zei tegen een van de mannen: 'Als dit meisje ook maar iets overkomt maak ik je dood met deze spuit,' en hij liet de spuit aan hem zien. Vervolgens kwam de dokter op mij af, en ik gilde het uit: 'Nee!!!' De andere vrouw was intussen ook begonnen te huilen toen ze zag dat ik pijn had, en vroeg of ze mij even mocht vasthouden, maar dat mocht niet. De dikke man bleef mij de hele tijd vasthouden.

Ik keerde weer terug in 2009 en maakt iets kapot in mijn kamer. Ik maakt mijn kamer kapot. Ik gooide ergens mee, ik wilde gillen, ik gilde terwijl ik het lawaai dat dit gaf met een kussen smoorde. In mijn hoofd ging ik tegen Michael tekeer: 'Hoe durf jij dood te gaan? Ik heb nu niemand meer om mij te straffen als ik stout ben, en mij daarna op mijn billen te kussen!' Ik smeet het kussen op de grond, gooide een stoel omver en maakte iets kapot. Ik was net begonnen te lopen toen het beeld opnieuw verdween.

Opeens was het jaar 2009 weg, ik werd blind, ik zag weer, het was 1984. Ik voelde het natte water om mijn voeten, en hoorde de vrouw huilend zeggen: 'Mocienne, ik ga dood, maar jij blijft leven, hoor je mij? Jij bent lief, schatje, jij bent lief, jij blijft leven, hoor je mij? Ik ben stout geweest, heel stout, jij niet, jij bent lief! Waag het niet om dood te gaan, Mocienne, jij blijft leven. Doodgaan is niet erg, schatje, ik ga dood, maar jij moet blijven leven, hoor je mij? Zeg tegen mij dat je het me belooft! Beloof het aan Marianne, Mocienne. Al was ik stout, ik ga niet naar de hel. Ik zal voor altijd bij jou zijn, Mocienne. Wees niet bang voor wat je hier ziet, schatje, ze zullen mij doodmaken. Als je niet kijkt zullen ze je met die stok slaan, en ik wil niet dat je pijn hebt, dus kijk naar mij en wees niet bang, wees nooit bang voor de dood, ik ga naar God. Het is een mooie avond om te sterven, de hemel is vol met sterren. God wacht mij met veel liefde op. Liefje, leef, ga niet dood!'

Het moment was gekomen dat de man zei: 'We gaan beginnen.' Haar handen werden vastgebonden, ze werd tot haar enkels in het water gezet en ik moest verder het water in lopen tot aan mijn knieën. Heel zachtjes zei ze tegen mij: 'Kijk nog even naar de sterren, Mocienne, ik ga naar God, wees niet bang voor mijn dood.' Er stond iemand achter mij met een stok. Ik had haar beloofd dat ik ervoor zou zorgen dat ik niet geslagen werd, ik zou sterk zijn. De eerste keer dat de mannen haar hoofd onder water hielden moest ik overgeven, en ik kreeg een klap met de stok. Niet ver van mij vandaan zag ik mijn eigen braaksel drijven. Ik had de pijn van de stokslag maar heel kort gevoeld, ik leek mijn lichaam van pijn te hebben afgesloten. De vrouw keek mij huilend aan en zei weer: 'Mocienne, ik ga naar God. Schatje, wees niet bang, kijk maar naar mij.' Ik voelde niets meer, ik zag hoe ze haar hoofd naar beneden duwden – eerst tergend langzaam, steeds opnieuw en algauw steeds sneller achter elkaar. Ze was niet bang voor de dood, ze gaf zich over, haar lichaam vocht niet langer tegen de dood... en ze ging.

De mannen lieten haar dode lichaam door de stroming wegvoeren, nadat de man met de stok zich ervan had vergewist dat ze echt dood was. Dit was dezelfde rivier waar ik op een ochtend in alle vroegte had gezien dat een vrouw haar baby erin gooide – de baby was verdronken. Nu was het het lichaam van de blanke blonde mooie vrouw dat door de rivier werd meegenomen. De man had me uit het water getild, in de auto gegooid en was vervolgens met mij weggereden. Ik werd in mijn kooi teruggezet en voelde de kou, de pijn in mijn armen, ik kon alleen op mijn hurken zitten. Ik kon niet liggen, hooguit op mijn knieën steunen.

Weer keerde ik terug naar 2009 en ik rende naar de wc omdat ik moest overgeven. Ik zei in mezelf: 'Papa, ik zal jouw dood overleven want ik heb dit ook overleefd.' Dit was ook in 2003 gebeurd: ik zag een film draaien, ik stond erin, ik zag de film. Maar nu voelde ik alles weer, dit was erger, ik kon alles aanraken, ik ging er opnieuw doorheen. Michael was dood, ik zag hoe ik hem aanraakte, ik voelde zijn handen, zijn tranen over mij heen, net of hij er weer was. Ik voelde hoe hij mij ook aanraakte, net als vroeger. Ik voelde dat mijn lichaam als het ware een was met het zijne. Ik kon mijn eigen spiegelbeeld niet verdragen – ik zag zijn gezicht in het mijne – en ik huilde: 'Papa, kom terug!' Mijn geest ging kapot, alles wat ik zag was wat er in het verleden was gebeurd. Zo zag ik dat ik was vastgebonden en twee piemels tegelijk mijn lichaam penetreerden toen ik werd verkracht. Ik voelde de pijn in mijn vagina, ik had het overleefd. Ik kwam terug in 2009, ik voelde dezelfde pijn, de pijn in mijn buik die ik had gehad, alleen bloedden mijn vagina en mijn anus dit keer niet. Ik gilde: 'Ik overleef jouw dood, papa. Ik heb dit ook overleefd!'

Midden in de nacht voelde ik dat Michael in mijn bed kwam liggen. Net als toen ik nog een kind was kroop hij bij mij in bed en hield mij vast. Hij was weliswaar dood maar ik voelde hem, zoals toen ik klein was, ik voelde hem, hij was nog hier, bij mij. Ik huilde en huilde, ik moest naar huis, maar ik wilde niet, ik was bang voor Californië. Een goede vriend wist mij ervan te overtuigen dat ik naar huis zou vliegen, om daar aanwezig te zijn wanneer Michael werd begraven. Na vijfentwintig jaar keerde ik terug naar Californië, mijn thuis. Nu was dat echter om Michael vaarwel te zeggen. Mijn hoofd zei dat het niet uitmaakte of ik doodging, ik was er klaar voor om te sterven, laat maar komen, dacht ik. Ik wílde ook best dood – wat was de waarde van mijn leven nog nu Michael dood was? Men zei dat ik moest blijven leven voor mijn zoon. Ik zei: 'Die heeft zijn vader toch? Die heeft mij niet nodig.' 'Als jij doodgaat voelt hij zich net als jij nu: verloren zonder je vader. Heus, het komt allemaal wel weer goed, Mocienne.' Ik dacht: nee, het komt niet goed. Michael was vermoord, ik was in de ontkenningsfase. Ik vernam dat de dokter schuldig was, maar dat kon eigenlijk niet waar zijn: een dokter was juist iemand die je moest kunnen vertrouwen. Ik werkte met veel dokters samen, dus dit kon het niet zijn – een dokter ging er toch niet toe over Michael te vermoorden? Het was ook onwaarschijnlijk omdat de maffia heel andere methodes had. Iemand anders moest het dus gedaan hebben.

Een goede vriend ging met mij mee naar Californië. Hij was de beste keus omdat hij anders was dan de meeste mensen die ik kende. Ik moest wel met mijn beide benen op de grond blijven staan, anders ging ik dood, ik moest alert blijven en sterk zijn, zei hij. Ik had er eigenlijk niet naartoe willen gaan maar mijn vrienden vonden dat ik dat wél moest doen. En zo gebeurde het dat ik in Californië arriveerde. Mijn zoon Joshua zou op 6 juli tien jaar oud worden. Ik stuurde mijn moeder een e-mail waarin ik haar smeekte of zij ervoor wilde zorgen dat Michaels herdenking niet op 6 juli 2009 zou plaatsvinden – dat moest een dag van geluk worden. Ik hoorde dat het op 7 juli 2009 zou zijn. Ik vond dat een mooie datum: Michael had altijd van het getal 7 gehouden, ik was in het gezin van Kelly als zevende kind opgenomen en Michael was het zevende van negen kinderen. Bovendien was juli de zevende maand.

Die dag was ik in het wit gekleed, zoals men op Haïti ook had gedaan voor mijn oma. Ik wist dat Michael volgens zijn wens in het wit gekleed zou worden opgebaard. Ik had Elizabeth Taylor opgezocht. Toen ze me uitnodigde wilde ik niet, maar die dag bracht ik haar bloemen voor Michael, en later zou ik bij haar bloemen van mij laten bezorgen. Ik ging zowat dood vanbinnen.

Californië voelde als mijn thuis, terwijl ik dat gevoel in Nederland helemaal niet had, zelfs niet na vijfentwintig jaar. Toen ik weer in Californië was wist ik: hier hoor ik echt thuis. Ik had gezegd: 'Papa, ik ben er weer, alleen ben jij er niet meer.' Mijn hart was gebroken. Ik was klein toen ik daar was weggegaan – ik was zeven jaar geweest. Mijn hoofd deed pijn van alle spanningen en de vele indrukken. Ik herkende de wegen, ik zag wat er wel en niet was veranderd. Na alle plechtigheden rondom mijn vader gingen we de volgende dag naar Enico. Ik kon de weg naar het huis van de Jacksons zo aanwijzen, ik wist het blindelings te vinden. Hoewel ik er vijfentwintig jaar niet was geweest, wist mijn hoofd de weg nog steeds. Ik zag mezelf fietsen op een klein fietsje, met een lieve jonge nanny naast mij. Ik zag hoe Michael mij in de nacht optilde en mij liet kijken naar het bord achter het huis: daar stond Petit Blv op. Ik hoorde hoe hij dan grapjes met mij maakte: 'Kijk, dat ben jij: Petit Jackson, en als je ooit de weg kwijtraakt dan vind je deze straat en dan kom je altijd weer thuis! Wij zijn de Jacksons achter de Petit Blv.' Ik had Michael daarna heel hard horen lachen. Ik had er niet veel van begrepen, maar ik moest er zelf toch ook om schateren, want zijn lach had aanstekelijk gewerkt. Michael leek erg trots op zichzelf te zijn.

Ik had hier wel eens stiekem op straat gelopen terwijl ik naar de auto's keek die langskwamen. In die vijfentwintig jaar was de straat verfraaid, dat zag ik wel want ik wist me alles van vroeger nog te herinneren. Ik kon Michaels aanwezigheid voelen, het was net echt, hij was bij mij, ik hoorde hem zoals ik bij andere mensen hoorde. Het was iets uit ons verleden, het was hetzelfde als wat hij een keer gezegd had. Ik haatte de Jacksons om wat ze hem hadden aangedaan, ik werd woedend op hen. Iemand vroeg me wat ik van hen vond, en ik schold hen uit voor moordenaars. Ze hadden Michael gedurende zijn hele leven uitgebuit, terwijl hij alleen maar een harmonieuze familie met hen had willen vormen. Hij behield zijn hoop en vertrouwen, hij probeerde keer op keer om er een gezellige familie van te maken, en hij betaalde rekeningen voor hun kinderen en ex-vrouwen, hij deed zelfs betalingen aan verre neven. Niemand had ooit tegen hem gezegd: 'Michael, bedankt voor je hulp. We zullen je nu nooit meer iets vragen.' Hij was zijn hele leven gebruikt, en nu was hij dood omdat hij het vertrouwen in zijn eigen familie had opgegeven.

Hij was boos op mij geweest omdat ik zelfstandig wilde zijn en tegen hem had gezegd: 'Ik ga nog es geld aan jou verdienen als dat gestalk niet ophoudt!' Mijn vader had het afgewacht en mijn advocaat had een brief geschreven, maar ik was erop teruggekomen want zijn geld interesseerde me eigenlijk niet zoveel. Michael was daar woedend over geweest, maar voor zijn eigen familie was het nooit genoeg, ze wilden altijd meer van hem. Hij had keihard met hen gewerkt om de hele familie rijk te maken, en toch hadden veel familieleden steeds weer geldproblemen – zelfs zijn eigen ouders, het hield nooit op. Ik minachtte de Jacksons om dat gedrag. Hierdoor was Michael uiteindelijk bij hen weggelopen, en keer op keer waren zij degenen geweest die ondeugdelijke mensen naar hem toe hadden gestuurd.

Martin Bashir was door toedoen van Jermaine Jackson in contact gekomen met Michael. Hij had in 2003 een onwaarachtige uitzending over hem had gemaakt. Verder was het Randy Jackson geweest die doctor Tohme Tohme als nepmanager van Michael had aangesteld, eveneens in 2003. Zijn vader Joe had het contact tussen Michael en Leonard Rowe tot stand gebracht. Altijd waren het foute mensen die ze aan hem voorstelden. En Michael was zo stom dat hij daar niet van leerde, hij gaf de familie altijd weer een kans, ondanks die verkeerde types met wie ze steeds weer aan kwamen zetten. Ik was ook daarom boos op hen.

Daar zaten ze tijdens de plechtigheid op 7 juli met z'n allen over Michael te praten, met hun zonnebril op, ze hadden zijn kinderen meteen in de publiciteit gegooid. Janet Jackson was hard geweest tegen Paris Jackson toen ze tijdens de herdenkingsdienst van Michael op 7 juli tegen haar zei: 'Praat es wat harder.' Ik had het niet zo lief gevonden dat ze dat had gedaan. Daar stonden ze dan, de familie in het zwart en met zonnebril op – volgens mij droeg alleen mijn oom Marlon geen bril. Michaels overlijden was weer een groots optreden voor de familie Jackson geworden.

Ik had geweigerd het op televisie te volgen. Ik was naar Elizabeth Taylor gegaan, die me gevraagd had of ik erheen wilde. Ik had haar geantwoord: 'Nee, ik wil niet naar die poppenkast, ik ga iets anders doen.' In plaats daarvan ging ik nog één keer naar Neverland (waarover later meer). Een paar uur later herhaalde ze mijn woorden ten overstaan van de pers, onder haar naam. Ik huilde erom – het was zoiets simpels wat ze had gedaan, maar ik was haar zeer dankbaar. Elizabeth, ik hou van jou, bedankt. Ik voelde me zo geliefd door dat kleine gebaar. Zijzelf zou ook niet gaan, en Diana Ross evenmin. Het was indrukwekkend: alle mensen die een wezenlijke betekenis in het leven van Michael hadden gehad, kwamen niet. Ik huilde van dankbaarheid daarvoor: het voelde als een erkenning, het was een mooie geste.

Stevie Wonder ging er wel naartoe, hij was in dat gezelschap de enige die veel voor Michael had betekend. Hij was de eerste blinde persoon die ik in mijn leven had leren kennen. Michael hield van deze man alsof het zijn broer was. Vaak had hij mij verhalen verteld over hem, en over zijn dochters – hij noemde hem de liefste man ter wereld. Michael zei altijd: 'Als er op deze planeet een God is dan is Stevie Wonder zijn beste vriend.' Ik kende hem niet goed, ik heb alleen nog de herinnering bewaard aan het feit dat hij de eerste man in mijn leven was die blind was. Ik had dat als kind een beetje eng gevonden, ik was altijd stil wanneer hij in mijn buurt was, ik schaamde me dat hij niet kon zien en ik wel, maar hij leek dat niet erg te vinden – hij begreep het wel van mij. Stevie kon mooie verhalen vertellen, waardoor je vreselijk moest lachen. Michael kuste de grond waar hij op liep. Op Haïti speelde Michael gitaar en het was vaak Stevies muziek die hij dan speelde. Als we in Cap-Haïtien gezamenlijk om het vuur heen zaten, vroegen mijn neven en nichten aan Michael of hij gitaar wilde spelen, en dan speelde hij muziek van Stevie. Ik herkende de klanken omdat Stevie altijd een gitaar bij zich had. Als hij zich lekker voelde pakte hij de gitaar, uren had ik als kind naar deze man geluisterd.

Nu was hij hier bij de plechtigheid aanwezig – als enige dierbare vriend van mijn vader. Hij huilde, net als ik, en net als alle vrienden van Michael. Het was zo mooi dat het Stevie was die erbij aanwezig was, deze man was mijn god. Ik was voor die poppenkast van de familie Jackson niet in mijn hotel gebleven, maar ik hoorde het allemaal op de radio. Ik huilde van dankbaarheid dat Stevie daar aanwezig was. Hij was sterker dan alle sterke tijgers en leeuwen bij elkaar, zijn hart was van pure liefde gemaakt, deze man was te goed voor deze wereld. Hij had in zijn leven ook moeten lijden onder slechte vrouwen, maar desondanks kon hij erom lachen. Hij was dankbaar dat hij zijn kinderen had. Wat een groot cadeau was het dat hij zich als enige vriend van Michael in de poppenkast van de Jacksons had gewaagd, en er zelfs had gezongen, wauw!

Ik was ook al zo trots op mijn tante Diana Ross, maar juist omdat ze er níét heen was gegaan. Voor het overige voelde ik plaatsvervangende schaamte wegens de manier waarop de familie Jackson alles had aangepakt. Het was bijvoorbeeld niet duidelijk waar en wanneer ze Michael zouden begraven. Dat vond ik nog wel de grootste schande want hij was al dood sinds 25 juni 2009 en het was nu al 7 juli. Ik wist wel dat de Jacksons het met geen woord over mij zouden hebben: ooit was ik immers Michaels schande voor de familie geweest. Alles wat mij enig bewijs kon leveren dat ik hem had gekend, was van mij afgenomen, behalve mijn DNA – dat was het enige dat ik nog had, en mijn herinneringen. Voor de Jacksons was ik dood of had ik nooit bestaan, sinds 1984 was mij dat al overduidelijk.

Ik vond hun gedrag na Michaels dood erg min, ik ervoer het als een vernedering en een straf voor hem. Zo waren er tijdens de herdenkingsplechtigheid mensen die iets over hem zeiden terwijl ze hem nooit hadden ontmoet, en mensen die hem in het verleden als een baksteen hadden laten vallen, dit in verband met de zaak rond zijn vermeende kindermisbruik in 2003. Brooke Shields had hij bijvoorbeeld al zo'n vijftien tot twintig jaar niet meer gezien, en nu stond ze daar over Michael te praten alsof ze zijn beste vriendin was geweest. Michaels echte vrienden of mensen die werkelijk veel voor hem hadden betekend, waren er niet. Ikzelf vond het een schande dat zijn drie jonge kinderen zomaar opeens aan de publieke belangstelling werden blootgesteld. Ik was van mening dat ze nog te klein waren om te kunnen begrijpen wat er daarna met hen zou gebeuren. Al wilden ze er zelf graag bij zijn, ik zou dat nooit hebben toegestaan.

En dan hun agressieve moeder! Zij was in deze nare tijd de enige aanleiding voor mij geweest om schandalig van alles wat er rond haar persoon voorviel, te genieten. Iedereen die mij kende wist dat ik Debbie Rowe tot op het bot haatte omdat ik vond dat ze de kinderen nooit en te nimmer had mogen toevertrouwen aan de zorg van Michael: dat was psychisch niet goed voor hen. Het was met zo'n beroemde vader onverantwoord haar kinderen zonder een moeder te laten opgroeien. Ik heb dat altijd al erg gevonden, maar ik vond het nog veel kwalijker dat ze zelf geen kinderen wilde en het uitsluitend omwille van Michael had gedaan. Ik heb respect voor mensen die graag kinderen willen hebben, maar dat respect geldt niet voor Michael, omdat hij alleen maar aan zichzelf dacht toen hij hen van zo'n nare vrouw als Debbie Rowe kreeg, en dat in zijn situatie! Ik vind dat Michael de kinderen een moeder had moeten geven, met een hart, en niet zo'n harteloos serpent als Debbie Rowe. Zij vervulde haar wens en die van Michael door in 2004 afstand van hen te doen nadat hij volgens hun geheime afspraak betalingen aan haar had stopgezet. Dit maakte haar wat mij betreft tot een harteloze vrouw.

In 2009 kwamen de media met dezelfde mening naar buiten: ze was harteloos en gaf niets om haar kinderen. Ik smulde van die berichten. Toen ze danig tegen een fotograaf tekeerging kon ik voor het eerst sinds Michaels dood weer lachen. Elk kwaadsappig of vals verhaal dat over haar werd gepubliceerd las ik, of het nu waar was of niet. Ik genoot ervan dat de media deze gemene achterbakse vrouw straften. Het duurde dan ook niet lang of de kinderen gingen naar Katherine en kregen geld uit de opbrengst van het landgoed van Michael. Ik ben me ervan bewust dat ik meteen voor dat landgoed had moeten vechten, maar ik wilde het niet. John Branca had ik al geschreven – ik wist al jaren wie hij was en wat hij voor Michael deed. Ik was zelfs blij dat híj het landgoed in handen had – liever hij dan de Jacksons. Zijn kantoorpersoneel noemde mij 'dat gekke mens'. Ik vond dat niet erg, ik was nu eenmaal behoorlijk van streek en had veel boodschappen voor hem achtergelaten op zijn antwoordapparaat. Ik was volledig van de kaart door de dood van Michael.

Michael heeft gedurende zijn hele leven geld verstopt. Ook was hij iemand die altijd kaarten aanmaakte. Zo had hij heel veel geld op een Nederlandse rekening gezet. Tot op de dag van vandaag hebben ze dat geld uit de opbrengst van Michaels landgoed nog steeds niet in handen. Michael wist altijd dat hem vroeg of laat iets kon gebeuren, en hij had daartoe goede en slechte maatregelen genomen, dat wist ik. Ik was niet vergeten wat ze na mijn ontvoering met hem hadden gedaan: iemand had hem laten aanvallen door honden. Na dat voorval was hij lange tijd bang voor honden geweest.

Ook weet ik dat Michael flink in elkaar was geslagen als gevolg van iets dat ik had gedaan. Toen ik in 1984 was ontvoerd kreeg mijn ontvoerder een kogel door zijn hoofd. Ik mocht geen kik geven, zo had de man die hem zou vermoorden, mij van tevoren bevolen. Hij had gezegd: 'Als jij gilt dan zullen wij je vader pijn doen.' De ontvoerder huilde, hij had alleen maar gezegd dat hij mijn handen nog één keer wilde aanraken, hij smeekte daar zelfs om. Ik werd hardhandig in zijn richting geduwd, hij zat op een stoel en zijn voeten waren eraan vastgebonden. Hij kon zijn armen wel vrij bewegen. Het was een knappe, niet helemaal blanke man, met bruingroene ogen, ik had die kleur nog nooit gezien.

Hij had mijn armen gepakt en me naar zich toe getrokken, het was een omhelzing geworden. Hij had mij op zijn knieën getild en dicht tegen zich aan gehouden. Ik was doodsbang, ik keek hem diep in zijn ogen, en hij zei in het Frans tegen mij: 'Jij bent een heel klein lief meisje. Ze gaan mij zo doodmaken, en jij moet toekijken. Niet bang zijn, ik ben ook niet bang om dood te gaan. Ik ben geen goed mens geweest, ik heb heel stoute dingen gedaan, maar ik huil nu niet voor mezelf, ik huil voor jou omdat ik niet wil dat jij mij ziet doodgaan. Ik heb hen gesmeekt jou dat niet aan te doen, maar ik heb het niet voor elkaar kunnen krijgen.' Hij ging verder: 'Mocienne, weet jij wat een soldaat is? Een soldaat is iemand die alles overleeft, en heel sterk is – hij vecht voor zijn land. Mocienne, ik wil dat jij een soldaat bent, dat je blijft leven voor je papa. Jouw papa is jouw land, en doordat jij blijft leven red jij zijn land, zijn land: dat ben jij.'

Hij hield mij nog altijd dicht tegen zich aan en zei: 'Je mag best gillen, hoor. Als jouw papa wordt geslagen omdat jij hebt gegild kan hij dat best aan, want hij is een soldaat, net als jij. Hij is zo sterk als een beer! Als ik sterf mag je net zo hard gillen als je maar wilt.' Hij fluisterde heel zachtjes in mijn oor: 'Dat is goed als je dat doet, anders ga je nog dood, en soldaten mogen niet doodgaan – ze moeten vechten voor hun land, dat land ben jij, Mocienne. Sorry, ik had je nooit bij je papa mogen weghalen, maar als ik dat niet had gedaan, zouden er heel veel mensen zijn vermoord. Dat is nu dus gelukkig niet gebeurd. Ik ga dood voor hen, en dat vind ik niet erg. Het waren mijn kindjes die nu mogen blijven leven.' Hij begon opnieuw te huilen. Hij hield me vast en terwijl de tranen over zijn wangen stroomden zei hij: 'Het spijt me zo, kleine meid, het spijt me wat ik je hiermee heb aangedaan.' Ik had zo erg met hem te doen dat ik tegen hem zei: 'Het is al goed, ik zal niet boos op je zijn.' Daarop gaf hij mij heel zachtjes een kusje op mijn wangen, hij zei: 'Ik ga zo dood, soldaat. Beloof je me dat je zult gillen, ook al doen ze je papa pijn? Ze hebben hem hard nodig, dus ze zullen hem heus niet vermoorden, alleen maar een beetje pijn doen. En vergeet niet, Mocienne: jij bent een...?' Ik fluisterde in zijn oor: 'Ik ben nu een soldaat. Hoe heet jij?' Hij antwoordde: 'Ik heet Sam.' Hij hield mij nog even vast en dat vond ik prettig. Zijn kinderen zouden dat niet meer kunnen doen.

Al was ik nog maar klein, ik besefte heel goed dat Sam mijn papa had kunnen zijn die ze nu ieder ogenblik konden vermoorden, en dus kroop ik ontspannen tegen hem aan. Ik was dan wel niet zijn kind, maar omdat hij het op zo'n mooie manier met mij had goedgemaakt, was ik niet langer boos en in stilte biggelden er tranen over mijn wangen – ik begreep immers dat Sam dit niet had gewild. Zo klein als ik was besefte ik dat ik niet boos op hem mocht zijn want hij zou worden doodgemaakt en ik was verplicht ernaar te kijken. Ik wist niet of ze mij ook dood zouden maken. Het was fijn om nog heel even tegen Sam aan te liggen, iemand die mij geen pijn deed. Ik had naar zijn aan de stoel vastgebonden benen gekeken en mijn tranen vloeiden nu toch flink. Sam troostte mij en zei dat ik een soldaat moest zijn voor papa want ik was papa's land, en dat ik mocht gillen zodat ik bleef leven. Sam was niet bang voor de dood maar hij vond het wel heel erg dat hij geen afscheid van zijn kinderen kon nemen, en dat ik getuige moest zijn van zijn sterven. Hij had weliswaar te doen met Michael, maar hij had gezegd dat Michael zo sterk was als een soldaat, en dat ik er dus ook een moest zijn. Sam had mij stevig vastgehouden, ik was een beetje warm geworden vanbinnen – ik had het al erg lang koud gehad en het was net of hij dat wist. Het was fijn dat Sam mij een poosje had vastgehouden. Al was hij een vreemde voor mij, toch was hij vertrouwd omdat hij een papa was, net als die van mij.

De man die hem zou vermoorden was de hele tijd in de kamer gebleven, maar had niet alles gehoord. Hij griste mij hardhandig bij Sam vandaan en schatte in waar ik moest staan zodat ik het goed kon zien. Sam huilde niet meer, hij keek mij trots aan want ik was nu een soldaat, en hij zei: 'Vergeet niet wat je mij beloofd hebt.' Ik knikte. Daarop liep de man met een pistool naar hem toe en schoot hem door zijn hoofd. Het gillen volgde vanzelf, ik hoefde niets te doen.

Ik gilde het uit, heel hard, ik was buiten mijn lichaam, ik gilde, ik zag het bloed heel langzaam uit hem wegstromen, het druppelde op de grond. De moordenaar tilde me op en deed zijn handen voor mijn mond, waarna ik in zijn hand beet. Hij bloedde en de man schreeuwde om hulp. Daar kwam die enge dokter weer aanrennen met zijn spijt. Ik gilde en gilde, ik kreeg opnieuw een shot met de spuit en ik was weg. Sam was de eerste man die vermoord werd. Binnen achtenveertig uur zouden de vijf mensen die mij ontvoerd hadden, allemaal worden vermoord. Ik zou vijf keer in een kooi worden opgesloten in de dagen na mijn ontvoering – het was oktober 1984.

Toen ik eenmaal terug was uit Californië zou ik gedurende twee jaar alles herbeleven: alle moorden waarvan ik ooggetuige was geweest, zouden een onderdeel uitmaken van mijn dagelijks bestaan. Ook de verkrachtingen die ik had moeten ondergaan herbeleefde ik op pijnlijke wijze. Het zou veel van mij vergen om kalmte te bewaren, mijn privéleven te continueren en in zakelijk opzicht op de been te blijven. Ik had mijn onderneming op een zeer laag pitje gezet, ik had tijd nodig voor mezelf. De Raad van Toezicht binnen mijn onderneming Thuiszorg Ernestine was behulpzaam en ik nam geen opdrachten aan van mensen die binnen korte tijd zouden overlijden. Ik kon dat soort opdrachten onmogelijk aannemen, ik was daar absoluut niet toe in staat. Ook was ik nog altijd bezig met de dood van Michael – de verwerking ervan zou vier volle jaren in beslag nemen. Telkens weer moest ik tegen mezelf zeggen: nu ik dít allemaal heb overleefd, moet ik de dood van Michael ook kunnen overleven.

Toen ik in 2009 op weg was naar Neverland, voelde het heel normaal voor mij toen we over de weg reden. Ik zag de zee, en iets verderop een strandje. We reden over een berg, ik zag Michael en mij weer daar staan, ik kon mijn jeugd weer ruiken. Santa Barbara was altijd mijn thuis geweest, vanaf mijn babytijd tot mijn zevende levensjaar. Het was een grappig toeval dat mijn moeder ook Barbara heette. Hoe vaak had ik wel niet naar dit stuk weg gekeken! Mijn goede vriend reed veel te snel, ik zei tegen hem: 'Je moet minder hard rijden, je rijdt nu over een berg! Als je te hard rijdt vliegen we dadelijk nog uit de bocht.' Er moest hier inderdaad minder hard worden gereden want als men de weg niet kende had men niet echt het idee over een berg te rijden.

Het was dat we nu naar Neverland gingen, het speelgoedhuis van Michael, maar ik had zo naar mijn oude huis kunnen rijden als ik de kans had gekregen. We hadden echter geen tijd, en het was ook niet goed voor me geweest: Michael zou daar niet meer zijn. Neverland was nooit echt zijn thuis geweest, dat was in Santa Barbara, daar had hij echt gewoond, ook al woonden zijn kinderen in Neverland. Michael had ook zonder hen in Santa Barbara verbleven, in ons oude huis. Nu gingen we naar het huis waarvan ik nooit gehouden had, en waar hij een poppenkast had gemaakt voor zieke kinderen. Ik vond dat fantastisch van hem. Jammer genoeg was hij er tegenover de media nooit open over geweest dat het huis in feite een hotel was voor zieke kinderen. In dat geval waren ze misschien iets aardiger geweest, in plaats van te zeggen dat dit zijn wereld was en hij hier alles kon inhalen wat hij vroeger gemist had – dat was niet de Michael die ik kende.

De echte Michael was een man, een vader, een volwassene die met twee benen op de grond stond en graag dingen voor kinderen deed. Hij was niet zoals hij zich aan de media voordeed. Er kwam nooit iets anders uit zijn mond dan verhalen over zijn nare jeugd, of zijn nieuwe muziek, en later, ja heel kort, over zijn kinderen. Michael leek de pers wel te hebben gebrainwasht met zijn onzin over wie hij was. Dan hoorde ik hem zeggen: 'Ja, het doet wel pijn als ze me Wacko Jacko noemen.' Ik lachte me een ongeluk wanneer ik hoorde hoe zielig zijn fans hem vonden.

De echte Michael zoals ik hem kende, was keihard, dit soort zaken kon hem niets schelen: hij stapte er gewoon overheen, ging zijn eigen gang. De werkelijke Michael zag ik door de manier waarop hij in het kinderziekenhuis op bezoek was. Daar zag ik de liefdevolle man die mij als kind zo vaak had vastgehouden. Het was een van de weinige keren dat ik de Michael te zien kreeg die ik kende, Michael was dan echt even Michael, al was hij gekleed in zijn apenpakje als de King of Pop. Zoals hij naar de kinderen keek en hen vasthield was dit de mooiste en meest waarachtige Michael die ik kende. Het gaf altijd een goed gevoel te weten dat die persoon nog in hem leefde.

 We hadden wat albums van Michael in de auto. Ik kon niet veel van zijn muziek verdragen, alleen 'Thriller 25' uit 2008 en 'Invincible' uit 2001. Ik kon ook niet goed naar álle nummers luisteren, ik huilde op zeker moment onophoudelijk. Ik was gebroken, de wereld was in de rouw door Michaels dood en ik kon geen soldaat meer zijn, ik was mijn kracht aan het verliezen. Deze oorlog kon ik niet winnen. Ik voelde dat de mensen die ik vermoord had zien worden, heel dicht bij me waren, en dacht aan hen. Ik vroeg me het volgende af: weet jullie familie dat jullie zijn vermoord, weten ze eigenlijk wel hoe sterk jullie zijn geweest en hoe jullie mij hebben getroost om sterk te blijven? Heel geleidelijk begon ik na Michaels dood alle pijn weer te voelen. Ik voelde aan het litteken aan de rechterkant van mijn borst, waar ze mij met een mes hadden gestoken, om zeker te weten dat het allemaal echt was gebeurd, dat ik werkelijk ontvoerd was. Het was geen droom geweest, het had plaatsgevonden. Het lichamelijk letsel op mijn lichaam was een aandenken, zodat ik nooit zou denken dat het níet was gebeurd.

 Sams lieve woorden, het feit dat hij mij had vastgehouden alsof ik zijn dochter was, dat hij voor mij had gehuild om wat ze mij hadden aangedaan – dat alles had mij in leven gehouden. Ik had geleerd om te vergeven doordat mijn ontvoerders veel spijt hadden betoond over mijn ontvoering, en hadden gezegd dat ze wel bereid waren te sterven maar niet wilden dat ik moest toekijken. Ik had hierdoor ook geleerd en begrepen dat je vertrouwen in de mens moest hebben, anders had je helemaal niets. Sam had mij nooit willen ontvoeren, maar hij had geen keus gehad. Hij had zichzelf een slecht mens genoemd, maar terwijl hij mij zo vasthield en om mij huilde, vond ik hem helemaal niet slecht – ik begreep dat hij ertoe was gedwongen. Hij had van mij een soldaat gemaakt, een soldaat die zou blijven leven voor Michael, en nu was Michael dood. Ik wist gewoon niet meer hoe ik moest leven. Ik keek naar de mooie lucht en huilde om Sam, en om de andere vier die waren vermoord. Ik zei in mezelf: ik weet niet hoe ik sterk moet blijven, wat moet ik nu? Mijn papa is dood, ik heb alles voor niets gedaan. Hij is er niet meer om mij vast te houden.

Joseph van Sony Music had tegen mij gezegd: 'Als jij met je vader samen bent, en je wilt hem slaan, dan mag dat, hij zal je heus niet terugslaan.' Wat had ik Michael graag willen slaan, om zoveel redenen, en nu kreeg ik die kans nooit meer, hij was dood. Het enige dat mij ervan overtuigde dat Michael ook werkelijk Michael was, was dat hij mij gedurende de zaak rond zijn vermeende kindermisbruik door zijn bodyguard had laten beschermen. Maar wie zou mij beschermen nu hij dood was? Wie zou er voor mij opkomen als het ging om mijn ex Charat de Graaf? Zonder Michael had ik niemand. Ik was nu echt alleen op de wereld – een wereld waarin iedereen mij voor gek wilde verklaren omdat ik geen bestaansrecht zou hebben.

Een rijke vriend van mij die ik uit mijn jeugd kende, had bewaking ingezet en tegen mij gezegd dat ik met dit alles naar de rechter moest gaan om mijn leven veilig te stellen. Hij had ervoor gezorgd dat ik werd bewaakt, zodat ik hierdoorheen kon komen. Ik ging zowat dood zonder Michael, alles was voor niets geweest, vond ik. Waarom oud worden nu ze mij behandelden alsof ik knettergek was? Mijn leven was kapotgemaakt, evenals alles waar ik zo hard voor had gewerkt. Opnieuw voelde ik mij de gevangene van de maffia-clan van Katherine en Joe – en ik was de joker, nu Michael dood was. Katherine had nog flink wat openstaande rekeningen ten gevolge van maffiapraktijken dus volgens mij was het voor haar wel handig om de kinderen van Michael bij zich te nemen. Ze was bepaald geen domme vrouw, dat ze zijn kinderen, die ze bijna niet kende, in huis nam. Ik wilde niet ruziemaken over geld. Ik wist dat ze na verloop van tijd zelf haar ware monsterlijke gezicht wel aan de wereld zou laten zien, en hield me op de vlakte. Ik had ervaren dat de maffia vele ogen had, en dat ik slimmer moest zijn dan de maffia, slimmer dan ik als kind was geweest.

De afgelopen jaren had ik geleerd mezelf aan te pakken. Zo moest ik wat dingen afleren, en het leek wel of dat moest gebeuren zodat ik dit moment kon overleven. Ik moest een goed plan maken: wat niet en wat wel doen, en ik ging daaraan kapot. Ik dacht niet dat ik slim genoeg was om dit te kunnen overleven. En dan was er nog de hele wereld die mij te gronde zou richten.

Op weg naar Neverland dacht ik dat ik gek werd van dit alles. Mijn God, dit was nou juist wat ik mijn hele leven uit de weg had proberen te gaan, dat mensen zeiden dat ik gek was. Het litteken op mijn lichaam, Michaels bodyguard die mij beschermde, zijn liefde voor mij, alles raakte in het niets verloren. Ik verloor mezelf in mijn eigen wanhoop. Het voelde nog erger dan mijn eerste jaar in Nederland toen ik alles was kwijtgeraakt. Toen had ik tenminste nog de zekerheid dat Michael leefde, maar nu was dat niet meer zo, nu was ik alles kwijt.

Mijn goede vriend stopte de auto en had meer dan een halfuur nodig om me te vertellen dat ik de moeder was van Joshua Lynden, en dat hij mij nodig had, niet zonder mij kon leven. Ik voelde mij niet meer mijn eigen zelf, ik leek wel dood te gaan, en mijn vriend moest mij echt door elkaar schudden. Hij zei: 'Waag het niet te vergeten dat jij Joshua's alles bent, waag het niet!' Heel langzaam kwam ik weer bij, ik had een paniekaanval gehad, ik dacht opeens: ja, dat is waar ook! Mijn zoontje was op 6 juli tien jaar oud geworden. Ik had hem niet gebeld want ik wilde geen ruzie met mijn ex, ik dacht: als hij nog één keer iets zegt, dan vermoord ik die rotvent. Hij zal me vast te grazen nemen nu Michael dood is, zou ik dat wel kunnen overleven? Mijn goede vriend zei tegen mij: 'Jij overleeft alles! Elizabeth Taylor verwelkomt je zelfs in haar huis! Dat doet ze echt niet met iedereen, hoor. Jij bent Michaels dochter. Hij zou trots op je geweest zijn want je gaat nu naar zijn fans om met hen te praten. Dit wordt hun geluksdag: ze hebben de dochter van hun idool in hun midden maar ze weten het niet.'

Daar gingen we dan. Eerst bezochten we even het winkelcentrum in Santa Barbara. We waren verkeerd gereden omdat we – zo bleek later – een bord over het hoofd hadden gezien, en dus vroegen we de weg naar Neverland aan de eerste de beste politieagent die we tegenkwamen. We hadden niet in de gaten dat we iets fout hadden gedaan. Daardoor moet de stevig gebouwde motoragent hebben gedacht: wat is dat nou, ze doen iets fout en rijden vervolgens naar mij toe. We gingen met de auto achter hem staan en vroegen hoe we naar Neverland moesten rijden. Ik wist de naam van de straat niet eens en noemde mezelf de dochter van Michael! Als ik aan een wedstrijd had moeten deelnemen om te bewijzen dat ik een fan van Michael was zou ik het hebben verloren, omdat ik hem niet als mijn idool zag. En nu moesten we nota bene het adres van Michael aan de agent vragen! Hij gaf het ons en zei later: 'Jullie hebben een bord gemist. Ik zou jullie nu eigenlijk een bon moeten geven, maar dat doe ik maar niet. Waar komen jullie vandaan?' 'We komen uit Nederland,' zeiden we, en hij begon te lachen: 'Nederlanders die naar Neverland gaan!' Mijn vriend en ik moesten er ook om lachen: ja, het was best grappig, we kwamen uit Nederland en waren op weg naar Neverland! Die ene letter verschil had ik trouwens altijd al grappig gevonden.

Dit was de eerste keer dat ik ergens om kon lachen dat met Michael had te maken. Toen ik bij de familie Rietveld woonde moest ik van de school in een zangkoor. Ik was daar altijd woedend over omdat ik de hele tijd mee moest doen. Soms zeiden ze: 'Jij bent toch een Jackson? Dus zingen en dansen zit in je, mensen houden toch van de Jacksons? Ze vinden dat ze mooi kunnen zingen en dansen en vinden het fijn om dat te horen en te zien.' Voor het eerst was het werkelijk tot me doorgedrongen wat DNA was, en dat dat verderging dan uiterlijke kenmerken. Daarom werd ik door de school uitgebuit: mijn talent op muziek- en dansgebied zat nu eenmaal in mij. Ik had er tot dan toe nooit bij stilgestaan dat ik dat gemeen had met Michael. Dat besef begon pas te dagen toen ik na een schooldag kwaad thuiskwam omdat ik weer eens had moeten meedoen met een schoolvoorstelling. Alle anderen mochten kiezen of ze wel of niet meededen, maar ik kreeg die keus niet: ik was verplicht eraan deel te nemen want ik was een Jackson.

Op een gegeven moment dacht ik: als ik dan zo goed ben, moet ik er maar aan meewerken, en ik kan er alleen maar beter van worden. Ik dacht eraan dat Michael mij vast een goede zangeres vond, en ging auditie doen op de muziekschool in Deventer. De mensen daar waren geroerd door mijn talent. Ze hadden weinig begrip getoond voor het feit dat er door mijn adoptie-ouders niets met mijn talent was gedaan, al die jaren, en dus ging ik nu elke week naar de muziekschool. Ik kon alles zingen, maar ik wilde vooral graag nummers van Michael zingen. Ik moest weer beter Engels leren spreken. Ik scheen een natuurtalent te zijn. Dit was de eerste keer geweest dat ik had ontdekt dat ik iets kostbaars had, en was. Mijn adoptie-ouders Rietveld waren er niet bepaald blij mee geweest, maar ze gaven toe dat ik goed kon zingen en een muzikaal talent was. Ik leerde mijn verdriet in muziek om te zetten, het was mijn eerste stap geweest richting zelftherapie. Muziek bracht een ander gevoel voor het leven in mij tot stand. In diezelfde periode ging ik op dansles en op jazzballet, en met een stel oudere vrouwen begon ik ook aan judo en jiujitsu, in Terwolde waar we woonden. Ik ontdekte daardoor dat ik persoonlijke macht binnen mezelf kreeg, en erkenning dat ik een deel van Michael was.

Ook toen ik bij de familie Rietveld wegging ging dat door. In het jaar 2000 dacht ik: ik wil een baan bij Sony Music. Hoewel ik goed genoeg hadden ze op dat moment geen muziektalent nodig. In 2002 kwam ik bij Sony de rapper Nas tegen, en die was wel in mij geïnteresseerd: voor seks in zijn bed, zei hij. Ik bedankte voor de eer, ik wist niet wie hij was. Het was een knappe man, ja, maar hij was echt veel te wild voor mij. Ik was toen bij Sony in verband met iets dat te maken had met Michael. Ik dacht bij mezelf: die man lijkt wel gek om mij mee uit te vragen, maar tegelijkertijd voelde ik me vereerd dat hij mij een mooie vrouw vond, dus dat deed mij veel goed. Ik had geen idee wie ik voor me had totdat iemand van de beveiliging van Sony Music proestend van het lachen tegen me zei: 'Dat was Nas, een van de meest populaire rappers van dit moment!' De beveiligers lachten zich suf. Een van hen zei: 'Hij vond het echt heel erg dat jij niet met hem uit wilde, hij is het niet gewend dat een meisje nee tegen hem zegt.' Hij was inderdaad aantrekkelijk en sexy, maar zo wilde ik toch niet behandeld worden. Hij was te snel gegaan en lichamelijk te dicht bij mij gekomen, en daarbij had hij de pech dat ik niet goed met mannen kon omgaan en al twee jaar geen seks had gehad. Ik had besloten om gedurende lange tijd geen seks met een man te hebben. Zijn lichaam en zijn lichaamstaal hadden mij duidelijk gemaakt dat hij mij wilde. Bovendien was ik op zakenbezoek bij Sony Music, en niet om mannen te versieren.

De mensen van Sony Music hadden naar mijn muziek geluisterd en me gezegd dat ik maar een andere keer moest terugkomen. Ook had ik daar Jay Ellis ontmoet, de producer van het nummer 'I will survive', die wilde dat ik bij hem in New York kwam wonen. Hij zei dat hij een ster van mij zou maken, hij geloofde wél dat ik de dochter van Michael was. Hij had een advocaat die Michael kon bereiken. Hoewel ik deze man graag mocht, kon ik geen zaken met hem doen, Sony zei: 'Die man is ouderwets. Kom maar bij ons terug met een nieuwe demo, doe maar geen zaken met hem, hij biedt te weinig geld.'

Vervolgens ontmoette ik mensen die te maken hadden met Jay-Z en daar gebeurde het. Damon Dash en Jay-Z waren in die tijd goede vrienden, en hun vriend David, een geweldige man die mij in 2001 had gevonden, had nu opeens vernomen dat ik de dochter was van Michael – ik weet niet precies hoe hij daarachter was gekomen. Hij zei dat hij het mij kwalijk nam dat ik hem dat niet eerder had verteld en hij dat via Jay-Z had moeten vernemen. Hij zei: 'Het is gebruikelijk dat alle artiesten elkaars geheim kennen, en nu ik weet dat jij Michaels dochter bent, zeg ik je dat ik niet jouw loopjongen ben!' Hij was boos op mij omdat ik niets had verteld. Hierdoor dacht ik weer terug aan Michael en aan iets dat was voorgevallen.

Michael was die keer in New York om van Britney Spears een award in ontvangst te nemen. Sony had onze afspraak zodanig gepland dat ik er ook was. Het bleek dat David mijn demo aan Jay-Z wilde geven, en dat deze hem ook had gekregen. Zo had de zangeres Eve er ook een gekregen. Ze vond mij een goede zangeres, hoorde ik later, en voor mij was dat een eer want ik vind haar geweldig. Iop deze manier ontdekte ik dat Michael erachter zat: hij was bij Jay-Z geweest en had geïnformeerd naar nieuw talent voor zijn label. Jay-Z had gezegd: 'Dat meisje, Mocienne Petit Jackson, is wel heel goed.' Daarop had Michael aan Jay-Z gevraagd of hij met mij naar bed was geweest. Jay-Z was toen in lachen uitgebarsten omdat hij een dergelijke vraag van Michael, die in zijn studio zat, niet had verwacht. Jay-Z had ontkennend geantwoord, waarna Michael had gezegd: 'Goed dat je dat niet gedaan hebt, want dat meisje is mijn dochter.' Jay-Z had hem uitgelachen, en Michael had even met hem meegelachen. Hij had tegen Jay-Z gezegd: 'Mocienne is echt mijn dochter, hoor! Als je het waagt aan haar te zitten, dan doe ik je wat,' en hij was weggelopen. Jay-Z had Michael teruggehaald en hem mijn muziek laten horen. Michael had over mijn talent gezegd dat het er wel zat, maar dat ik nog niet goed genoeg was: ik moest meer oefenen en had mijn eigen stijl nog niet ontdekt. Hij wilde mijn manager wel worden als alles weer goed tussen ons was. Het kwam er dus op neer dat Jay-Z mij niet mocht hebben.

Toen ik dat hoorde was ik woedend geworden. Ik had Sony Music opgebeld en Michael voor vuile rat uitgemaakt. Al in 1997 had ik in Nederland een muziekcontract gekregen voor dansmuziek bij een Nederlandse maatschappij. Ik was er toen echter nog niet klaar voor geweest, en had dat laten gaan, dus ik wist wat ik waard was. En nu had Michael er een stokje voor gestoken. Ik hoorde ook dat hij Beyoncé Knowles niet aardig vond en mij uit haar buurt wilde houden:

omdat zij de vriendin was van Jay-Z zou ik geen kans krijgen, dacht hij. Daar zat natuurlijk wel wat in. Ik vond die vrouw ook niet prettig, ik had haar in 2001 in New York zien optreden tijdens de '30th Anniversary Concert Special' van Michael. Dus ik begreep zijn beweegredenen wel, maar ik moest toch huilen om de gemiste kans. Even had ik de macht die Michael over mij had, kunnen voelen, en dat was mij niet bevallen. Ik begon hem uit te schelden, of hij voor mij soms net zo'n manager zou worden als zijn vader indertijd voor hem was geweest, met de zweep in de aanslag. Dit alles deed hem niets.

Michael had ook een gesprek gevoerd met Jay Ellis, waarin hij hem vertelde dat hij mij niet kon krijgen – hij vond dat Jay te weinig bad. Toen Jay Ellis mij had gevraagd of ik met hem wilde trouwen, was Michael al helemaal woedend geworden. Ik had heel hard gelachen en tegen Jay gezegd: 'Je kent mij nog niet eens!' Hij bracht daartegen in: 'Jij bent heel bijzonder, dat vraag ik echt niet aan elke vrouw.' Ik zei: 'Je hebt nog nooit met mij gevreeën.' Hij zei: 'Ik ben de beste minnaar die je je kunt indenken!' We reden in zijn Mercedes-Benz, het allernieuwste model uit 2002, en hij voegde eraan toe: 'Jij weet niet hoe rijk ik ben, hè? Je weet niet wie ik ben, en wat ik allemaal doe.' Ik zei: 'Nee, dat klopt, dat weet ik niet.' Hij zei: 'Kijk, daarom wil ik met je trouwen, jij bent namelijk geen geldwolf. Ik weet het goed gemaakt: jij trouwt met mij, en ik maak jou beroemd, en dan kan je vader Michael niets meer beginnen. Je bent ook nog eens een volwassen vrouw.' Ik zei: 'Het spijt me, Jay, maar het antwoord is nee. En daar komt nog bij dat ik je niet geloof.' Hij verzekerde me dat hij over dit soort dingen geen grapjes maakte en zei dat ik er nog over na mocht denken. Ik lachte hem uit, en daar was hij niet blij mee. Wat dacht hij wel niet? Ik was niet zo'n idioot die alles zou doen om maar beroemd te worden. Ik had bovendien mijn zoon in Nederland. Hij zei dat ik die dan zou mogen meenemen. Het was zo absurd dat ik me een ongeluk lachte. Op zichzelf mocht ik Jay Ellis wel – hij was lekker vreemd op zijn eigen manier. Net als Michael was het een bijzondere man.

Ik was hem tegengekomen in New York. Hij had mij op een plein zien staan en was terug komen rijden om mij zijn kaartje te geven – hij had het verkeer zelfs even stopgezet. Hij reed in een oude stoere auto, hij had mij naar zijn auto toe geroepen en me meteen zijn kaartje gegeven – dat vond ik sowieso al stoer: alweer een man die interesse in mij had. Ik had beloofd hem te bellen, en dat deed ik dan ook. Hij had mij gevraagd in welk hotel ik zat, en dat had ik hem gezegd. Toen ik over dit avontuur aan Michaels mensen vertelde brak de hel daar los. Nadat ik weer terug was in Nederland zei Jay door de telefoon: 'Je krijgt alleen een platencontract als je met mij trouwt. Ik wil je hebben en op die manier heb ik ook geen last van het gedoe van Michael.' Ik werd heel boos en heb hem uit woede nog een tijdje gestalkt. Hij had wat naaktfoto's van mij gekregen en me dreigend verteld: 'Ik stuur ze naar de pers en dan zeg ik: deze vrouw hier is de dochter van Michael en zij stalkt mij!' Ik was vanaf mijn achttiende jaar al naaktmodel en had hem enkele foto's gegeven. Ik gaf iedereen van Sony Music een naaktfoto die er een wilde. Ik deed niet aan porno dus het was mij om het even. Ik had vernomen dat Michael ze ook mooi vond. Hij had er geen probleem mee, hij had die foto's van mensen van Sony gekocht, hoewel niet iedereen ze aan hem wilde verkopen. Ik had er hartelijk om moeten lachen.

Jay Ellis en ik zijn nu nog steeds kennissen. Na Michaels dood in 2009 had ik hem gebeld. Hij vertelde mij hoe New York met zijn verlies omging, en dat hij daardoor niet meer aan Michaels muziek kon komen: de winkels waren leeggekocht. Ik had hem in 2007 voor de laatste keer gezien. Het was fijn geweest. Hij had het zwaar met zijn gezondheid, dat was echt aan hem te zien geweest, maar verder ging het wel goed met hem. Het is prettig om te weten dat hij een verre goede kennis is, voor altijd. Jay vond het heel erg voor mij dat Michael was overleden, en hoewel hij erg veel respect voor hem had, vond hij de hele situatie voor mij zeker niet rooskleurig, dit in verband met mijn tergende onzekerheid of hij nu wel of niet mijn vader was. Jay zal mij altijd dierbaar blijven en we hebben nog steeds contact met elkaar.

Ik zou hier in Californië, in Santa Barbara, voor de eerste keer Michaels fans ontmoeten, die uit alle hoeken van de wereld waren gekomen om Michael bij Neverland te eren. Ik hoefde niet bang te zijn dat iemand zou mij herkennen, ik was anoniem, ik had mijn witte jurk aan. Vreemd genoeg bleek ik toch wel op te vallen in het wit. Ik was te netjes gekleed en had daar geen rekening mee gehouden, dus heel veel mensen namen die dag foto's van mij. Dat was wel even wennen, ik kon het ook niet verhinderen. Ik had er absoluut niet bij stilgestaan dat ze dat zouden doen, en daar stond ik dan. Ik moest een paniekaanval onderdrukken.

Ik was jaloers op Michaels fans, het was voor hen zo simpel: ze hielden van deze man om zijn muziek en omdat ze hem sexy vonden, en hij zorgde voor spanning in hun leven. Was het voor mij maar zo eenvoudig, dacht ik. Ik was eigenlijk nooit een fan van hem geweest op de manier zoals zijn fans van hem hielden, en ik dacht: als dit Michael niet was hoe zou ik mij dán voelen? Ik kon me daar geen voorstelling van maken. Omdat Michael in de afgelopen jaren keer op keer zijn gezicht had laten veranderen, had ik oude foto's van hem nodig om te kunnen blijven beseffen dat hij Michael was. Hij was er na vijfentwintig jaar heel anders uit gaan zien: zijn lichaam was mannelijker geworden, zijn schouders breder en hij was gespierder. Ook al had ik geen seksuele gevoelens voor hem, ik kon wel begrijpen dat zijn lichaam heel sexy was voor veel vrouwen – ik had een sexy vader. Ik vond het mooi hoe eenvoudig het voor hen was: Michael was gewoon hun god. Ik was jaloers op dat simpele gevoel dat ze voor hem hadden, en ik wilde dat dat voor mij ook zo kon zijn, maar dat was het nu eenmaal niet.

Als ik de fans zou vertellen over 'mijn' Michael, zou geen sterveling me geloven. Ik zou door de meesten van hen aan het spreekwoordelijke kruis worden genageld want hun god Michael zou niet aansluiten bij de Michael die ik als zodanig kende. Deze man had mijn leven zodanig beïnvloed dat ik er niets meer van begreep, alles was verwarrend. Er waren zoveel verhalen die twee kanten van de waarheid belichtten, en weer andere waarbij dat niet het geval was.

Ik stond daar. De fans hadden vol liefde kaarten voor Michael neergelegd, maar ik kon hun liefde niet voelen, het was allemaal te ver weg voor mij. Ik kon op die manier onmogelijk van een artiest houden. Michael had bewezen dat hij geen spook was geweest in mijn leven, maar nu zou alles anders worden. Nu was het een kwestie geworden van praten, of er voor altijd het zwijgen toe doen tegen de wereld. In stilte durven leven, of het risico nemen dat ik vermoord zou worden, door het mij bekende als de waarheid op tafel te leggen. Ik keek naar Michaels fans en besefte dat ze mij kapot zouden maken als ik het beeld dat ze van hun Michael hadden, teniet zou doen.

Vanaf 2003 had ik voor Michaels team van Sony Music foto's moeten maken van zijn hardcore fans, die ik doodeng vond. Er waren mensen bij die Michael overal ter wereld achterna reisden. Omwille van de beveiliging moest ik die foto's van hen maken, ik moest me zelf voordoen als een fan. Ze zouden in Hilversum zijn waar ik woonde, en ook in Baarn. Ik was doodsbang geweest. Als zij wisten wie ik was zouden deze fans mijn bestaan vervloeken zolang er geen DNA-test als bewijs was. Ik was mij hier allemaal zeer goed van bewust terwijl ik me in het hol van de leeuw bevond, op Neverland.

Op een gegeven ogenblik gebeurde er iets – ik weet niet meer precies wat – maar ik botste daardoor per ongeluk tegen een fan aan die een hoop attributen van Michael bij zich had. Door die botsing waren haar kostbaarheden bijna op de grond gevallen. Hoewel ik sorry zei, ging ze behoorlijk tegen mij tekeer, en ik werd woedend, ik gilde tegen haar: 'Godverdomme, je moet niet zo tegen mij tekeergaan! Ik liep toch niet expres tegen je spullen aan?' Ook had ik haar toegevoegd: 'Hou je kop! Hoe durf je zo tegen mij te schreeuwen! Je bent godverdomme veel te hebzuchtig met al die troep! Ik heb toch al sorry tegen je gezegd? Ik wil niet dat je nog tegen mij praat.'
'

De politiemannen die daar rondliepen kwamen naar ons toe omdat ze ons hoorden schelden. Ze zeiden tegen ons dat we allebei verwijderd zouden worden als we ons niet gedeisd hielden. Toen werd ik helemaal woedend, ik zei: 'Godverdomme, ook dat nog, ik kan niet eens naar de plek komen kijken waar mijn eigen oom ligt!' De politiemannen keken mij aan, en op de een of andere manier geloofden ze wat ik zei, waarschijnlijk omdat ik er te netjes uitzag voor een fan. Mijn vriend ging met de agenten praten. Ik kon niet goed horen wat ze zeiden, maar ik gilde: 'Niemand van jullie hier moet het lef hebben mij te bedreigen want dan sla ik jullie in elkaar!' Daarop zeiden de politieagenten sussend: 'Blijf maar liever weg bij de winkeltjes. Ze zijn daar druk bezig met hun handel, en u geeft toch niets om die snuisterijen.' Ik zei: 'Nee, inderdaad, daar geef ik niks om.' Lachend en huilend tegelijk liep ik weg.

Nadat ik mijn schoenen had uitgetrokken rende ik hard weg in mijn witte jurk – ik was gespannen en moest echt even ver weg zijn van Michaels fans. Zij zouden gewoon doorgaan met hun leven, maar ik zou niet meer weten hoe ik nu verder moest, ik stond er geheel alleen voor, Michael was voorgoed weg. Als kind had ik nooit van Neverland gehouden (het heette toen trouwens nog niet zo) – het leek wel of ik alles had voorvoeld. Nu was Michael dood, en dit was nog niet eens het huis dat hij had liefgehad. Dit was niet het huis uit mijn jeugd, dit hoorde bij de poppenkast van de King of Pop.

Ik vroeg me zelfs af of ik in 1984 niet beter dood had kunnen gaan. Ik vroeg aan God waarom hij mij had laten leven. Mijn hele leven had ik aan joggen gedaan en ik rende nu als het ware mijn boosheid weg. Ik was bijna bij de weg aangekomen. Mijn goede vriend was achter me aan gelopen en ik zag hem van heel ver. Ik kon hier naar de bergen kijken en genoot daarvan. Ik wilde dat Michael hier bij me was, ik wist echt niet of ik zonder hem kon leven, ik voelde me verloren en wist niet meer hoe ik verder moest. Michael was nu de achtste persoon die de maffia had vermoord, maar ze gaven de dokter de schuld. Ik kon niet geloven dat hij dat op zijn geweten had. Hoe zou ik nu ooit nog vertrouwen kunnen hebben in dokters? Ik werkte samen met die beroepsgroep!

Hier kon ik mijn tranen eindelijk de vrije loop laten, niemand die mij hoorde. Ik had nooit van deze plek gehouden, maar later had ik begrepen waarom mijn vader het landgoed had gekocht: het was voor zieke kinderen geweest. Zelf was ik gedurende mijn hele kindertijd ziek, en hij was altijd zo lief voor mij geweest. Ik moest erom huilen, Michael zou mij nooit meer aanraken. Het was vijfentwintig jaar geleden, rond mijn laatste verjaardag met hem in 1984, dat hij mij had vastgehouden. Hij had niet bij mij willen weggaan, maar hij moest, hij had geen keus. Ik was toen negen jaar oud geworden. Hij had huilend gezegd: 'Als ik weer terug ben neem ik jou mee naar Amerika en dan gaan we eerst even dag zeggen in Cap-Haïtien.' Ik wist dat de geboortedatum in mijn paspoort niet klopte: ik was niet op 15 november geboren, maar eerder. Dit was dus ook de reden geweest dat ik al mijn hele leven mijn verjaardag niet wilde vieren, want ik wist dat de datum niet klopte. Ik huilde omdat Michael niet had mogen weggaan, en tegelijkertijd was ik ook woest op hem: ik vervloekte hem dat hij was doodgegaan. Ik zei tegen de hemel: 'God, ik hou niet meer van jou, jij bent niet langer mijn vriend,' en ik praatte tegen Michael, al was hij dood. Ik wilde dit tegen hem gezegd hebben, ik was verloren, net als toen die mensen vermoord waren, ik voelde nu precies hetzelfde. Hoewel zij niet Michael waren, was de pijn hetzelfde: ze waren eveneens vermoord. Ik had altijd al geweten dat Michael vermoord zou worden, ik had het zo vaak tegen de mensen van Sony Music gezegd, en nu was het gebeurd. Ik vroeg me zelfs af wanneer ik aan de beurt zou zijn, en zwoer God dat ik niet bang was voor de dood, en dat Hij mij ook mocht hebben. Ik vervloekte Hem dat ik nog leefde, en waar Hij het lef vandaan had gehaald Michael van mij af te nemen.

Ik liep terug naar mijn goede vriend, klaar om weg te gaan, weg van Neverland. Het heet 'Nooitland' in het Nederlands en dat was het ook – Nooitland had nooit iets bijgedragen tot Michaels geluk. Als het ooit van mij zou zijn dan zou ik allereerst die waardeloze naam veranderen. Dit stomme oord had Michael geen geluk gebracht, het had hem alleen maar ellende bezorgd en nu stonden zijn fans bij dat ellendige huis, waar aan het einde van Michaels leven en in 1993 allemaal nare dingen waren gebeurd. Waarom was ik er dan naartoe gegaan? Om Michael eerbetoon te brengen en te kijken wat zijn fans aan het doen waren. Het was een stomme zet van mij geweest want ik was alleen maar heel boos geworden. Ik zou nog een keer gaan, had ik afgesproken, en dit keer zou ik aardig zijn, mijn best doen me te gedragen zoals de fans, en erachter komen wie ze eigenlijk waren.

Michael hield van deze mensen, had veel respect voor hen, dus in dat opzicht kon ik het wel begrijpen – naar mijn mening waren al die vreemde mensen aardiger voor hem geweest dan zijn hele familie bij elkaar. Het was Michaels illusie die vervuld werd, zijn grootheidswaan werd door zijn fans bevestigd. Hij was daar de koning op de troon van illusies in hun wereld, het was allemaal echt voor hem geworden. Ik haatte die wereld en Michaels sterallures. Hij kon zich daarin goddelijk voelen, hij werd vereerd. Ik wist dat hij al vanaf zijn elfde niets anders gewend was geweest, het was een deel van zijn leven geworden, waarvan hij hield en dat hij tegelijkertijd haatte.

Michael had zichzelf in verschillende persoonlijkheden opgedeeld, en in een ervan was ik de nar in het verhaal, omdat ik voor de buitenwereld – zoals zijn fans – niet bestond, niet kón bestaan, en dat gold ook voor de liefde en de geilheid die hij als man nu eenmaal had. Dat Michael verliefd werd op Barbara Ross paste niet in het plaatje, wel dat hij verliefd was op Diana Ross – wat hij overigens nooit echt was geweest, in weerwil van Michaels leugens naar de pers toe. Hij hield het meest van haar, zij was zijn onvoorwaardelijke hartsvriendin, en er was niemand op de wereld die meer om hem gaf dan Diana Ross. Zijzelf had Michael wel als haar man, als geliefde gewild, maar ze wist dat Michael dat niet wilde. Ze had zich erbij neergelegd, maar hem nooit verlaten, al waren er tijden geweest dat ze minder contact met elkaar hadden. Dit alles had haar tot de vrouw van zijn leven gemaakt.

De fantasie ging niet verder dan wat Michael zijn fans wilde doen geloven, in combinatie met hun eigen wilde dromen. Mij had Michael ook een loer gedraaid toen hij mij had doen geloven dat mijn moeder dood was, en dat hij maar een heel gewoon mannetje was. Hij had mij nooit verteld dat hij een wereldster was die over de hele wereld werd aanbeden, laat staan dat hij schatrijk was. Dat was toen ik een mes tegen mijn borst kreeg en hem aan de telefoon had, tijdens mijn ontvoering. Hij had mij van alles wijsgemaakt, en ik geloofde hem, net zoals hij zijn fans van alles over zijn leven had doen geloven. Michael was een aartsleugenaar, en ik vermoed dat mensen zoals van de maffia die eigenschap van hem haatten. Hij was hierdoor chantabel omdat hij zaken had te verbergen. De maffia had hem met van alles en nog wat kunnen chanteren, maar ze kozen kindermisbruik. Volgens mij deden ze dat omdat dit hem het meest pijn deed: hij was mij kwijtgeraakt en ik hem, en dat komt ook neer op kindermisbruik. Erger hadden ze Michael niet kunnen treffen: hij werd beschuldigd van kindermisbruik terwijl zijn eigen kind was ontvoerd en misbruikt, en dit keer werd híj tot dader gebombardeerd, niet degenen die mij bij hem hadden weggerukt!

De volgende dag gingen we naar het ouderlijk huis van de familie Jackson. Na vijfentwintig jaar kende ik de straten nog steeds zo goed dat ik mijn vriend zonder meer aanwijzingen kon geven hoe hij moest rijden. Ik had dat wel een beetje eng gevonden maar het was gewoon zo, de informatie was nooit uit mijn hersenen verdwenen. Terwijl we daar waren vroeg men wat ik van de dood van Michael vond. De video-opname die hiervan was gemaakt zou aan de Jacksons worden gegeven en op hun site worden gezet. Ik had iets grofs gezegd, namelijk dat ik het heel erg vond dat Michael dood was en de schuld van zijn dood méde bij de Jacksons legde.

En daar liep ik dan. Ik ging in mijn gedachten terug naar de tijd dat ik klein was. Op een avond had ik wat met mijn nanny gewandeld, naar de mensen gekeken die mij passeerden. Er waren allemaal bochtjes in de weg, en ik moest altijd bij elk bochtje blijven staan totdat mijn nanny weer vlak bij mij was. Soms zat ik op mijn driewieler, soms was ik alleen aan het rennen – zo deed ik dat ook altijd wanneer ik samen met Michael was. Avondwandelingen had ik als kind heel spannend gevonden. Na een tijdje kwam ik bij de mij zo bekende Petit Blv. – die naam zou ervoor zorgen dat ik altijd mijn weg naar huis zou vinden: Petit, zoals in mijn naam, Petit Jackson.

Enico had mij toch al nooit blij kunnen maken, nu dus evenmin: er was niets veranderd zoals ik kon zien. Wel waren de straten opnieuw aangelegd en er waren wat grote oude bomen weggehaald. De straat was ook leger dan ik mij kon herinneren, maar meer verschillen met toen kon ik niet ontdekken. Er hadden altijd al veel huizen gestaan, en het was te lang geleden voor mij om die nu te herkennen, maar de straten wist ik nog wel. Al gaf ik niets om de Jacksons, toch wenste ik dat dit huis altijd in de familie zou blijven. Alle kinderen Jackson waren hier ooit begonnen. Ik had nooit van dit huis gehouden, maar ik begreep hoe belangrijk het was.

Na dit bezoek ging ik nog één keer terug naar Neverland, maakte daar wat foto's voor Elizabeth Taylor en keerde ten slotte terug naar Nederland.

Op 4 september 2009 werd Michael pas begraven. Dat vond ik werkelijk een schande en niet getuigen van enig respect: het was ruim twee en een halve maand na zijn dood. Ook al was men in Amerika vrij om de datum van begraven zelf te bepalen, ik vond het respectloos jegens mijn overleden vader. Ik vond dat er een zekere vernedering van uitging: vernedering van de mens die Michael ooit was geweest. Het was iets dat ik de familie Jackson nooit zal vergeven. Dit had nooit mogen gebeuren. Het maakte mij geestelijk kapot dat het dode lichaam van Michael niet onder de grond lag zoals het in deze samenleving hoorde: een dode hoorde je snel te begraven, en niet pas meer dan twee maanden na zijn dood. Opnieuw was het een en al poppenkast wat de Jacksons ervan maakten, en ik haatte hen daarom. Al zou Michael niet opeens uit de dood zijn opgestaan, ik wilde gewoon horen: 'Ja, hij is begraven.' Misschien hadden de Jacksons hem privé allang begraven, en was dit nog hun laatste show met het lijk van Michael. Ik was zo woedend, ik zag hen werkelijk tot alles in staat. Maar gesteld dat ze het inderdaad zo hadden gedaan, dan nog vond ik het niet van enig respect getuigen om na zo'n lange tijd nog met een overledene te sjouwen. De waarheid zullen we nooit achterhalen, alleen de familie zelf heeft daar weet van.

Hoe het ook zij, ruim twee en een halve maand na Michaels dood maakte dit mij nog altijd ziek. Het was 4 september 2009. Ik had mijn website gemaakt en besloten naar de rechter te gaan. Ik had iemand van de rechtbank aan de telefoon gehad. Deze man had aan mij gevraagd: 'Waarom ben je hier niet eerder mee gekomen?' Ik had een open brief naar Californië gestuurd om aldaar een advocaat te vinden. Veel succes had ik niet, en als ik al iets bereikte, dan waren de contracten te belachelijk voor woorden. Op een gegeven moment besefte ik dat ik niemand zou kunnen vinden die de strijd met John Branca wilde aangaan zonder mij kaal te plukken. Michael was al jaren met hoge rekeningen bestookt, dus uiteindelijk besloot ik maar geen advocaat te nemen, en de zaak in eigen hand te nemen.

In 2009 kwamen er wat e-mails binnen met verwijten dat ik gek was, en hoe ik het in mijn hoofd had gehaald om op mijn website een foto te plaatsen van mijn zoon, en Katherine te beschuldigen van ontvoering. Katherine zelf gaf geen kik. Ik begreep dat wel, ik dacht de hele tijd: als mijn oma niet schuldig is aan wat mij is aangedaan, dan schrijft ze mij een brief dat ze het niet pikt. Het bleef echter muisstil. Mijn wereld stortte dat jaar in. Mijn ex was intussen weer volop aan de drugs en de drank. Nu Michael dood was had hij niets meer van hem te vrezen, en na een ruzie over zijn verslavingen kreeg ik mijn kind eind 2009 niet te zien. Wederom zaten de medewerksters van de Raad voor de Kinderbescherming met de handen over elkaar. Zij waren met deze man naar bed geweest zodat hij hen bereid had gevonden om negatieve rapporten over mij te schrijven, waardoor de rechtbank mij als zwarte vrouw ongezeglijk achtte. In 2010 stond ik opnieuw voor de rechter in Amsterdam.

Toen ik daar toevallig met een paar donkere vrouwen op de wc was, raakten we met elkaar in gesprek, en daar kreeg ik de bevestiging dat zij hetzelfde behandeld werden als ik. Ik was blij met dat gesprek, nu wist ik zeker dat er echt sprake was van racisme binnen de samenwerking van de Amsterdamse en de Utrechtse rechtbank. Het was belangrijk voor hen om kinderen met gemengd bloed (zoals mijn zoon) in Nederland te houden, zodat ze Nederlanders kon blijven en de donkere moeders er niet met hen vandoor konden gaan. Het was goed om te weten hoe een en ander in elkaar zat, en dat ik mijn zoon voorgoed kwijt was. Ze gaven niets om mijn kind, ze dachten alleen aan wat goed was voor mensen die hun eigen huidskleur hadden. Ik ging vaker naar de rechter in verband met de zaak van mijn kind.

Het bewijs dat ik zocht had ik nu in handen: de Nederlandse rechtbank haat zwarte mensen en is in mijn geval zeker harteloos geweest. Als je een blanke vrouw bent, heb je meer kans dat je bij hen iets voor elkaar krijgt als het om je kinderen gaat, maar als zwarte vrouw heb je al verloren zodra je in de rechtszaal staat.

Mijn ex Charat kon doorgaan met zijn minne gedrag. Omwille van Joshua's welzijn weigerde ik de zorg voor hem op te geven, en ik betaalde alles wat hij nodig had. Mijn ex was kwaad dat ik het voor elkaar had gekregen zijn gezag in een slecht daglicht te plaatsen. Alles wat ik voor Joshua wilde bewerkstelligen, gebeurde. Ik zorgde ervoor dat er genoeg steun was om zijn belangen op school te behartigen, en dat gold ook voor therapie: in 2007 wilde ik al dat Joshua in therapie ging en dat lukte in 2009. Charat was woedend op mij want hij vond het onzin. Ik wilde dat er toezicht op mijn zoon was, dat er geen vrouwen om hem heen waren die hem wilden misbruiken.

Toen Joshua daadwerkelijk in therapie ging was ik dolblij. Charat had mij al te grazen genomen vanwege het feit dat ik dacht dat Michael mijn vader was, en hij had daarvan genoten. Het was welletjes geweest! Medewerkers van een andere instelling hadden al snel in de gaten dat ik een moeder was die van haar kind hield. Ze begrepen niet dat zó'n man was aangewezen om Joshua op te voeden. Er werd besloten dat hij een opvoedcursus zou volgen. Bij hem bleef alles altijd onder de maat, zijn ouderlijk gezag stelde dan ook niet veel meer voor dan dat hij mijn zoon onderdak gaf. Als mijn ex bijvoorbeeld met zijn handen in zijn haar zat omdat Joshua op school brandwonden aan zijn voeten had opgelopen, belde hij mij op om advies. Ik loste alle problemen op waar hij geen raad mee wist. Dit ging allemaal zo om het welzijn van mijn kind te waarborgen. Algauw kreeg men in de gaten wie Charat was en wie ik was. Niemand vond mij een slechte moeder. Mensen hadden een hekel aan Charat de Graaf gekregen. Dat was niet leuk voor Joshua: op deze manier waren er maar weinig kinderen die na school bij hem wilden spelen. Ze vroegen zelfs aan mij waarom de vader van Joshua niet aardig was, ik kon dan mijn lachen nauwelijks inhouden. De eerlijkheid van die kinderen verbaasde mij ook. Vaak vroegen ze aan mij: 'Hoe kan dat nou? Joshua is zo leuk maar zijn vader helemaal niet!' Ik zei altijd maar dat ik het niet wist. Ik ging die kinderen toch niet lastigvallen met verhalen over mijn ex?

Nu is Charat op zichzelf teruggeworpen, alleen op de wereld, zijn vrienden hebben hem verlaten. Hij kan dan nog zoveel 'vrienden' op Facebook hebben, – mensen die hem 'kennen', er is er niet één die een échte vriend van hem is. Na wat hij met mij en Joshua heeft gedaan, heeft iedereen hem laten vallen. In 2009 had ik besloten mij door deze man niet gek te laten maken, maar ik ging wel een dubbel rouwproces in, omdat ik mijn kind opeens niet meer kon zien en Michael dood was.

In september 2009 kwam ik in contact met een heel bijzondere vrouw. Ze heette Yvonne en werd mijn engel. We waren penvriendinnen geworden en voor de eerste keer in mijn leven begon ik het voorzichtig over mijn tijd op Haïti te hebben. Zelfs met mijn therapeuten had ik het daar nooit over gehad. Ik had nooit de kans gehad om vrijuit te praten over mijn tijd met Michael. Yvonne bleef vier jaar in mijn leven. Zij is dan ook mijn inspiratiebron geweest voor dit boek. Hoe vaak had ik niet gezegd dat ik nooit een boek wilde schrijven, hoeveel redenen had ik wel niet opgesomd waarom ik er niet aan begon! Uiteindelijk is het tóch gebeurd. Heel langzaam is dat proces in mij op gang gekomen, zonder dat ik me daarvan bewust was. Dit was nadat Yvonne was gestopt met schrijven. Ik weet niet waarom dat zo was, maar ik ben haar dankbaar voor alles wat ze voor me heeft gedaan. Ze heeft me met vele lieve woorden door die vier jaar heen geloodst, en nooit geoordeeld dat mijn gedachten op fantasie berustten. We hebben elkaar nooit ontmoet, en ik zou dus ook nooit weten wie ze nou echt was, maar ik wist zeker dat ze geweldig was.

In 2009 dacht ik niet dat ik alle ellende rond Michaels dood zou overleven. Ik stortte dan ook in. Zelfs mijn eigen dokter wilde me laten opnemen, want ik was gebroken en kreeg last van van alles en nog wat. Er had ook een joodse dokter naar mij gekeken. Hij concludeerde dat de dood van Michael mij te zeer had aangegrepen. Ik kreeg weer last van mijn astma. Hij hielp mij, en stuurde een advocaat naar mijn huisarts – hij had het niet met mij persoonlijk besproken. Daarnaast had ik vrienden die zich over mij ontfermden. Een verpleegkundige zorgde voor mij en de Raad van Toezicht nam de zaak van de onderneming over. Alles was onder controle, en ik moest nu de keus maken of ik al of niet wilde blijven leven. Ik koos uiteindelijk voor het eerste.

Precies op het juiste moment kwam Yvonne ten tonele. Het was alsof ze wist dat ik een moeder nodig had, een vrouw, een vreemde die net zoveel van Michael hield als ik en voor wie hij veel had betekend. Ik vond het heel bijzonder om alles over haar levensverhaal te vernemen, hoeveel God voor haar betekende en over de steun die ze aan de muziek van Michael had gehad. Zonder Yvonne had ik het niet overleefd: wie ze ook was, ze redde mijn leven en eiste van mij dat ik overeind bleef. Toen ik sterk genoeg was om weer zonder haar door te kunnen, is ze heel stilletjes weggegaan, zonder uitleg, zonder vaarwel. Het was goed zo.

In 2010 bestond mijn website al een tijdje, en ik zat in feite te wachten op een aanval van de Jacksons in verband met mijn beschuldigingen aan het adres van Katherine, maar er gebeurde helemaal niets. Ik nam contact op met de advocaat Howard Weitzman, die ik al sinds 1994 kende. Ik had hem ooit mijn kinderfotoboek gestuurd voor Michael, maar voor de rest was er geen contact tussen ons geweest. Ik sprak met hem aan de telefoon, en gaf te kennen dat ik een DNA-test wilde. Voor mij stond hij bekend als de advocaat van de maffia ofwel de duivels. Al had ik een hekel aan die man, ik moet eerlijk zeggen dat ik toch niet kon ontkennen dat hij een kundig advocaat was. Ik was hem diep in mijn hart altijd dankbaar geweest dat hij Michael in 1993 uit de klauwen van de maffia had gered en dat Michael zich had laten uitkopen. Dit had mij het gevoel gegeven dat Weitzman diep vanbinnen om mijn vader gaf, al was het maar een heel klein beetje.

Hoewel ik een absolute hekel had aan de advocaat John Branca, was zijn talent onmiskenbaar. De eerste keer dat ik hem zag, was op een foto van zijn bruiloft. Ik was toen nog jong, en ik vond het een knappe sexy man. Verder wist ik niets van hem. Michael en hij hadden samen iets bijzonders, en mede daardoor had ik veel respect voor zijn talent. Branca had een bepaalde koelheid over zich, ik vond dat aantrekkelijk. Hij had een gevaarlijke blik in zijn ogen, als een roofdier. Ik had nog nooit een blanke man gezien met zulke harde bruine ogen, ik vond het intrigerend zoals hij keek: een beetje harteloos, dat vond ik erotisch en heel spannend. Ik dacht bij mezelf: met zo'n man moet ik nooit trouwen, hij lijkt mij keihard. Wat ik zo mooi vond aan de foto die van John en Michael was genomen, was dat ze in bepaalde opzichten op elkaar leken. Michael kon zijn hardheid beter verbloemen dan John. Naast John was hij erg knap en samen oogden ze sexy. Ik had begrepen wat hun vriendschap inhield. Ik heb geen duidelijke herinneringen aan John Branca, ik kan dan ook niet met zekerheid zeggen dat ik hem als kind ooit heb ontmoet. Er heeft mij altijd iets aan hem tegengestaan waardoor ik het een enge man vind, hoewel ik daar geen bewijzen voor heb. Wel was ik ervan overtuigd dat het testament van Michael van geen kanten klopte. Ik geloofde er gewoon niet in, en dat is dan ook meteen het enige waarin ik me, samen met de familie Jackson en andere mensen in de wereld, kon vinden waar het om John Branca ging. Hij had zichzelf als advocaat financieel heel goed ingedekt en zich door Michaels talent behoorlijk verrijkt. Zakelijk gezien was hij een Einstein, zo uitgekookt was hij wel, ten koste van welke prijs dan ook. Die prijs: mijn rechten als erfgename van Michael. Het was dan ook in zijn belang dat ik nooit een DNA-test zou doen die zou kunnen bewijzen dat ik Michaels dochter was.

Ik denk dat John Branca wat dat aangaat een probleem had met Howard Weitzman, omdat deze toch iets meer om eerlijkheid gaf dan John. Op zijn kantoor noemden John Branca en de zijnen mij 'dat gekke wijf'. Mijn bestaan alleen al was te min voor hen. In 2010 had ik met Howard Weitzman gesproken, en hij bleek het een goed idee te vinden dat ik mijn verzoek om een DNA-test niet bij Katherine zou indienen maar bij de rechtbank. Katherine zou mij immers nooit haar zegen geven, zei hij. Dat had hij eerder meegemaakt, waarbij het ging om een jongen die beweerde Michaels zoon te zijn. We hadden erom gelachen. Katherine had mijn website gezien en maakte zich dus duidelijk geen zorgen. Kort daarna moest ik mijn zaak bij de rechtbank indienen – ik was doodsbang geweest.

Na mijn gesprek met Howard Weitzman kreeg ik TMZ, een roddelsite, op mijn dak. Hij bleek aan zijn goede vriend Harvey Levan te hebben gevraagd of deze over mij wilde schrijven. Voordat ik het wist had ik de wereldmedia over me heen gekregen, met de nodige scheldkanonnades en al. Dat was blijkbaar wat de heren rond de nalatenschap van Michael hadden gewild: dat ik tot op het bot vernederd zou worden. Nu hadden ze dan hun zin, de zaak moest voorkomen. Ik vloog alleen naar New York, ik had besloten geen interviews aan de media te geven. Dit was geen freakshow, dit ging over mijn leven – een leven dat de meeste mensen niet een-twee-drie konden begrijpen. TMZ achtervolgde mij en bood me zelfs geld aan! Wat kon dat geld mij schelen, TMZ had de omzet van mijn onderneming platgelegd en ik had ook last gekregen van de Nederlands pers. Ik was hier zeer ontevreden over, en omdat ik niet wilde dat het allemaal tot een freakshow zou verworden, sleepte ik TMZ meteen voor de rechter. Ik wilde dat ze verder over mij zouden zwijgen. Geen enkele media-organisatie hield van rechtszaken, en ik was ook al niet beroemd dus ze moesten er het zwijgen toe doen. Hoewel ik verloor had ik mijn doel bereikt: ze stopten met schrijven over mij, zodat ik mijn rechtszaken in stilte kon voortzetten. De vrouw die door Michael mijn moeder was genoemd, ontkende dat ze hem ooit had ontmoet, en verscheen zelfs op de Nederlandse televisie: Barbara Ross-Lee. Diana Ross hield zich muisstil, zij zei al die tijd niets over de dood van Michael. Het nieuws over de familie Jackson ging vierentwintig uur per etmaal door, en zij leek ervan te genieten.

Zoals ik al had gedacht werden de kinderen van Michael in de schijnwerpers gezet, ik vond dat ze maar weinig gelegenheid hadden om in de privésfeer om het verlies van hun vader te rouwen. Ik had Yvonne al verteld wat de Jacksons wel niet zouden doen, en vaak was mijn penvriendin het met mij eens geweest. Het was heel fijn om daar met iemand over van gedachten te kunnen wisselen. Ik had met de kinderen te doen. Als er in die tijd een DNA-test had kunnen plaatsvinden waaruit was gebleken dat ik echt Michaels dochter was, dan had ik graag de voogdij over de kinderen willen hebben, maar zonder medeweten van de wereldmedia, die ik over me heen had gekregen. Er was geen sprake van genade, zelfs niet na Michaels dood. In 2010 begon ik aan een ander soort rouw. Ik was boos, heel boos over hetgeen Michael in zijn leven had moeten doorstaan. Al die mensen die er nooit echt voor hem waren geweest, zaten nu over hem te praten alsof hij hun beste vriend was geweest. Al zijn geheimen, bijvoorbeeld wat Michael lekker of niet lekker had gevonden, kwamen naar buiten, niets bleef privé. Alleen zijn waarachtige vrienden bleven stil, en dat vond ik mooi.

Ik was naar de FBI gegaan, maar algauw was ik daar weer weg want ik vond het engerds. Zodoende kwam ik bij de LAPD [de politie van Los Angeles] terecht. Daar ontmoette ik een aardige vrouw, en mijn verleden begon weer boven te komen. Alles kwam bij elkaar, ik sliep bijna niet meer. Mijn dierbare penvriendin had dat in de gaten gekregen omdat ze e-mails van mij ontving op tijden waarop men normaal gesproken slaapt. Ze woonde in Amerika dus aan het tijdsverschil had ze gezien dat ik bijna niet slaap. De LAPD-agent vond het niet erg dat ik op haar antwoordapparaat mijn zegje deed. De LAPD stond in contact met de FBI en daar scheen men genoeg te weten over de Jacksons. Er werd mij verteld dat ik moest doorgaan met de rechtszaken, want dat was de enige manier om een DNA-test te krijgen. Als dat zou lukken en er inderdaad zou blijken dat Michael mijn vader was, ondanks het feit dat de zaak was verjaard, dan was er nog steeds hoop. Het was te laat om Katherine na vijfentwintig jaar nog aan te klagen – ze konden haar niets doen. Als echter het onomstotelijke bewijs via zo'n test was geleverd, zouden ze alsnog kunnen zien of er achteraf iets aan de zaak te doen viel.

Opnieuw doorleefde ik mijn trauma van de kidnapping, de beelden waren nu levender dan ooit. Opeens konden mijn hersens alles verstaan wat er was gezegd, en er was meer informatie bij gekomen. Het waren drie mannen en twee vrouwen geweest. De vrouwen waren verdronken terwijl ik tot aan mijn knieën in het water moest staan, de mannen kregen een kogel door hun hoofd terwijl ik machteloos moest toekijken. Bij de eerste executie had ik gegild, bij de overige was ik doodstil geweest. Mijn ene arm leek wel zwaar gekneusd omdat ik hard met een stok was geslagen. Ik was al een keer eerder geslagen door mijn oom, toen had ik riemsporen op mijn rug gehad, maar ik had nog nooit een paarse arm opgelopen.

Bij de twee andere moorden was ik gezeglijk geweest, ik had toegekeken. De arme man in kwestie was stilletjes geweest. Hij had niet gehuild, hij had alleen gezegd dat ik niet bang moest zijn, terwijl hij mij lief had aangekeken. Hij had aan zijn moordenaar gevraagd mij op afstand te houden, en ik was hard naar achteren geduwd, nadat de moordenaar eerst had gekeken of ik het allemaal wel goed kon zien vanuit de hoek waar hij mij in had geduwd. De moordenaar van de andere twee mannen was dezelfde man geweest, gekleed in een donkerblauw pak met daaronder een witte bloes. Hij had een dikke bos zwart haar, en was waarschijnlijk afkomstig uit Europa want hij had een andere kleur wit dan Amerikanen hebben. Hij was heel stevig gebouwd, en behoorlijk breed, maar niet dik. Mensen doodschieten deed hem blijkbaar niets, hij bleef er koud onder. Bij de tweede had hij mij meteen beetgepakt en de kamer uit gegooid. Zijn hand zat in een verband want ik had hem gebeten. Iemand had gezien dat hij mij op de grond smeet en een andere man had hem een paar klappen gegeven. Dit bleek weer die enge dokter te zijn, die niet zo groot en sterk was als hij, maar wel beter bleek te kunnen vechten. De dokter had mij opgetild en tegen de man gezegd: 'Als ze iets gebroken heeft maak ik je dood met mijn spuit!' Hij had hem intussen heel zachtjes in mijn arm gestoken. Dat viel me pas op toen hij hem er weer uit haalde en aan die man liet zien. Ik zakte weg.

Ik was helemaal doorgedraaid als gevolg van mijn traumatische stresssyndroom. De rechter had mijn zaak van 2010 niet slecht behandeld, maar ik was wel woedend geweest omdat er geen jurisdictie was om mijn zaak ter hand te nemen. Ik begreep er niets van, en diende hierover dus een klacht bij hem in. Hij stuurde mij een aardig briefje terug, en er volgde nog een zitting over de DNA-test. Met

Katherina Jackson kreeg ik die gewoon niet. Katherine Jacksons advocaat was daar aanwezig. Hij had het lef mij mevrouw Petit te noemen. De rechter pikte dat niet en verbeterde haar: 'Ze heet mevrouw Jackson.' Toen dacht ik: goed zo, dus je geeft wel degelijk om mij. Het was een aangenaam idee.

In 2011 veranderde mijn zaak in een familiezaak. Ook daar bleken ze geen jurisdictie te hebben. Ik was nu werkelijk heel kwaad. Ik werd van mijn geld beroofd door een onderneming die mijn papierwerk in orde zou maken. Het ging om veel geld, en daardoor kon ik bijna niet in beroep gaan. Dat veroorzaakte een hoop stress bij mij en bracht me bijna tot waanzin van woede. Sinds de geboorte van mijn kind in 1999 was ik niet meer echt woedend geweest zoals dat op mijn achttiende jaar soms wel het geval was geweest. Men zei dan dat ik met mijn blik kon doden. Na mijn ervaringen met de Raad voor de Kinderbescherming had ik geleerd me te beheersen. Nu werd ik echter bevangen door een immense woede, die ik jaren niet had gevoeld – ik wilde iets slopen. Ik kon Katherine niet uitstaan, zij had geen gehoor aan mijn verzoek gegeven. In de familiezaak had ik er Barbara Ross-Lee aan toegevoegd. Ook zij had daar geen gehoor aan gegeven en alles teruggestuurd. Voor de eerste keer in mijn leven gaf ik Michael gelijk dat hij zo'n vrouw ten overstaan van mij had doodverklaard. Ik begreep Michael nu veel beter: deze vrouw was gemeen en vals omdat ze alleen maar aan haar eigen leven en haar eigen gezin dacht. Ze was gewoon zonder mij verdergegaan met haar leven, ze was harteloos. Het verdriet dat ik voelde doordat ze mijn vader in de steek had gelaten omwille van haar ideaalbeeld van het leven, maakte mij kwaad en verdrietig. Het was niet zo dat ik haar alsnog als moeder wilde hebben: ik was in mijn dertigste levensjaar en had geen moeder meer nodig, zeker haar niet, met haar ouwelijke uiterlijk en haar nephuwelijken. Wat mij betreft was deze vrouw het nog niet eens waard om mijn moeder te zijn! Ze had tegen de media gezegd dat ik niet goed bij mijn hoofd was en dat ze Michael helemaal nooit had ontmoet terwijl haar zuster Diana Ross vijfenveertig jaar een vriendschappelijke relatie met haar had gehad en Michael binnen die periode de beste vrienden met Diana was geweest. Van hun broer Arthur Ross, die was overleden, had Michael gehouden als zijn eigen broer. Barbara Ross had nota bene een baan gehad bij Motown Records, bij producer Berry Gordy die Motown had opgericht – en dan zou ze Michael nooit hebben ontmoet? Deze leugen die ze had verkondigd, had mij er persoonlijk van overtuigd dat deze nare vrouw, die ik Barbara Ross-Lee was gaan noemen, echt mijn moeder moest zijn. Diana Ross had er niets over gezegd, ze had zich heel stil gehouden.

Op een gegeven moment vroeg ik aan Yvonne of zij soms Diana Ross was omdat ze nooit op skype wilde komen en de verhalen van de families Ross en Jackson wel erg goed begreep. Ik had flink wat onaardige dingen gezegd over Diana en altijd weer had zij het op een rustige manier goedgepraat. Yvonne had toen heel hard gelachen, schreef ze mij, en het stellig ontkend, maar ikzelf was daar nog niet zo zeker van geweest. In elk geval kon ik niet zonder haar, ik had haar nodig in mijn leven, ze was mijn engel. Ik had haar geschreven hoe enorm blij ik met haar was, en dat ze, zelfs al was ze een gevangene in een dodencel of een zware crimineel, mijn beste penvriendin zou blijven. Ik hield veel van haar. Ik vertelde haar over Barbara Ross-Lee. Yvonne was niet bijster in haar geïnteresseerd, ze schreef alleen: 'Als ik haar ooit te spreken krijg dan heb ik haar nog een paar onaardige dingen te zeggen.'

Yvonne was echt mijn grootste fan als het ging om mijn geloof in de waarheid. Zij begreep als enige wat het voor mij betekende dat ik zover was gegaan om de waarheid te kunnen achterhalen. Al zou Michael 'de' Michael niet blijken te zijn, ik zou er vrede mee hebben als een DNA-test dat had uitgemaakt. Ze was bepaald geen fan van Michaels nalatenschap, ze was verbaasd dat ik de cd die ze hadden gemaakt, niet wilde hebben. Ze noemde mij vaak 'sweetie'. Deze koosnaam was herkenbaar voor mij: vroeger noemden mensen mij altijd 'sweetie' dus dat zij mij zo noemde was heel bijzonder. In 1998 was Thomas van Sony Music mij 'babyface' gaan noemen – dezelfde koosnaam die Michael had gebruikt. Ik was daar heel gevoelig voor, het was iets bekends uit mijn kindertijd. Dus toen Yvonne mij 'sweetie' noemde was ik blij. Heel vaag kan ik mij herinneren dat Diana Ross dat ook altijd tegen mij zei. Er waren dus dingen waardoor ik soms het gevoel had dat Diana Ross Yvonne was, maar ja, ik liet die gedachten vervolgens maar weer varen.

Het deed me veel pijn om de kinderen van Michael zo gebruikt te zien worden, het ging mij net als de hele wereld behoorlijk aan het hart. Katherine was niet persoonlijk achter mij aan gekomen na mijn beschuldigingen aan haar adres over mijn ontvoering. Er was geen dreigbrief van haar advocaten gekomen en in

2010 had geen enkele Jackson iets over mij gezegd, dus dat gaf mij de bevestiging dat mijn oma Katherine ervan genoot dat niemand mijn verhaal over Michael geloofde, noch mijn verhaal over hetgeen zij met mij in mijn jeugd had gedaan.

    Katherine was nu de koningin op de troon en de heilige maagd Maria. Iedereen had het over haar goedheid jegens haar kleine prins Paris en Michael junior. Al was haar zoon dood, nu was er toch een wens van haar in vervulling gegaan: mijn oma Katherine stond in het middelpunt van de belangstelling. Zij wilde zo veel mogelijk geld binnenhalen, want ze had nog wat schulden staan bij mensen die je als gewone burger toch wel tot de maffia mocht rekenen. Joe was altijd haar partner geweest in slecht zakendoen. Michael had zijn hele leven gewerkt om deze mensen rijk te maken, en nu ze ouder waren hadden ze het toch nog voor elkaar gekregen voor miljoenen schulden te maken, zodat ze geen geld meer hadden voor hun oude dag. Ik vond dat een schande! Gelukkig vond de rest van de wereld dat ook, al kon andermans mening mij niet meer zoveel schelen.

    Nadat ik door de media spreekwoordelijk was afgeslacht – de omzet van mijn onderneming was hierdoor met 13% gedaald – had ik voor mezelf besloten dat ik mij de mening van anderen niet langer zou aantrekken. Maar als er op internet eenmaal negatieve berichten over je zijn verschenen, komt je naam nooit meer van die slechte reclame af. In 2011 had ik een man gevonden die alles over Google en slechte media wist. Hij was als advocaat gespecialiseerd in het tenietdoen van slecht nieuws. Ik wilde graag dat hij mij zou helpen mijn naam op Google te verwijderen. Hij moest er hartelijk om lachen en zei: 'Dat gaat niet, je hebt meer dan zeven miljoen hits!' Waren het er honderd geweest, dan had hij mij kunnen helpen maar met zo'n enorm aantal was dat onmogelijk. Hij zei: 'Mevrouw Mocienne Jackson, je zult je erbij moeten neerleggen dat je nu deel uitmaakt van Michaels geschiedenis. Google zou jouw naam bovendien toch nooit verwijderen want ze verdienen er geld aan, dus die kant kunnen we ook niet op.'

    Het woog heel zwaar dat ik dus verder zou moeten leven als die gekke vrouw die dacht Michaels dochter te zijn, ik vond het ellendig. Dit had mij wel duidelijk gemaakt waarom ik door mensen werd beroofd, of die er een poging toe deden, en ik raakte ervan doordrongen dat mijn leven nooit meer hetzelfde zou zijn. Het besef dat ik voortaan zou worden afgeschilderd als een gek die zich had ingebeeld de dochter van Michael te zijn, kwam keihard aan.

De kinderen van Michael gingen volgens mij door een hel, al lachten ze en wilden ze een ster worden net als hun vader. Ik koesterde die wens helemaal niet. In 2003 had ik de entertainmentwereld vaarwel gezegd: voor mij hoefde het niet, zo'n namaakwereld. Toen ik in de gaten had dat ze Michael kapot wilden maken hield ik de artiestenwereld voor gezien, ik wilde er niets mee te maken hebben. Ik had het idee dat mijn opa Joe en Katherine hierachter zaten. Toen ik Janet Jackson erover hoorde praten dat ze het geen goed idee vond om de kinderen zo in de openbaarheid te brengen, en hoe moeilijk het voor haar was geweest, was ik haar echt dankbaar, ik had er zelfs om gehuild. Ik hield weliswaar al jaren niet meer van Janet Jackson, ik vond haar een nare vrouw geworden die was verhard, maar op dat moment dacht ik: wauw, dankjewel. Ik had geen reden om haar dankbaar te zijn, maar het viel me van haar mee dat ze toonde nog wat hart te hebben voor het welzijn van de kinderen.

La Toya was weer typisch La Toya: waar de aandacht was, daar wilde zij ook zijn, en nu was die bij de kinderen. De Jacksons hadden mij in de hoedanigheid van dochter van Michael nooit goed behandeld, en ik moest de bescherming van de media ontberen. Ik vond de media wel degelijk ook een soort bescherming voor de kinderen, zodat de Jacksons hun niet de mond konden snoeren, maar toch vond ik die prijs op hun leven hoog. Het was echter niet anders, en ik kon er niets aan doen. Op een gegeven moment kreeg ik paniekaanvallen over het welzijn van Michaels kinderen, en ik deed emotioneel afstand van hen. Telkens was het dan Yvonne die mij weer duidelijk maakte dat ik de enige was die ze verder nog hadden, wat normaal was. Zij zei dat ik de DNA-test niet mocht opgeven en dat de kinderen mij ooit nodig zouden hebben. Ik had lange gesprekken met Yvonne dat ze niet van mij waren, maar ze bleef tegen mij zeggen: 'Michael is jouw vader en dit zijn jouw broers en zusjes.' Daar was ze heel duidelijk in.

Ik haatte Debbie Rowe, dat wist iedereen. Arnold Klein, ooit Michaels huidarts, claimde op een keer dat hij de biologische vader van Prince Michael Jr. was, en dat vond ik heel erg. Als ik echter zijn stem hoorde was ik toch wel weer gek op mijn broertje en op een gegeven moment was het weer goed. De kinderen hadden een plekje in mijn hart – het maakte mij niet langer uit van wie hun DNA was. Michael had hetzelfde met hen gedaan als met mij. Ik schepte er genoegen in mijn moeder als een Debbie Rowe neer te zetten. Barbara Ross-

Lee was immers niets meer en niets minder dan een Debbie Rowe, met alleen dit verschil dat Michael met hart en ziel van haar had gehouden. Debbie had Michael graag willen hebben, welke prijs ze daarvoor dan ook moest betalen, terwijl mijn moeder hem juist voor geen enkele prijs had willen hebben. Dat was het grote verschil tussen deze twee vrouwen. Er is nog een overeenkomst: ze hadden beiden hun kinderen verlaten. Debbie beweerde dat het heel anders lag: dat het haar eigen zoon was die niets met haar te maken wilde hebben. Het komt natuurlijk niet zomaar uit de lucht vallen dat zij dat de buitenwereld op de mouw wilde spelden. Debbie speelde graag de rol van de zielige vrouw, en de vrouw die Michael tot vader had gemaakt. Barbara Ross-Lee speelde liever die van de vrouw die hem nooit had ontmoet. Niet bepaald een familie om graag bij te willen horen. Als ik zo gek zou zijn op Michael en echt geestelijk ziek, en ik me dit alles alleen maar zou inbeelden, dan is dit toch wel een nachtmerrie in plaats van een idealisering van hoe mijn leven met Michael moet zijn. Als dit mijn waanidee is en ik per se wil dat dit zo is, zoals Barbara Ross-Lee in 2010 tegen de media zei, dan weet ze denk ik ook niet wat geluk is...

In 2011 kwam ook de echte haat voor Michael naar boven: hoe meer ik zijn drie kinderen onder het bewind van Katherine zag lijden, hoe meer woede er in mij ontstond. Het was overweldigend. Ik haatte hem, dood of niet dood, en ik begon op te sommen waarom het goed was dat hij dood was. Yvonne begreep mij tenminste. Ik was het internet op gegaan, en las stukjes van mensen die gemene dingen over hem schreven. Tegen Yvonne zei ik: 'Kijk, ik ben het hier eigenlijk ook wel mee eens.' Daarop reageerde ze als volgt: 'Van jou kan ik begrijpen dat je zo boos bent op Michael – hij was je vader en hij heeft jou tekortgedaan, maar deze persoon heeft geen recht om zoiets over hem te schrijven want ze kende hem niet eens.' Ik zei tegen Yvonne: 'Maar deze persoon vertaalt wel mijn gevoelens over Michael.' Yvonne zei: 'Ja, maar dat is een fase in jouw verdriet over je vader. Van jou kan ik het hebben, maar niet van dit soort mensen.'

Het was fijn dat ik boos mocht zijn op Michael en dat zij naar me wilde luisteren. De media hadden er de nadruk op gelegd hoe gek ik wel niet op Michael was. Ik had hem echter jarenlang gehaat om wat hij met mijn leven had gedaan, en nu, twee jaar na zijn dood, was die haat groter dan ooit. Ik vervloekte hem zelfs dat hij het John Branca mogelijk had gemaakt om dit te kunnen doen met een testament dat door veel mensen werd gewantrouwd, zelfs door de rechter. Maar ze moesten het ermee doen want er was geen ander. De rechter had me gevraagd wat ik van het testament vond. Ik geloofde dat het niet rechtsgeldig was. Het was geen geheim dat ik zwoer dat Peter Lopez, Michaels advocaat op muziekgebied, was doodgegaan omdat hij meer wist over het echte testament van Michael. Ik had dat aan de LAPD verteld, maar uit die hoek was geen enkele reactie gekomen. Die man was gelukkig geweest met zijn gezin en had uit het niets zelfmoord gepleegd. Ik kende de maffia te lang en te goed om niet te weten wat deze met je kon doen.

Toen ik achttien jaar oud was en de Jacksons achter mij aan zaten, heb ook ik een poging tot zelfmoord gedaan. Het lukte niet, want ik dacht: als ik mezelf dood, vermoorden ze Michael ook meteen. Ze hadden mij maandenlang bang gemaakt, en ik had overal genoeg van. Ik voelde me zwak en voor niets goed genoeg. De medewerkers van de Raad voor de Kinderbescherming waren zo dom geweest dat ze nooit gemerkt hadden dat ik een zelfmoordpoging had gedaan, hoewel ik officieel nog onder hun zorg viel omdat ik voor de wet toen nog maar vijftien was. Ik had dus ervaring met wat de maffia alleen al met woorden met je kon doen.

Ik was ervan overtuigd dat Peter Lopez een exemplaar had van het echte testament van Michael, en dat mensen die groter en sterker waren dan hij, dat ook wisten. Ik gaf John Branca en zijn goede vriend John McClain de schuld van de dood van Peter Lopez. Het kon er bij mij niet in dat het zelfmoord was, anderen moesten hem daartoe hebben aangezet. Ik geef hun dan ook de schuld. Ik heb dat in 2010 meteen persoonlijk aan hen kenbaar gemaakt.

Beide heren hadden Michael laten vallen in de kindermisbruikzaak in 2003. Nepvrienden van Michael noemde ik die mensen, John & John, twee slimme apen bij elkaar. De dag zal komen dat de een de ander doodschiet want dit is een spel dat ze niet eeuwig kunnen blijven winnen. Ook al laten ze Michaels nalatenschap na verloop van tijd vallen en stappen ze eruit, het geld raakt op aan de belastingdienst, zoals ook James Brown in de jaren zestig van zijn grote vermogen beroofd was en toen helemaal opnieuw moest beginnen. Het zou mij niet verbazen als de nalatenschap weldra alleen nog maar groeit teneinde de belastingdienst te kunnen betalen, want nu, in 2013, lopen er rechtszaken over tegen deze dienst. Als John & John weglopen zijn hun zakken gevuld, en is wat er verder met Michaels nalatenschap gebeurt, niet langer hun probleem.

Peter Lopez had veel om Michael gegeven, en zou er eigenhandig een eind aan hebben gemaakt. Dit laatste wil er bij mij gewoon niet in: ik heb vijf mensen vermoord zien worden door de maffia. Deze Peter was een eervol man, die de wereld begreep, een echte 'familieman'. Ik zweer bij alles wat ik ben dat hij zijn familie en gezin gered heeft door zelfmoord te plegen. Michael wist dat hij vermoord zou worden, dat wist hij al sinds de aanslag op zijn leven, doordat hij mij in 1984 kwijtraakte. Ook in 1993, toen ze hem te pakken namen door hem van kindermisbruik te beschuldigen, en toen de dokters zijn gezicht verminkt hadden die hij het vertrouwen had gegeven om er veranderingen in aan te brengen. En in 2003, toen hij opnieuw werd aangeklaagd wegens kindermisbruik, en daarna in 2005 van zijn geld werd beroofd door advocaten die dingen voor hem hadden gedaan tegen veel te hoge tarieven. Dit is dan ook de voornaamste reden waarom ik in Californische advocaten geen vertrouwen heb.

Michael is altijd een slimme man geweest, dat weten John & John maar al te goed. Hij zou zeker maatregelen genomen hebben om hen na zijn dood allebei uit te schakelen – als dat had gekund. Peter Lopez was de laatste publieke zakenadvocaat van Michael geweest. Daarom was ik niet verbaasd toen ik in mei 2010 hoorde dat Peter Lopez dood was. Zijn 'zelfmoord' leverde voor mij het bewijs van wat ik over de maffia in Michaels leven van de laatste jaren had vermoed. Het leven had mij geleerd dat je niets aan de politie had, en dat werd maar weer eens bewezen door de dood van deze geweldige man! Ik was er kapot van, het was rond dezelfde tijd dat mijn zaak bij de rechtbank werd ingediend – deze betrof mijn verzoek om een DNA-test. Peter Lopez was in mei 2010 overleden, een maand nadat ik met Howard Weitzman had gesproken en John & John mijn brief hadden ontvangen waarin ik hun liet weten dat ik hen voor de rechter zou slepen – toeval bestaat dus niet. Alvin Malnik had bekendgemaakt dat hij zich niet langer wilde inlaten met de nalatenschap van Michael, met andere woorden: hij wilde niet meer aan deze samenzwering meedoen. Welke reden hij daarvoor ook had, sindsdien is zijn naam heel geleidelijk uit de media verdwenen. Het laatste wat hij nog had gezegd was dat hij de biologische vader van Michaels jongste zoon was en dit met een DNA-test wilde bewijzen. Daarna werd het heel stil.

Met al deze enge mensen in Michaels buurt weet ik zeker dat iemand hen ooit zou verraden. Michael kon zich heel goed van de domme houden, hij had zijn hele leven niets anders gedaan dan de media misleiden. Het bewijs ligt voor hun neus hoe Michael hen jaar in jaar uit heeft bedrogen met zijn leugens en zijn rare gedrag. Men hoeft alleen maar te kijken naar de wijze waarop hij de media in spanning had gehouden betreffende het krijgen van zijn kinderen en Debbie Rowe. Alles was gebaseerd op misleiding en verhulling van de waarheid. Er zijn vandaag de dag nog steeds mensen die mij en anderen willen doen geloven dat de drie kinderen Michaels DNA hebben. Ik zou dat bewijs graag door middel van een test willen zien aangetoond, en als ik dan ongelijk zou blijken te hebben – afgaande op wat mijn ogen mij vertellen als naar de kinderen kijk – zou ik op mijn knieën om vergeving vragen voor mijn slechte gedrag. Ik ben zelf moeder van een kind met gemengd bloed, en hoe wit hij ook is, je kunt altijd zien dat hij één negroïde ouder heeft. Al zijn zulke kinderen blond en hebben ze blauwe ogen, je ziet het op de een of andere manier toch altijd aan hen.

Jarenlang heeft mijn vader dit spelletje met onze hersenen gespeeld, hij was met zijn talent zijn tijd ver vooruit, dat was zijn manier van leven. Zelfs ik, zijn dochter, had dat al in de gaten toen ik een klein meisje was. Nadat ik te weten was gekomen dat hij een kindster was geweest, en had gehoord wat Berry Gordy over hem had gezegd, dacht ik: ja, zo zit het dus! Er was iemand bij Motown Records die de jonge Michael een 'oud mannetje in een kinderlichaam' had genoemd, en dat klopte. Om die reden weet ik gewoon zeker dat Michael zelfs in zijn dood John & John nog zal verslaan, na wat ze hem en Peter Lopez hebben aangedaan. Michael was een man die altijd druk in zijn hoofd was, hij was ondernemer in hart en nieren, en dat maakte hem sterk en tot de superster die hij was geworden. Het was een zeer sterke man, en daarom geloof ik dat zijn nalatenschap komt te vervallen zodra het contract dat John & John met Sony hebben afgesloten, afloopt. Het zal dan niets meer waard zijn want de waarheid is boven tafel gekomen. Ik verwacht dat er iets zal gebeuren dat gericht is tegen John & John voordat de nalatenschap van Michael vervalt, zodat de zaak alsnog gered wordt. In de media was er over mij gepraat dat het mij allemaal om geld ging. Was het maar waar! Dan zou ik ook dit boek niet schrijven en het risico op de koop toe nemen dat ik word vermoord om wat ik schrijf.

Lang geleden ben ik van mijn kind-zijn beroofd, en van het feit dat ik de dochter van Michael ben. Mijn dankbaarheid gaat uit naar Michael, die mij die erkenning heeft teruggegeven, en ik denk dat ik de oorzaak ben van zijn dood. Hij heeft contact met mij gezocht. In 2001 was ik naar hem toe gegaan. De maffia had mij in 1984 al gewaarschuwd: 'Als jij het waagt je vader te benaderen, dan maken wij hem dood.' En dat was gebeurd: hij was onder de handen van een dokter vermoord. Het was ook een dokter geweest die mij had mishandeld, door me drugs toe te dienen toen ik werd ontvoerd. Dit laatste was nu juist de reden geweest dat ik niet kon geloven dat het een dokter was die Michael had vermoord. Het was te dicht bij wat ze mij hadden aangedaan.

In 2003 was ik bedreigd door mensen die mijn kind wilden afpakken. Ik had de keus gekregen: mijn zoon meegeven aan zijn vader, of het risico nemen dat hij werd ontvoerd. Ik stel mijzelf de vraag of het schrijven van dit boek de kans groter maakt dat Joshua iets wordt aangedaan. Wat ik van de maffia heb geleerd is dat als ze je willen pakken niets hen tegenhoudt. Dus ook mijn boek niet. Als ze besloten hebben je kapot te maken ook al heb je alles gedaan wat ze wilden, gehoorzaam naar hen geluisterd en ben je volgzaam geweest, dan nog doen ze je pijn.

Hoe vaak was ik als kind wel niet verkracht! Omdat ik ongehoorzaam was geweest, hadden ze me vastgebonden en zo vaak misbruikt dat ik twee weken lang niet op een stoel had kunnen zitten. Als ik daarentegen heel stil en gehoorzaam was, verkrachtten ze mij ook, of ze sloegen me in elkaar. En tegenover de buitenwereld waren het zulke goede mensen, of op zijn minst mensen die goed genoeg waren. Ik had hun gezichten wel gezien, met hun Unicefcontacten over de hele wereld, waar ze hun slachtoffers voor de nieuwe maffia konden vinden. In de hoedanigheid van Michaels dochter was ik ook goed bruikbaar als middel tot afpersing. Ik was mooi en sexy, ik zou een hoer worden die het in ruil voor informatie met rijke mannen moest doen – jong geleerd is oud gedaan en maakt je een meester in bed. Ik heb dan ook nooit een man gehad die niet verslaafd raakte aan mijn talenten in bed. Mijn leerschool: als ik niet langer verkracht wilde worden, moest ik het goed doen. Mijn adoptievader Rietveld noemde mij toch al een hoer, zodat het mij niets meer deed wanneer iemand dat tegen me zei. Ik heb daarom wel een paar keer een mes op zijn keel gelegd. Ik had mensen vermoord zien worden, dus ik was soldaat geworden – ik begreep hun wereld.

Er is geen sprake van liefde en respect binnen de maffia, alleen macht en gehoorzaamheid bestaan, en als je in angst leeft, heb je geen leven, sterven is dan fijner. Angst had ik gekend en zeker na de dood van Michael was deze terug. Mijn houvast in dit opzicht was dat iedereen uiteindelijk doodgaat. Ik had vijf mensen voor mijn ogen vermoord zien worden, ik had gezien dat hun ziel hen verliet en hun lichaam neerstortte. De maffia weet heel goed dat doodgaan mij niet raakt. Ik had geleerd dat kinderen niet iemands bezit zijn, maar dat ze er komen door iemands toedoen.

Omdat ik Michaels dochter ben heb ik door een hel moeten gaan en zien te overleven. In 2011 haatte ik Michael hierom, ik haatte hem met iedere vezel. Ik had gewild dat hij mij tegen al deze pijn zou beschermen, en nu stond ik nota bene op internet als iemand die zo dolgraag Michaels dochter wilde zijn! Ik vond dat een vernedering van mijn eigen ik. Hoe vaak had ik wel niet gelogen tegen mensen als ze naar de naam Jackson vroegen! Nooit antwoordde ik: 'Ja hoor, mevrouw/meneer, dat klopt: Michael, de King of Pop, is mijn vader Michael.' Ik schaamde mij plaatsvervangend voor die man, ik gaf hem de schuld van al mijn leed, verweet hem zijn hebzucht – dat hij beroemd worden belangrijker vond dan dat hij mij, zijn dochter, op de eerste plaats liet komen. Soms was ik zo boos dat ik over mijn hele lichaam trilde.

Vele keren had ik John Branca en Howard Weitzman opgebeld om mijn hart over Michael te luchten, en hoe waardeloos ik hem vond. Ik vertelde hun ook dat ik hem de schuld gaf van de ellende met mijn ex en wat hij met mijn zoon deed. Het was de bedoeling dat dat alles doorsijpelde naar de pers: ze moesten weten hoezeer ik Michael haatte. Ik kon flink tekeergaan tegen Michael, mijn woedeuitbarsting ging zelfs zover dat ik met spullen gooide, dingen kapotmaakte en gilde dat het maar goed was dat hij dood was. Ik was ook woedend over hetgeen hij zijn andere drie kinderen had aangedaan, ik haatte hem dat hij hun geen liefdevolle moeder had gegeven. De woede daarover en over Debbie Rowe kwam elke keer terug, mijn God, wat haatte ik haar! Het was gewoon eng, het was heel hevig. Ik dacht werkelijk dat ik gek aan het worden was, zo kwaad was ik. Vooral het feit dat Michael dood was en ik hem niet kon slaan, veroorzaakte machteloze woede. Ik gilde heel vaak: 'Papa, je hebt geluk dat je dood bent, anders had ik je in elkaar geslagen!' Mensen wisten niets over mij – ik was alleen maar die gek op internet die de dochter van Michael wilde zijn. Nou, wanneer ik zag wat er allemaal op de tv en internet voorbijkwam, was ik blij dat Paris Jackson de enige 'echte' dochter is van Michael – zij werd door velen ook verbaal mishandeld. Wat was het dan toch geweldig voor haar om zijn dochter te zijn, zij was de echte, niet een 'wannabe' zoals ik. Ik was woedend op Michael dat hij was doodgegaan en zoveel rotzooi voor mij en zijn drie andere kinderen had achtergelaten.

Gebroken glas

Op een gegeven moment was ik niet meer boos op Michael, het was opeens verdwenen door de troostende woorden van Yvonne en andere vrienden die met mij over Michael praatten. Sommigen spraken mij bestraffend toe dat ik niet zo over de doden mocht praten, en dat hij dit allemaal echt niet zo gewild had. Die woorden deden mij echter niets. Er kwam een gevoel van dankbaarheid over mij nadat ik mijn boosheid op Michael had laten varen. In mijn hart was ik naar de slechte kanten van Michael op zoek geweest, en nu wilde ik zijn goede kanten onthouden en koesteren. Ik had geleerd mezelf te aanvaarden in alles wat ik was, het verleden kon ik immers toch niet veranderen. Ik zou sterven als ik niet loskwam van die woede. Ik voelde mijn lichaam vanbinnen sterven, ik was nu pas echt de rouwfase in gegaan, de weg van het aanvaarden dat ik alleen op de wereld was en wat dat voor mij betekende.

Inmiddels was Elizabeth Taylor overleden. Dat feit speelde mede een rol bij het verdwijnen van mijn woede. Zij overleed op 23 maart 2011 en haar stervan brak mijn hart. Ik was er niet klaar voor dat ze ging, ik had haar nodig, het was te snel. Ik voelde me schuldig dat ik haar niet face to face had gezien. Ik had haar niet willen lastigvallen want ze was al heel lang erg ziek, maar het voelde toch ook wel goed dat zij mij wel eventjes had gezien. Haar assistent had zijn best gedaan mij te overreden en mee te nemen naar haar ziekbed, maar ik had gezegd dat ik dat niet wilde. Het was een bijzonder aardige man geweest die haar een plezier had willen doen. Ik stond in haar tuin, heel dicht bij haar, en ze kon mij op camera zien. Ze was doodziek en kon bijna niet praten, ik kon haar dan ook niet goed verstaan. In die tuin had ik haar aan de telefoon. Haar vrouwelijke assistent was bij haar geweest, had de telefoon overgenomen en alles voor me verduidelijkt wat Elizabeth had gezegd. Ik kon haar heel zachtjes van verre horen, ademen kostte haar veel moeite. Ik had met haar te doen maar zou haar niet hebben kunnen aankijken zonder in te storten. Dat zou ik niet hebben aangekund, ook al had ze mij verwelkomd in haar huis. Het gebaar alleen al was voor mij genoeg – daaruit bleek dat ze me niet als een gek behandelde, een gekke fan van Michael die op zoek was naar aandacht, integendeel: ze had mij welkom geheten!

Het feit dat Elizabeth wist wie ik was was voor mij het mooiste cadeau – ik voelde me door haar erkend als Michaels dochter. Ook had ze me aangeraden naar de Jacksons te gaan. Ik was haar zo dankbaar geweest, want ik had er vreselijk tegen opgezien om bij haar aan te kloppen, maar ze had mij met open armen ontvangen. Haar bewaker had mij het liefst naar haar toe gesleept, maar hij zag mijn tranen van angst en dat ik er niet klaar voor was, en liet mij gaan. Ze hadden hun best gedaan een andere afspraak voor me te maken maar ik zei dat ik binnen een paar dagen terug naar Nederland zou vliegen. Ik kon niet langer blijven, ik moest naar mijn kind.

Nu was die bijzondere vrouw dood – Elizabeth Taylor, die het gedurende haar hele leven van de dood had gewonnen, was nu naar Michael gegaan. Ze kreeg, in tegenstelling tot Michael, een nette, snelle begrafenis. Haar familie had tenminste respect voor haar. Wat had ik de Jacksons gehaat toen Elizabeth op Michaels begrafenis was gekomen, en ze deze zieke vrouw uren hadden laten wachten. Daar had ze gezeten, zo prachtig, ik had de spot in haar ogen gezien toen de Jacksons weer eens te laat kwamen. Ik had gehuild en gedacht: binnenkort is ze er niet meer. Ik voelde me erg trots en vol liefde voor haar zoals ze daar zat, ik dacht: wauw, wat een vrouw! Ik had medelijden met haar omdat ze zelf heel ziek was, en daar zat met de wetenschap dat zij wel eens de volgende kon zijn die ons zou verlaten, Elizabeth Taylor, de vrouw naar wie ik was vernoemd. Mijn hele leven had ik respect voor haar gehad, voor haar gekte, haar vrije geest: het kon haar niet schelen wat mensen van haar vonden, ze lééfde haar leven, in de letterlijke betekenis van het woord. Ze nam zichzelf zoals ze was, en het mooist vond ik haar geloof in de liefde en in haar eigen normen. Ik vond het prachtig hoe gewoon ze bleef. Ze gaf al haar verslavingen ook gewoon toe.

Het meest bewonderde ik haar inzet voor de strijd tegen aids. Als kind had ik met afschuw gezien hoe mensen die die ziekte hadden, werden bejegend, ik had er erg om moeten huilen. Het had me pijn gedaan om te zien hoe die mensen onrecht werd aangedaan – en uit het niets was Elizabeth daar dan opeens, om te strijden voor aidspatiënten. Ik heb, uit respect voor haar betrokkenheid met deze mensen, al haar toespraken op de televisie gevolgd. Voordat zij in beeld kwam in verband met aids, was ik al op de hoogte van de ziekte: ik had in de klas op mijn Nederlandse school een kind gehad met aids. Ik had het er erg zwaar mee, andere kinderen wilden niet met haar spelen en dat vond ik heel erg, ik moest er vaak om huilen. Het was een geweldig meisje en ik hield van haar, maar de andere kinderen deden gemeen tegen haar. Ik vermoed dat ik in die tijd langzaam maar zeker het gevoel heb ontwikkeld dat ik in de zorg wilde werken.

Ik vond het geweldig dat Elizabeth Taylor het voor mensen die aids hadden opnam en ten strijde trok tegen het onrecht dat hun werd aangedaan door de wijze waarop ze werden bejegend. Dit was geen uiterlijk vertoon, dit was haar hart dat sprak, en dat vond ik zo mooi van deze bijzondere vrouw, die ook had geholpen Michael van een gebroken hart te redden toen hij mij was kwijtgeraakt. Samen met Diana Ross had zij zijn leven gered, zij waren degenen geweest die hem hadden aangespoord om door te gaan. Diana Ross had Michael weliswaar laten vallen – zij was woedend op hem geweest om wat er was gebeurd – maar vanbinnen had zij hem nooit in de steek gelaten. Elizabeth Taylor was er voor hem geweest als een echte moeder, om hem door zijn pijn heen te slepen.

Ik twijfel er wel eens aan of ik een fout heb gemaakt door in 2009 niet bij haar te willen komen. Ze had mij uitgenodigd in haar huis, en ik weet dat ze voor me zou hebben gevochten, maar ik wilde haar hulp niet, ik wilde dit in m'n eentje doorstaan omdat ze zo ziek was. Ik wilde niet dat ik haar probleem zou worden na alle ellende die ze met Michael al had meegemaakt, hoewel ik wel het idee had dat ze me zou begrijpen. Ik werkte in de zorg en had geleerd dat je zieke mensen niet lastigvalt met zaken zoals maffiapraktijken. Ik weet dat ze al heel lang contact had met Diana Ross, zij waren goede vrienden.

Het was Elizabeth Taylor die Diana Ross en Michael weer tot elkaar had gebracht. Het was bij haar thuis geweest dat Diana Michael had vergeven wat er allemaal was gebeurd. Diana is iemand die respect heeft voor andermans privézaken, en daarom zou ze zich nooit bemoeien met de zaak tussen mijn moeder Barbara en mij. Misschien vond Diana het wel raar dat ik nooit bij Barbara thuis ben geweest, maar ik weet zeker dat ze het fijn vond dat ik Elizabeth Taylor had bezocht en zij mij welkom had geheten in haar huis. Elizabeth was niet langer die prachtige vrouw die zoveel voor mijn vader Michael had betekend. Zij mocht zich nu twee jaar later bij hem voegen, bij God. Ze had gezegd dat ze niet zonder hem kon leven, en dat was dus ook gebleken. Voor mij was Elizabeth Taylor de moeder van Michael zoals een moeder voor hem had moeten zijn, en niet Katherine.

Hoewel Michael in het begin van zijn leven respect voor zijn biologische moeder had, met zijn grote hart, was Elizabeth Taylor voor mijn gevoel zijn eigenlijke moeder, en dus mijn oma. Dat heeft ze in 2009 aan mij bewezen door mij te verwelkomen, uit te nodigen in haar huis toen ik Michael kwijt was. Door de dood van Elizabeth Taylor zag ik in dat ik niet kon doorgaan met boos zijn op Michael – ik zou daar nog eens aan doodgaan. Ik had er niets aan om Michael te haten en alles te vervloeken wat hij mij had aangedaan. Geleidelijk aan belandde ik in een periode waarin ik hem begon te vergeven, en dat deed nog meer pijn dan mijn haat.

Elizabeth Taylor was overleden en respectvol begraven. Ze had haar hele leven een zwaar lichamelijk leed moeten doorstaan, en dat had ze trots en met opgeheven hoofd gedaan. Al hadden andere mensen gedacht dat ze het niet lang meer zou maken, zij vond dat het haar tijd nog niet was – ze wilde léven. Alleen al daarom begreep ik waarom Michael van haar hield. Ze was sterker dan een aardbeving, niets leek haar kapot te kunnen maken. Ze was klein van stuk maar sterker dan ijzer, net als Katherine, alleen was het hart van mijn oma dat ook. In Elizabeths hart zat een prachtige sterke diamant verscholen, die licht gaf en krachtig was, en daar weer binnenin zat een mooie bloem – ze was niet écht verdwenen.

Evenals mijn oma Katherine was Elizabeth van nature enigszins materialistisch. Ze was dol op sieraden, maar ze zou bereid zijn alles prijs te geven als ze daarmee mensenlevens kon redden. Katherine vond ik in dat opzicht niet zo'n nobele vrouw, ik zag haar dat nog niet zo snel doen. Zij ging uitsluitend voor haar eigen volk door het vuur, wat dat ook mocht zijn. Dat baseer ik op alles wat ze had gedaan voor de ouderengemeenschap waar ze vandaan kwam, na alle ellende die zijzelf had moeten meemaken. Ik had haar graag voor het poliofonds of zo willen zien opstaan – zij wist als geen ander hoe pijnlijk die ziekte was. Ik wilde haar graag groot op televisie zien en haar in de kranten zien staan, net als Elizabeth Taylor.

Toen in 1999 mijn zoon werd geboren heb ik mensen gevraagd geld over te maken naar het poliofonds, dit omdat ik begreep wat deze ziekte inhield. Ik had het op Haïti met eigen ogen gezien, ik had meegemaakt dat Michael mensen redde door meteen een dokter naar hen toe te sturen om hen te helpen, ik had gezien hoe hij hun levens beter maakte. Ik had ook de schaamte gezien die deze mensen en hun kinderen moesten voelen, en hoe ze verstoten werden door hun leefomgeving. Het was Michael die mij over oma had verteld, en hoe trots hij op haar was dat ze nooit de moed had opgegeven om iets van haar leven te maken.

En hier was dan Elizabeth Taylor, die zelf nooit aids had gehad, strijdend tegen het leed van de aidspatiënten alsof ze een van hen was. Katherine had het voortdurend druk met haar Kerk, zij deed heel erg haar best om mensen te overtuigen van het bestaan van haar God. Ikzelf moest nog door een hel om Michael uiteindelijk te kunnen vergeven. Dit betekende eveneens dat ik Katherine een plekje in mijn leven moest geven en ook haar vergeven. Ik besefte dat ik dat laatste alleen kon als ik haar als een heel zieke vrouw beschouwde die te weinig liefde had gekend in haar leven. Toen bleek dat ze voor mij geen DNA-test wilde ondergaan, stond het voor mij vast: het is mijn oma en het is een vals mens.

Als Michael niet haar zoon was geweest, had ze nu allang in de gevangenis gezeten om wat ze mij had misdaan. Ze was te beroemd voor mensen om hen te laten beseffen dat ze mij en haar kind iets heel ergs had aangedaan, met als gevolg dat men dacht dat ík dus wel degene moest zijn die gek was, en totaal van de wereld met mijn onzinverhaal over ontvoering. Was zij niet de moeder van Michael geweest maar een gewone vrouw, dan zou de LAPD zeker een onderzoek zijn gestart toen deze eenmaal een kopie in handen had van de gerechtelijke uitspraken over mijn verloren identiteit. Als Michael geen beroemdheid was geweest, dan hadden ze bij de LAPD zelf aan de rechter gevraagd of ik een DNA-test kon ondergaan in een civiele procedure, omdat er twee keer sprake was geweest van een beschuldiging van kindermisbruik door Michael, daarbij opgeteld het rare gedrag voor iemand van zijn leeftijd. Maar nee, in plaats van dit alles was ik nu een van die miljoen gekke mensen die dachten een familieband met Michael te hebben.

Toen ik bij Elizabeth Taylor was, wilde zij van mij weten wie ik was, ze wilde het mij zelf horen zeggen. Ik zei: 'Ik ben Mocienne Elizabeth Jackson.' Ze had heel opgewonden geklonken en gevraagd: 'Wat nog meer?' Nadat ik even heel stil was geweest, antwoordde ik: 'Michaels dochter,' en haar stem had nu blij geklonken. Ik had het idee dat ze allang wist wie ik was, want ze wilde me laten doorlopen naar haar huis en een afspraak met me maken, zodat ik bij haar kon komen theedrinken. Ik zei echter: 'Nee, ik wil dat liever niet, dat kan ik niet aan. Ik kom u nu alleen vragen of u iets weet over de begrafenis van Michael.' Ze zei:

'Nee, sweetie.' Haar bleken ze evenmin iets te hebben verteld. Ze zei heel lief: 'Je moet naar je familie, sweetie, je moet naar huis gaan, naar de Jacksons. Zij zullen het wel met je delen.' Ik dacht dat ik zowat doodging toen ze dat zei: naar huis gaan, naar de Jacksons! Ik zei tegen haar: 'Ik ga nooit meer naar ze toe, ik mag die familie niet, weet u dat niet?' Ze zei: 'Ik begrijp het, ik begrijp het, maar je vader is er niet meer. Ga maar naar huis, naar je familie Jackson.' Opnieuw zei ik: 'Ik ga nooit naar hen toe. Maar goed, mag ik een keertje terugkomen om te horen of u dan meer weet?' Ze antwoordde: 'Ja, dat is goed.'

De tweede keer had ze haar best gedaan om mij daar te houden Ik had bloemen voor Michael aan haar gegeven, die tijdens het privé-afscheid van Michaels echte vrienden zouden worden neergelegd. Voor haar moest ik blijven leven, voor Elizabeth Taylor, de vrouw die van mij had gehouden. Toen ik in 2010 in Californië was was ik opnieuw naar haar toe gegaan. Zij was heel ziek geweest, en ik kon het niet aan. Ze had mij zo graag in haar buurt willen hebben, maar ik was bang dat ik dan niet meer loskwam, want ik wist hoe sterk en slim haar familieleden waren. Ze zouden alles voor hun moeder Elizabeth doen want ze hadden haar goede hart geërfd. Ik had heel goed in de gaten dat ik voor haar een wens was die was uitgekomen. Toen ik daar was gearriveerd, had de beveiliger de camera op haar verzoek dicht bij mij gezet zodat ze mij in haar eigen tuin goed kon bekijken, en ik had met klem tegen hem gezegd: 'Doe de deur open, ik wil nu weg.' Ze had me uitgenodigd omdat ze wist dat ik het grootste geheim van haar dierbare zoon Michael was. Ik had het niet aangekund naar haar te kijken, ik zou verloren zijn geweest, en niet meer naar huis hebben gekund. Daarna zou ik niet meer hebben kunnen doorgaan. Elizabeth was een sterke vrouw, in feite een wildvreemde voor mij, maar van wie ik wist dat ze van mij hield. Ook kende zij het ware gezicht van Katherine en ze wist heel goed hoe Katherine over haar dacht. Ik was blij dat ze de kans had gekregen mij te zien, en dat ik haar kunnen spreken. Het allerbelangrijkst voor mij was dat ze me had begrepen.

Nu was het aan mij om Michael te vergeven. Ik kon niet meer stoppen met huilen over de dood van Elizabeth Taylor. Er waren twee mensen dood van wie ik zeker wist dat ze van mij hadden gehouden – Michael en deze bijzondere vrouw. Ik was er kapot van, en bijna ontroostbaar. Ik voelde me schuldig dat ik niet sterk genoeg was geweest haar te zien, dat ik het haar niet had gegund mij vast te houden tijdens de theevisite waartoe ze mij had uitgenodigd. Ik was bang geweest dat ik haar en mezelf van streek zou maken, bang dat ik zou instorten in bijzijn van een doodzieke vrouw die ook nog eens kapot was van de dood van Michael – een man die ze had liefgehad als haar eigen zoon. Naast mijn verdriet voelde ik schaamte dat ik zo zwak was geweest haar niet te woord te kunnen staan. Ik had natuurlijk mijn ticket kunnen verlengen, ik had van alles kunnen doen, ik had een of twee maanden later best alsnog thee bij haar kunnen komen drinken. Het was me echter allemaal te veel geweest, en ik was bang geweest voor vragen, bang ook om nog meer geheimen te ontdekken over mijn vader Michael. Ik was huiverig voor nog meer informatie en vreesde dat ze me met haar advocaten om de tafel zou zetten, en hen met de mensen die over de nalatenschap van Michael gingen, te laten vechten. Ik wilde dat ze rust had, dat was het mij waard geweest, en ik dacht ook aan mijn eigen rust. Maar ik wist ook hoe sterk ze kon zijn, en hoe koppig, ik had haar mijn hele leven zien vechten.

Zij was mijn grote voorbeeld waar het om feminisme ging. Van haar had ik de betekenis geleerd van het begrip zelfstandige vrouw – een vrouw dus die eventueel een man in haar leven had, maar wel haar eigen geld verdiende, die voor haar eigen kinderen zorgde zonder afhankelijk te hoeven zijn van een man. Ik vond Elizabeth het toppunt van stoerheid, en was kapot van haar dood. De Elizabeth die altijd alles had overleefd was er opeens niet meer. Wat had ik voor kansen laten liggen, dat ik niet met haar was gaan theedrinken! Maar ik was nog steeds bang voor nog meer informatie over Michael.

Het was nu 2011 en ik was er niet aan toe om nog meer geheimen over Michael te weten te komen. In dat jaar was het tot mij doorgedrongen wat het betekende bekend te staan als de gekke vrouw die om vreemde redenen dacht de dochter van Michael te zijn. De omzet van mijn onderneming was enorm gekelderd en de eeuwige ellende rondom mijn ex en de Raad voor de Kinderbescherming ging maar door. Mijn ex, Charat Graafland, leek nog steeds op een rat vol ziektes waarmee hij mij probeerde te besmetten. Hij had bijvoorbeeld contact opgenomen met een van mijn verkrachters uit mijn kindertijd. Ik was net elf jaar toen de verkrachtingen begonnen. Hoewel Charat dat contact nu had, vond de Raad voor de Kinderbescherming hem nog steeds een goede vader voor ons kind.

Voor de eerste keer in mijn leven kreeg ik moordneigingen: ik wilde hem dood. Mijn leven lang hadden rust en kalmte mij kunnen redden, maar nu niet: ik ging pijnlijk nauwkeurig en algeheel door al mijn verkrachtingservaringen heen. Mijn vagina en borsten deden pijn, ik herbeleefde werkelijk alles en het maakte me woest en kapot vanbinnen. Er was destijds een man in mijn leven met wie ik een seksuele relatie had. Ik zei tegen hem: 'Ik wil dat je met mij doet wat de verkrachters met mij hebben gedaan, ik wil dat de beelden weggaan. Ik wil dat je het samen met mij naspeelt, dat je met mij neukt zoals ik het je vraag. Ik wil er niet meer bang voor zijn. Als je niet doet wat ik zeg, word ik nog gek!' Hij zei: 'Ik weet niet of ik dat kan.' Ik zei: 'Je doet wat ik zeg of ik maak je kapot!' Hij deed wat ik van hem vroeg, hij bond mij vast en penetreerde mij zoals ik hem zei dat hij dat moest doen, op mijn commando. Hij moest erom huilen, maar het hielp mij om uit de lichamelijke pijn te komen: als ik in de toekomst weer enge beelden voor me zag, kon ik ze verschuiven naar de man die ik wél aardig vond. Ik liet hem door een hel gaan met dat naspelen van mijn verkrachting.

Later dat jaar ging ik naar een psychiater om mijn moordneigingen te bespreken. Helaas had ik niet veel aan hem. Ik had verwacht dat hij wonderen zou verrichten, waardoor mijn gevoelens om mijn ex te willen vermoorden omdat hij contact had opgenomen met mijn maffiose verkrachter – met wie hij bevriend was op Facebook – weg zouden gaan. Het enige dat hij echter zei was: 'Tja, ik kan je niet tegenhouden als je hem aan zijn eind wilt helpen.' Ik praatte nooit over de familie Rietveld tegen de psychiater, hij vond dat bovendien niet boeiend. Ik voelde me niet prettig om het erover te hebben hoe bruut de verkrachtingen waren geweest. Ik moest heel veel huilen want ik was nog nooit op het punt beland dat ik iemand dood wilde hebben – het was beangstigend. Hij reikte mij niets aan om van dat vreselijke gevoel af te komen, en ik was dus al snel klaar met hem. Toen hij zei: 'Michael is een fantasie,' dacht ik: gadverdamme, al achtentwintig jaar kan ik geen normale psychiater vinden met wie ik over Michael kan praten zonder dat ik in een hoek word getrapt.

Ik had van het mes dat in mijn lichaam was gestoken, een litteken op mijn borst en in mijn rechterzij. Jarenlang was ik als kind door de maffia verkracht, en dokters hadden bewezen dat ik drie jaar ouder was dan wat er in mijn paspoort stond vermeld. Nederlandse rechters hadden erkend dat er van mijn eerste negen levensjaren niets bekend was, en dat mijn geboorteakte vals was omdat meer dan zeventig kinderen dezelfde moeder als ik zouden hebben, en ook dat die pater Lespinas bij de maffia hoorde en geld verdiende aan kinderhandel. En dan zou ík leven met het waanidee dat Michael mijn vader was, terwijl zijn mensen zelfs ná zijn dood in mijn leven zijn gebleven!

Het enige dat ik uit de therapie haalde was de waarheid over de wijze waarop mijn ex in elkaar zat, en hoe ik verder moest. Het enig liefdevolle aan de therapie was dat ik mezelf niet de schuld mocht geven, dat er met mij niets mis was en dat mijn (waan)idee dat ik Michaels dochter was, mij niet gek of levensgevaarlijk maakte. Nou, dat was toch een geruststelling! Ook vond de psychiater dat er een einde moest komen aan mijn neiging hardnekkig overal tegen te blijven vechten. Dat was nog eens grappig! Ik had Yvonne over deze dokter verteld, ik had gezegd: 'Yvonne, ik kan tegen mijn eigen psychiater nog niet eens over mijn verdriet om Michael praten.'

Alles bij elkaar opgeteld waren de sessies bij deze psychiater een heel pijnlijke ervaring geweest. Het was weliswaar fijn om te weten dat een volslagen vreemde mij niet als een eng persoon zag, maar het feit dat hij mijn verleden en mijn pijn gewoon maar afdeed als iets dat al te ver van mij af stond, kwam hard aan. Tegelijkertijd was dat toch ook goed: nu begreep ik beter hoe de meeste mensen mij zouden zien, en waar ze mij voor aan zouden zien. Ze zouden niet kunnen openstaan voor wat ik had meegemaakt, het was te veel voor hen.

Het idee mensen te zien sterven was voor hen niet te vatten als ze dat niet zelf hadden meegemaakt. Bij een oorlogsslachtoffer konden ze zich nog wel iets voorstellen omdat er nu eenmaal altijd wel ergens sprake van oorlog is. Ook konden ze begrijpen dat er tijdens een overval in een winkel wel eens iemand werd doodgeschoten. Maar dat Michael Jackson in het geheim een dochter had die meermalen was mishandeld en door de Nederlandse overheid en de Raad voor de Kinderbescherming steeds maar weer in de steek was gelaten, nee, dat kon er bij de meerderheid van de internationale samenleving niet in – het was niet tastbaar genoeg en ging ieders voorstellingsvermogen te buiten. Het ging bovendien om Michael Jackson, een van de grootste artiesten in deze wereld, die in rijkdom en roem had geleefd. Een kind krijgen en het vervolgens verstoppen? Zoiets zou hij van zijn leven niet hebben gedaan! En Katherine Jackson was louter en alleen een engel, die altijd een goede moeder voor haar kinderen was geweest. Het wilde er bij de meeste mensen niet in dat ze zo wreedaardig kon zijn. Het was eenvoudiger om mij als een mafkees te bestempelen. Het had mij duidelijk gemaakt waar ik stond: ik stond er alleen voor. De mensen die waren vermoord, zouden van de buitenwereld nooit het respect krijgen dat hun toekwam.

Deze gedachten brachten mij terug naar 1984, naar het uur dat de laatste moord, op Max, op Haïti plaatsvond. Ik was bij hem in een kamer neergezet, ook hij was aan een stoel vastgebonden. Ik was een hoek van de kleine kamer in geduwd en de enge man was weggegaan, ik zat daar alleen met Max. Hij had gezegd: 'Ik heet Max. Ik heb gesmeekt om een gesprek met jou onder vier ogen. Ik wilde alleen jou spreken, en niet mijn vrouw. Mocienne, ik vind jou bijna nog liever dan mijn vrouw: zij blijft leven omdat jij haar leven hebt gered! Weet je waarom ik niet met haar wilde praten? Omdat jij net zo lief bent als zij.' Ik werd heel bang door wat hij gezegd had en begon over mijn hele lichaam te trillen. Max zag het, hij zei: 'Ik weet dat je bang bent, maar dat hoeft niet want ze zijn niet van plan jou dood te maken. Ze hebben jou nodig, en jij bent zo lief, iedereen weet hoe lief jij bent, jij bent zo'n lief meisje! Toen we je moesten pakken van je papa, moesten we allemaal huilen want dat wilden we je niet aandoen. We hebben je met je papa zien lachen en spelen, we vonden je geweldig. Als ze jou dood zouden maken zouden wij onze familie dood laten maken, we konden jou niet dood zien gaan, we vonden je veel te lief.'

Daarop begon ik erbarmelijk te huilen, ik gilde het uit, ik zei snikkend: 'Ik word nooit meer lief, ik word nooit meer lief, nooit meer!!' Max begon nu ook te huilen, en noemde me 'schatje'. Ik ging dood vanbinnen, ik gilde het uit van het huilen en stamelde tegen Max: 'Ik ben voortaan nooit meer lief,' terwijl ik met mijn rechterwijsvinger naar hem wees en met mijn voeten op de grond stampte. Max zei: 'Kom eens hier. Ik ga dood, Mocienne, kom es even bij me.' Huilend liep ik naar hem toe, en hij nam me op schoot. Ik huilde nog steeds vreselijk. Max hield me vast en zei: 'Kijk, als jij geen lief meisje was geweest was je niet naar me toe gekomen.'

Hij troostte me en ging verder: 'Ik wil de laatste ogenblikken die ik nog heb, met jou doorbrengen, en je vertellen hoe geweldig en hoe lief jij bent. Je moet goed beseffen dat wij, die allemaal doodgaan, van je zijn gaan houden en je geen stout kindje vinden. Je bent een engeltje, en je papa houdt enorm veel van jou. Je zult na mijn dood een tijdje niet aardig zijn, maar alles zal weer goed komen want jij bent net zo lief als mijn vrouw, en daarom ben ik nu veel liever hier bij jou dan met haar aan de telefoon. Als je later groot bent, dan word je net als zij, alleen weet je dat nu nog niet. Wij hebben geen kinderen, maar we zouden heel blij zijn geweest als we jou hadden mogen krijgen. Mijn vrouw is niet zo mooi donker als jij, maar ze heeft wel prachtig donker haar, en groene ogen. Ze houdt van kinderen, en ik hoop dat als ik er niet meer ben, ze er veel krijgt met een heel leuke man. Ik hoop dat ze dan allemaal op jou lijken, Mocienne, want jij bent fantastisch, en ik houd van jou. Als ik dood ben, wees dan vooral niet bang. Ik ben heel erg blij dat ik mijn laatste minuten met jou heb kunnen doorbrengen, want jij bent mijn engeltje.'

Dit alles zei Max in het Engels. Hij had mooie donkerbruine ogen en donker steil haar, dat lang was voor een man. Hij was heel knap, zag er niet bang uit. Wel had hij tranen in zijn ogen, maar hij huilde om mijn verdriet. Hij zei tegen mij: 'Als ik zo meteen doodga, ben ik toch bij jou, ik ga nooit bij je weg, ik blijf altijd bij je, ook al zie je me niet. Ik ga niet bij je weg want ik word jouw engeltje, en als ze je toch dood zouden maken, dan ben ik er om je handjes vast te houden wanneer we samen naar God lopen.' Ik moest onbedaarlijk huilen en zei: 'Max, ga niet weg, ga niet weg, Max, blijf bij me!'

'Ik ga niet weg,' zei hij terwijl hij mij dicht tegen zich aan hield, 'beloof me dat je sterk zult zijn, laat mij niet met tranen bij je weggaan. Beloof het me, Mocienne, wees sterk voor mij.' Huilend beloofde ik hem dat. Hij pakte mijn gezicht beet, keek me nog een keer heel doordringend aan en zei: 'Je bent nooit alleen, ik ben bij je, maar mijn tijd is nu om. Ze komen me zo doodmaken. Blijf je nog even bij me als ik dood ben? Beloof me dat je niet bang zult zijn want ik sta naast je, alleen mijn lichaam is dan weg.' Ik beloofde het. Max zei: 'Dan ben ik gerust. Nu wil ik dat je daar in de hoek van de kamer gaat staan om naar me te kijken. Neem maar vast afscheid van mijn lichaam. Ik zal je blijven aankijken en we zeggen niks meer tegen elkaar. Dan is alles goed. Als die man dadelijk komt zal mijn lichaam algauw niet meer leven.'

Max kuste mij over mijn hele gezicht, gaf me een kusje op mijn lippen en zei: 'Mocienne, wat ben je toch een lief goed kindje. Jij bent geen moordenaar, en dat mag je ook nooit worden. Je bent net als mijn lieve vrouw, jullie zijn mijn engeltjes. Mocienne, beloof me dat je nooit een moordenaar wordt, beloof het aan mij.' Ik zei: 'Ik beloof het, Max,' en hij veegde zijn tranen weg. Ik beefde, en hij hield mij nog één keer vast, hij droogde mijn tranen niet. Hij zei: 'Ga nu maar vast in die hoek zitten, en wacht daar tot ik word gedood. En ik wil graag dat je daar blijft zitten. Ze hebben me beloofd dat je mij op een afstand mag zien doodgaan. Als je je vader ooit ziet, zeg dan namens mij dat het me allemaal vreselijk spijt. Vergeet nooit hoeveel papa van je houdt, Mocienne, iedereen houdt van je. Slechte mensen houden van niemand, maar jij bent lief.' Ik ging nog even van mijn plekje af, liep naar hem toe en gaf hem voor de laatste keer een hand en een kusje op zijn mond, waarna ik weer in mijn hoek ging zitten. Ik vond het best prettig om naar Max te kijken, hij was mooi, niet bang om dood te gaan. Hij had de laatste momenten dat hij nog in leven was, met mij willen doorbrengen, hij had niet met zijn vrouw willen praten, hij wilde mij vasthouden en hij zou mijn engel worden. Hij vond me lief. Ik huilde in stilte.

Na een tijdje kwam die enge man en schoot Max dood. Ik hoefde bij deze laatste moord niet te staan om van dichtbij te zien hoe hij werd doodgeschoten. Ik zat op de grond en zag hoe het bloed van Max heel langzaam uit zijn hoofd wegsijpelde. Ik zei tegen mezelf: Max staat nu naast mij. De enge man wilde me aanraken maar ik gilde tegen hem: 'Raak me niet aan, laat me met rust, laat me alleen, bij Max!' Ik schrok ervan dat hij naar mij luisterde: hij raakte me niet aan, liep de deur uit en liet deze nu openstaan.

Ik liep naar het dode lichaam van Max. Hij was nog steeds even knap om te zien, ook zijn handen waren mooi. Ik raakte hem aan, hij voelde nog warm aan, het bloed stroomde uit zijn hoofd van de tafel op de grond. Zijn ogen waren dicht. Hij lag met zijn hoofd op de tafel, die onder het bloed zat. Het bloed bleef op de grond druppelen. Het leek wel of hij sliep, het bloed kwam nu dicht bij zijn liggende hoofd. Terwijl ik zijn gezicht aanraakte voelde ik dat zijn huid nog altijd warm was. Ik raakte zijn haar aan, huilde om hem, gaf hem waar ik erbij kon, nog een kusje op zijn handen en zijn gezicht. 'Max,' zei ik, 'je bent nu bij mij, hè? Je staat naast me, ben ik zo sterk genoeg? Max, ben je er? Dag Max, ik vond jou ook heel lief, bedankt. Dankjewel, lieve Max.' Inmiddels zat ik onder zijn bloed. Ik wist dat ik nu de kamer uit moest lopen en dat deed ik dan ook. Daar stond die enge dokter met zijn injectiespuit. Ik zei tegen hem: 'Ik zal doen wat u zegt, ik wil nu verder niets,' en ik reikte hem mijn hand. Samen met hem liep ik de gang op. Aan de rechterkant kwam licht uit een raam dat uitkeek op een tuin. Die dag beloofde ik mezelf dat ik nooit meer lief zou zijn.

De psychiater had me verteld dat er achter mij zoals ik was, een kwetsbaar meisje verscholen zat met alleen maar goede bedoelingen. Desondanks kwam het erop neer dat hij mijn leed verloochende, net als die mensen die in 2010 in de amusementsmedia hun ongezouten mening over mij hadden gegeven. De Nederlandse rechter noemde mij onstabiel omdat ik naar een psychiater ging om steun wanneer ik het moeilijk had, en omdat Joshua in 2011 samen met zijn therapeut naar de rechtszaak was gekomen in verband met de bezoekregeling. Die therapeut, mijn ex en ik hadden het belangrijk gevonden dat Joshua niet in zijn eentje voor de rechtbank zou staan, maar daardoor werd mijn zoon ook kwetsbaar neergezet – zo maakte hij de indruk dat hij niet sterk genoeg was om zich een eigen mening te vormen, terwijl hij toch zeer duidelijk was geweest: 'Ik wil mijn moeder zien en ik wil terug naar de bezoekregeling die er was voordat papa hem stopzette.'

Men wist werkelijk niets over mij. Dat kon ik nog wel begrijpen, maar het ging me te ver dat ik niet stabiel genoeg werd bevonden om voor mijn kind te kunnen zorgen, omdat ik met een trauma moest leven door het verlies van Elizabeth Taylor – dit ging me recht door het hart. Niemand had kunnen verklaren waarom Michael na zijn Victory Tour met de Jacksons een andere man was geworden, een stille in zichzelf gekeerde man die zichzelf niet langer aan de buitenwereld liet zien. En nu werd ik door mijn ex, Charat de Graaf, gestraft omdat de waarheid van mijn verleden in 2003 naar buiten was gebracht, en hij buitte dit uit waar hij maar kon en wanneer hij maar wilde. Michael had dezelfde schaamte moeten ondergaan als hij openbaar had gemaakt dat hij een dochter had die niemand kende. Elizabeth Taylor had dit als een der weinigen geweten maar zij stond er verder los van.

Diana Ross was wel betrokken, maar zij koos uiteindelijk de kant van haar zuster. Zij heeft nooit over de dood van Michael gepraat behalve in een krantenartikel waarin ze haar medeleven toonde. Toen haar ex-man, Arne Naess

Jr., in 2004 overleed, kwam ze op tv en gaf een geweldig interview over haar verlies van de vader van haar twee zoons. Hoewel Michael natuurlijk niet haar man was geweest, en niet de vader van haar kinderen, waren ze gedurende vijfenveertig jaar wel degelijk de beste vrienden geweest. Ze had hem als geen ander gekend, en hij was een wereldster, een van de grootste artiesten die ooit had bestaan. Hij was vermoord, maar Diana zei daar niets over. Hierdoor begreep ik nog beter hoe de buitenwereld tegen mij aankeek. Wat had ze moeten zeggen? De waarheid vertellen en daardoor het risico lopen dat haar iets zou worden aangedaan? Nee, ik begreep best dat ze ervoor koos om over Michaels dood te zwijgen, afgezien van wat ze er in 2009 over had gezegd. Hoewel het mij bijzonder veel pijn deed en ik ook nog eens boos op haar was, begreep ik haar maar al te goed.

Mijn dierbare penvriendin Yvonne bleef er bij mij op hameren dat ik er nooit over moest liegen hoeveel Michael van mij had gehouden. Ze was woedend geweest over de sessies bij die psychiater, ze noemde hem waardeloos en vond hem een mafkees. Het was geweldig hoe ik met haar over mijn kind kon praten. Het bestaan van Joshua had mij alleen maar dichter bij mezelf gebracht, en ik was erachter gekomen dat er in mijn leven niets belangrijker was dan hij. Ik had er mijns ondanks voor gekozen zijn vader in zijn leven toe te laten zodat hij toch een vader en een moeder had. Het maakte de hele situatie er niet makkelijker op, maar in elk geval had ik die keus gemaakt omdat ik het nu eenmaal belangrijk vond dat hij ook een vader had. Na de dood van Michael had ik geleerd dat er eigenlijk geen veiligheid bestond: ze hadden hem vermoord, en de dokter zou er gemakkelijk van af komen.

Het was nu twee jaar later en ik begon langzaam maar zeker te begrijpen dat Michael echt door toedoen van zijn arts was vermoord. Er was geen ontkomen aan. Dat besef maakte dat ik alles kon loslaten, ik zou nooit meer bang zijn. Michael was zelf bang geweest maar hij wist ook wat er zou komen, dat hij zou sterven. Ik had het geweten en niets kunnen doen. Als de maffia namelijk besluit dat jij dood moet ga je dood, je kunt hen nooit te slim af zijn – ze zijn als een ziekte waarvan je niet kunt genezen. Ook al heb je alles, het zijn alleen de mensen die nog erger zijn dan zij die jou kunnen redden. Ik was trots op Michael. Ik was blij dat ze hem althans niet hadden opengesneden met een mes, maar dat hij een zachte dood had gehad, in zijn slaap. Misschien heeft de arts hem nog beurs geslagen: op Michaels lichaam waren veel blauwe plekken aangetroffen. In elk geval hadden ze naar zijn dood toe gewerkt, en hem geestelijk beetje bij beetje kapotgemaakt.

Mijn vader wist dat hij vermoord zou worden maar niemand hechtte daar geloof aan, net zomin als dat men ooit zal geloven dat ik zijn dochter ben. Het was immers zeer onwaarschijnlijk dat Michael vermoord zou worden, met al die bewakers om zich heen, die overigens niets deden – ze verzwegen de waarheid. Er was er niet één onder hen die zijn leven voor Michael had willen wagen om vervolgens gedurende de rest van zijn leven te worden gechanteerd, of zelfs vermoord! Nee, ze kozen voor hun eigen leven. Ze hadden in de rechtbank allemaal toegegeven dat ze de zaak niet vertrouwden, maar ze stonden erbij en keken ernaar. Ze bleven omwille van de kinderen, zeiden ze, terwijl ze zagen hoe Michael langzaam werd afgeslacht, geestelijk en lichamelijk.

Met de wetenschap van alles waar de maffia toe in staat is, zie ik Michaels dood als een zachte dood. Michaels geest was, na wat hij allemaal had meegemaakt, sterk gebleven. Autopsie bewees dat hij gezond was en een ijzersterk lichaam had voor een man van vijftig. Er was niemand geweest om hem te redden, net zoals er niemand zou zijn om mij te redden, want mensen kunnen de waarheid niet aan. Hij werd ervan beschuldigd dat hij geestelijk ziek was toen hij zei dat hij zou worden vermoord, en daarom om hulp vroeg. Nee, iedereen zei: 'Nee, Michael, er is niets aan de hand'.

Michael was jarenlang op de vlucht, en maakte op zeker moment een ernstige fout. Dat was toen hij oude bekenden van zijn vader Joe en zijn broer Jermaine toeliet tot zijn leven, doctor Thome Thome, de arts Conrad Murray en Frank DiLeo die goed bevriend was met John Branca. De mensen die van Michael hielden, weten allemaal wie zijn dood op hun geweten hebben, en hoe graag men het ons ook wil doen geloven, het was niet Michael zelf! Als ik er morgen niet meer ben, dan is dat zeker niet vrijwillig geweest. Ik zal nooit meer gaan slapen met de gedachte dat mijn leven ooit veilig zal zijn na wat er de afgelopen dertig jaar allemaal met Michael is gebeurd. Ik heb dan ook het nodige bewijs: de manier waarop mijn zoon in 2003 van mij is afgepakt in dezelfde tijd dat Michael voor de tweede maal van kindermisbruik werd beschuldigd en daarvoor werd vervolgd.

Na de eerste aanslag op Michael teneinde zijn naam kapot te maken, in 1993, werd ik achtervolgd en gebruikt, net als in 2003. Ik heb geen enkele illusie dat mijn kind en ik ooit veilig zullen zijn.

Het verlies van een droom

Ik heb nooit vertrouwen gehad in Katherine en dat heb ik alle rechtbanken in Amerika laten weten. Het bewijs daarvoor kwam snel boven tafel en bezorgde mij een zenuwinzinking, die gepaard ging met hysterisch lachen. In 2011 was er opnieuw sprake van ruzie binnen de familie Jackson en ik dacht: er is niets veranderd in al die jaren. Ze waren niet veranderd of wijzer geworden, maar nu waren Michaels kinderen erbij betrokken. Ik moest Michael al die nare dingen die hij mij had aangedaan, vergeven. Het was geen geheim dat ik niets om zijn drie jongere kinderen gaf – ze hadden in mijn ogen een makkelijk en verwend leven gehad bij Michael, en hij was er op een bepaalde manier meer voor hen dan voor mij geweest. Ze waren in de wereld bekend als zijn kinderen en hadden zijn geld geërfd. Ik weet dat het niet aardig van mij was, maar soms had ik gewoon een hekel aan hen. Paris en Prince leken het heerlijk te vinden de aandacht van de media te krijgen, en o! de mensen vonden Paris Jackson zo 'Jackson'! Ik vond haar geen mooi meisje, ik zag te veel van Debbie Rowe in haar en in Prince te veel van Arnold Klein. Dat was niet zo aardig van mij, maar zo voelde ik het nu eenmaal. De kinderen hadden het niet gemakkelijk met de andere kinderen van de Jacksons.

Ik had altijd geweten dat deze kinderen enorm verwend waren door Michael: ze kregen alles wat ze maar wilden. Ik had nooit goed verwerkt op welke wijze hij hen had gekregen, en hoe verwend ze waren. Ik had mijn hele jeugd moeten lijden, en nu was voor hen de tijd aangebroken om 'echte' Jacksons te worden. Ik wist dat de familie Jackson hen uiteindelijk meer zou vervloeken dan mij toen ik klein was, maar ze zouden wel veiliger zijn dan ik. Ik had geen goede herinnering aan de familie Jackson, dus waarom zouden zij die wél krijgen? Ze zouden tegenover de media altijd liegen dat ze goed werden behandeld, ze konden niet anders. Ik wilde zien hoe ze dat gingen doen, ik was keihard: nu was het voor deze kinderen een hel! Mijn vriendin Yvonne bleef desondanks lief voor mij. Ze zei: 'Ja, hun leven is niet zo erg als het jouwe, maar heb toch maar medelijden met ze, Mocienne. Ik weet dat je boos bent op je vader, en natuurlijk moeten ze nu op eigen benen gaan staan, maar als jij niet van ze houdt hebben ze helemaal niets!' Ik zei: 'Sorry, Yvonne, ik kan ze nu gewoon even niet waarderen,' maar ze bleef maar zeggen:

'Het zijn toch jouw broers en zusje.' Ik vond het geweldig dat ze begreep hoe boos ik was op alles en iedereen, en dat ik me even niet met hen wilde bezighouden. Ik had dit willen meemaken, ik had op dit moment zitten wachten. Ergens, diep in mijn hart, wilde ik weten of ik me in de familie Jackson had vergist. Was hun kilte speciaal voor mij bedoeld geweest, en zouden ze deze kinderen de liefde geven die ze voor mij nooit hadden gehad?

Ik had een foto gezien van oom Jackie Jackson met Michael Jr., het zag eruit zoals ik verwacht had: dit was wat hij ook voor mij had gedaan toen ik klein was – hij heette je een beetje welkom. Hij zag er niet gelukkig uit, en ik mocht hem nog steeds niet echt. Er was sprake van ruzie met de andere kinderen in huize Jackson, en natuurlijk bleef de reden daarvan ongewis. Ik vond al die ellende daar best amusant, het bevestigde mijn vermoeden dat deze mensen niet te vertrouwen waren. Michael had de kinderen dan ook altijd ver van hen vandaan gehouden. Bij mij kwamen hierdoor opnieuw herinneringen boven aan wat er allemaal met mij was gebeurd.

Op een nacht werd ik wakker, ik ging vreselijk tekeer, ik wilde niet dat deze kinderen ooit zouden meemaken wat mij was overkomen, en ik huilde erom. Ik hoopte dat ze nooit zouden hoeven zien dat er mensen werden doodgemaakt. Ze hadden Michael heel langzaam zien wegkwijnen. Dit noemde men een trauma, maar ik kon zweren dat ze niet alles hadden gezien. Ja, ze hadden gemerkt dat Michaels gezondheid achteruitging, en ja, ze hadden vast wel gehoord dat er ruzie was, maar ik wist zeker dat de maffia hun nooit alles zou laten zien. Ik wist dat de maffiosi niets om die kinderen gaven, ze kenden hun DNA-geheim en waren ervan doordrongen dat Michael nooit het risico zou nemen zich zijn eigen DNA te laten ontfutselen. Dat was niet omdat de kinderen hem minder waard waren – hij hield van hen zoals een goede vader dat doet. Maar op deze manier zou hij niet opnieuw door een hel hoeven gaan, met chantage als machtsmiddel: dat hij dan voor de tweede keer zijn eigen kroost zou kwijtraken. Hij wist dat de maffiosi dit niet nog eens zouden doen omdat het litteken niet sterk genoeg was om hem te laten breken met deze kinderen. Dus met liefde heeft hij deze kinderen gekregen, hij wilde alles beter doen dan toen met mij, en dit was zijn kans. Hij had hen op een andere wijze op de wereld gezet dan mij: hij wilde iets goed doen, voor zichzelf. Hierdoor waren er weer andere mensen gekomen die hem haatten, omdat hij zijn fantasie tot leven had gewekt. Ik was daar heel erg boos over, omdat kinderen volgens mijn maatstaven uit liefde geboren moeten worden, en niet op grond van een fantasie en omwille van de hebzucht van Michael. Ik had het daar met Yvonne, mijn penvriendin, veel over gehad, en hoeveel pijn mij dat had gedaan.

In mijn hoofd had ik allang gezien hoe het zou eindigen: ik zou Michael in zijn sop gaar laten koken met zijn mooie nieuwe gezin, en ikzelf zou met een leuke man trouwen en nog vier kinderen krijgen. Als Michael dan eenmaal oud was en niet langer de leugenaar wilde uithangen, zou ik voor hem gaan zorgen. Dit was mijn plan met Michael, ik zou hem uit mijn leven gooien en het niet meer over hem hebben, net doen alsof hij in 1984 was overleden. In 2003 had hij gevochten om mij in zijn leven terug te krijgen, en na 2005, nadat ik heel lang niets meer van hem had gehoord, en ook net voor zijn dood, zou ik hem nog een kans geven en hem vergiffenis schenken. Daarna zouden we wel zien, maar met zijn kinderen wilde ik dan nog steeds niets te maken hebben, die moesten het maar zonder mij doen, en ik zonder hen. Ik zou Michael ook vragen, zelfs smeken om mij nooit met de media te delen, en dan zou ik op mijn beurt meegaand zijn, en gemakkelijk in de omgang. Dit stond mij voor ogen. Ik wilde mij helemaal distantiëren van Michaels 'happy wonderland' met zijn kinderen. Ik had tot in details in mijn hoofd hoe het moest worden: mijn leven zou bestaan uit mijn werk en mijn lieve echtgenoot. Michael en zijn verwende kroost konden hun leven voortzetten zoals ze dat inmiddels gewend waren. Deze intelligente kinderen werden door hem verpest en deden de fantasie van Michael in vervulling gaan.

Ik werd zelf als een intelligent persoon beschouwd, had heel wat in mijn mars. Ik had zelfs een universitaire opleiding kunnen doen, maar mijn hersens waren vanwege mijn trauma voortdurend bezig met verwerken en overleven, en daardoor moest ik naar een bijzondere school. Daar moest ik dingen met mijn handen doen – mijn hoofd was altijd druk. Ik scheen heel goed te zijn in wiskunde en modules, en ik was ook goed op technisch vlak, en had zakelijk een goede kijk op de dingen. Door mijn trauma ontbrak het mij echter aan voldoende begrip, zo dacht men. Michaels drie andere kinderen zouden deze problemen niet hebben. Ik vermoedde, Michael kennende, dat hij spermadonors had uitgekozen met een hoog IQ. Toen ik eenmaal wist dat Barbara Ross mijn moeder was, begreep ik wel waar ik mijn talent vandaan had.

Sindsdien noemde ik Michael een domme man, wat hij in werkelijkheid niet was, maar ik vond dat leuk, ik genoot ervan Michael dom te noemen. Ik vond het geweldig wanneer de media hem afkraakten, en keek graag naar filmpjes van mensen die hem bespotten. Dat was mijn wraak in tijden dat ik woedend op hem was. Ik werd altijd kotsmisselijk van hem als hij het had over het beter maken van de wereld. Michael had een goed hart, ja, en hij was een welwillend man, maar dit was toch werkelijk te onecht, na wat hij mij had aangedaan: hoe durfde hij zich te gedragen als een god die vrede op deze wereld wilde? Ik vond het ook dom van Michael dat hij geld weggaf zonder er toezicht op te houden wat ermee gebeurde: de meeste mensen gingen er gewoon mee vandoor en dat hoorde hij dan pas jaren later.

Ik had mijn leven op orde en dacht dat alles op deze manier verder zou gaan. Michaels engeltjes zouden opgroeien tot succesvolle 'happy kids', en vroeg of laat informatie over hun bestaan krijgen. Michael zou een mooi, zielig verhaal aan hen vertellen, iets met engelen erin, en dat het Gods wil was geweest dat zij in zijn leven waren gekomen. Hij zou hen met de kinderboekenreeks 'Martine' omkopen, en misschien over mij vertellen wanneer ze daar oud genoeg voor waren. In 2011 had ik aan de LAPD gevraagd of de kinderen van mijn bestaan afwisten, en men had mij geantwoord dat dat niet bekend was. Dat had ik al wel gedacht want ze waren er nog te klein voor.

En nu was Michael dood, en moesten ze bij de Jacksons wonen. Dit was een ware nachtmerrie, aan deze mogelijkheid had ik absoluut niet gedacht. De andere kant van het verhaal was dat ik in een bepaald opzicht blij was dat Michael hen niet zou zien opgroeien, want hij was er voor mij ook nooit geweest. Ik was al vijfentwintig jaar vóór zijn dood alleen geweest, ik was hem kwijtgeraakt toen ik nog maar negen jaar oud was, en nu zaten zijn andere kinderen allemaal rond die leeftijd, nog niet eens volwassen en nu al wees. Hij zou al die jaren die hij van mij niet had meegemaakt, evenmin van hen meemaken – hij was dood. Zij hadden hem korter gekend dan ik, Michael had nog vierendertig jaar met mij meegemaakt – ik zou dat jaar vierendertig worden. Hoewel hij mij sinds de ontvoering zeventien jaar lang niet meer in zijn buurt had gehad, had hij uiteindelijk toch kunnen zien wat voor vrouw ik was geworden, en was hij opa geworden van mijn zoon Joshua. Hij was gestorven toen hij een opa van vijftig jaar was, hij had in dit leven zijn eerste kleinkind nog mogen meemaken vanaf diens eerste levensjaar. Van zijn drie andere kinderen zou hij in dit leven niets meer krijgen, hij was hun wereld en hij was weg.

Yvonne, mijn penvriendin, was mijn steun en toeverlaat toen ze mij alles over de kinderen liet zeggen wat ik wilde. Het leek wel of ze wist dat ik op een gegeven moment zou inzien dat ze met al het geld van de hele wereld niets hadden zonder Michael. Ik had Michael wél gehad, toen hij mij beschermde tegen de woede binnen de familie Jackson. Zij stonden met lege handen. Katherine kon zich als een geweldige oma voordoen maar ik wist wel beter, ik kende haar toneelspel. De littekens op mijn lichaam zijn er het bewijs van hoe goed ik haar kende. Heel langzaam voelde ik hierdoor een nieuw soort liefde voor de kinderen in mij groeien en mochten ze van mij niet vermoord worden. Ik wilde dat ze hun weg naar een gezond volwassen leven zouden vinden en mijn deuren zouden altijd voor hen openstaan. Ik had de rechter in Californië al verteld hoe doortrapt Katherine was, en dat het heel onverstandig was om de kinderen aan haar zorg toe te vertrouwen. Natuurlijk werd ik hierom uitgelachen: wie was ík nou? Helemaal niemand! Ik zei tegen Yvonne: 'Het duurt niet lang voordat de ellende met Katherine begint.'

Dat was inderdaad het geval. Het bericht kwam mij ter ore dat Paris Jackson ruzie had met Janet Jackson. Katherine was volgens Paris ontvoerd, en de Jacksons bleken erachter te zitten. Dit was geweldig nieuws voor mij want het bevestigde mijn idee dat het nog steeds dezelfde nare mensen waren. Er was blijkbaar niets veranderd in de tijd dat ik weg was. Zulke ruzies had ik nooit met hen gehad, en ik zou zeker niet tegen Janet Jackson zijn ingegaan, want als zij boos was dan ontplofte ze echt. Ook had zij nooit geschroomd je een paar klappen te geven, het maakte niet uit wie je was. Als klein meisje had ik gezien hoe makkelijk ze iedereen aankon, en ik wist dat het een kreng van de eerste orde kon zijn.

Janet was iemand met macht. Op de televisie speelde ze altijd de zachtaardige vrouw, met haar zachte stemmetje en haar fijne vrienden, maar ik wist dat ze eigenlijk anders was. Ze leek meer op Katherine dan welke Jackson dan ook die ik kende. Alleen zou ze nooit een kind pijn doen. Voor het overige was ze streng en dwong respect af – het maakte haar niet uit hoe ze dat kreeg –, dat had ze heel sterk. Als kind was ik een grote fan van Janet Jackson, gewoon om de manier waarop ze zich van haar familie en het geloof in Jehova had losgescheurd. Ik had haar tegelijkertijd doodeng en boeiend gevonden, en was net als de rest van de wereld van mening dat ze Michaels werk kopieerde. Wel aanbad ik haar album 'Control', dat was mijn Bijbel tegen de maffia, en een bevestiging van hoe ik de Jacksons had ervaren toen ik klein was. Ik vond haar geweldig op die cd en wenste haar alle succes van de wereld. Mijn lichaam leek op het hare, mijn gezicht niet, en ik wilde altijd zo graag dat ik haar achterwerk had. Ik vond haar billen prachtig, dat was altijd al zo geweest.

Op school had ik een keer de eerste prijs gewonnen met playbacken, op een van haar nummers van het album 'Rhythm Nation', en men was verbaasd geweest hoeveel ik op haar leek. De school had daar nog jaren over gesproken. Ik had een pruik gedragen van hetzelfde soort zwarte haar als zij had, en identieke kleding, en ik had precies zoals Janet gedanst. Ik had een chocoladetaart gekregen toen ik had gewonnen – ik zou hebben moeten tongzoenen met een jongen als ik had verloren. Het was een weddenschap die ik was aangegaan. Op school deed ik nooit vrijwillig mee met dans en zang, maar deze keer wel, en iedereen was er verbaasd over geweest. Ik woonde toen nog bij mijn maffia-familie Rietveld. Ik had hun gezegd dat ik op school een nummer van Janet Jackson zou playbacken, en dat ik wat dia's nodig had. Het was van mijn kant pure wraak geweest naar hen toe. Toen ik 's avonds thuiskwam zei ik dat ze de chocoladetaart van school moesten komen ophalen. Naderhand waren ze zowat in shock geweest want men had tegen mijn adoptiemoeder gezegd: 'Mocienne lijkt net de echte Janet Jackson, vindt u niet?' Dit was de eerste trap geweest die ik hun had gegeven, om hun duidelijk te maken dat ik er maar al te goed van op de hoogte was waar ik vandaan kwam. Het was goed voor mijn ego geweest dat ik in de playbackshow had opgetreden als mijn tante Janet Jackson. Dit was tevens het bewijs dat ik niet gek en niet dom was. Ik leek zelfs nogal op haar, dat wil zeggen mijn lichaam, niet zozeer mijn gezicht. De familietrekken zijn er uiteraard.

Als ik ooit een DNA-test zou kunnen doen en mijn DNA zou bewijzen dat ik op geen enkele manier familie van de Jacksons ben, zou me dat echt verbazen, maar ik zou het wel goed vinden om hierover zekerheid te hebben. Katherine heeft er alles aan gedaan niet mee te werken aan een DNA-test met mij, dus ik acht de kans groot dat ik wel degelijk een Jackson ben! Vier jaar heb ik rechtszaken gevoerd om een DNA-test te krijgen, omdat er in Californië geen jurisdictie is om er mij een toe te staan met mijn overleden vader. Dat had alleen gekund als ik de vrouw van de overledene was geweest, en niet het kind. Ik zou het nog wel in een civiele procedure kunnen proberen. Dan zou ik het geluk moeten hebben dat het tot een proces komt en de jury het met mij eens is.

Maar eerst het volgende. Janet Jackson is voor mijn gevoel dus geen vreemde voor mij. Dat Paris tegen haar tekeerging vond ik zowel geweldig als gevaarlijk. Janet Jackson ruimt iedereen op die haar in de weg staat, zij is de vrouw met het geld, ze houdt van macht. De lieve Janet bestaat alleen voor diegenen die zij uitkiest als haar dierbare vrienden. En zoals ik haar de laatste vier jaar gezien heb, is ze er bepaald niet liever op geworden. Ik wist dat dit niet de goede kant op zou gaan, en dat het makkelijk tot zoiets kon leiden. Paris is de dochter van Debbie Rowe, een vrouw met een grote mond, en daar kan Janet Jackson al helemaal niet tegen, laat staan dat haar dochter Paris ook nog es een grote mond tegen haar opzet. Dat Paris en Janet als water en vuur waren kon iedereen voorspellen, dat was niet bepaald een verrassing. Als ik een jaar of dertien was geweest en ik Janet Jackson in mijn buurt had gehad, dan had ik ook absoluut ruzie met haar gekregen.

Janet Jackson kan boos op me zijn wat ze wil – zolang ze mij geen DNA-test aanbiedt kan ze wat mij betreft tegen me blijven zwijgen. Ze heeft in de vier jaar dat de wereldmedia op mij af komen namelijk evenmin iets over de rechtszaken gezegd die ik in 2010 aanging om een DNA-test met Michael te krijgen, of over mijn ontvoering van negenentwintig jaar geleden. Het enige waarmee ik het wél eens ben, is dat zij vindt dat Michaels kinderen verwend zijn, en nogal door hem verpest, en dat hun wereld te klein is gehouden. Dit omdat ik het zelf heb meegemaakt: hij heeft mij dat vroeger ook aangedaan. Alleen was het voor mij geen Neverlandvilla geweest, maar tweeënhalf jaar Haïti bij een tante die toeliet dat haar man haar kinderen mishandelde, die zelf niet lief voor hen kon zijn en mij samen met haar eigen dochter uiteindelijk had laten ontvoeren. Mijn wereld was dus meer gebaseerd geweest op de harde werkelijkheid en niet te vergelijken met de kleinschalige wereld waar deze drie kinderen vandaan kwamen: uit Michaels poppenkast Neverland en de hotels waar hij, de King of 'Pop', met hen verbleef. De kinderen konden zeker niet dom zijn, maar echt leed hadden ze nog niet meegemaakt, afgezien van het verlies van hun vader en hun leven zonder hem, maar ze zouden nog geconfronteerd worden met alle nare geheimen – hoe ze waren ontstaan –, zonder hun vader in de buurt. Dit zou hun lijdensweg zijn, maar het was minder erg dan wat ik had moeten doorstaan: vijfentwintig jaar lang leven met het dreigement dat Michael vermoord zou worden als ik het waagde hem te benaderen. Ik was in 2001 naar hem toe gekomen, acht jaar later werd hij vermoord.

Ik was daar omdat medewerkers van Sony Music wilden dat ik aanwezig zou zijn bij Michaels show, die op 7 september 2001 in New York plaatsvond, ter gelegenheid van zijn dertigjarig jubileum. Het is mogelijk dat Michael nog zou leven als ik daar niet naartoe was gegaan. Ik had tegen de mensen van Sony Music gezegd: 'Zeg alleen maar tegen Michael dat ik nog leef. Ik kan onmogelijk naar hem toe komen, anders maakt de maffia hem dood.' Maar ze hadden me gerustgesteld: 'Er gebeurt heus niets, Mocienne, het gebouw is tot de nok toe beveiligd. We zetten je ergens neer waar de Jacksons je niet kunnen zien, dicht bij de uitgang, en een van onze beveiligers wordt speciaal ingezet om jou en je vader in de gaten te houden.'

Op 11 september 2001, de dag van de verschrikkelijke aanslagen in New York, was ik om vier uur 's ochtends al vertrokken – net op tijd dus. Michaels laatste optreden was op 10 september 2001. Prince en Paris waren er ook bij geweest, vertelden medewerkers van Sony Music mij. Hij wilde al zijn kinderen erbij hebben, zeiden ze, en zij zouden net als ik niet vlak bij hem zitten maar ergens bij hem in de buurt. Zou hij zijn blijven leven als ik daar niet aanwezig was geweest? Ik vraag het me nog altijd af. Ik heb toch het vermoeden van niet.

Nog voordat ik was geboren hadden Joe en Katherine hem kennis laten maken met de maffia. Joe had gezegd dat een of andere maffiabaas Michael wel zover zou krijgen dat hij op diens bruiloft zou optreden. Hij was daar echter niet van de partij geweest. En dan was er nog zijn geliefde zusje La Toya, die met een lid van de maffia trouwde, Jack Gordon. La Toya heeft heel wat over dit heerschap geschreven: hoe zij door hem werd mishandeld, onder meer aan haar handen, dat hij een zakenrelatie was van Joe en hoe Michael haar zelf uit de handen van de maffia en Jack Gordon had gered. Ik denk niet dat de buitenwereld zich ooit heeft gerealiseerd wat voor ellende Michael over zich heen heeft gekregen omdat hij voor zijn zusje in de bres was gesprongen.

Mensen die nooit met de maffia te maken hebben gehad, zullen dat niet kunnen begrijpen. In de reglementen van de maffia staat onder andere dat als men iets van de maffia afpakt, men zelf ook iets verliest. Vroeger maakte de maffia geen geheim van zijn eigen bestaan, nu is deze vrijwel onzichtbaar, en dat maakt het levensgevaarlijk, dat zorgt ervoor dat je er alleen voor staat. Ben je te rijk dan zeggen instanties zoals de FBI en LAPD: zoek het maar uit. Heet je Michael Jackson, nou, dan heb je er zelf om gevraagd. Om deze reden kon de arts Conrad Murray bijna straffeloos wegkomen nadat hij Michael van het leven had beroofd, in plaats dat hij de doodstraf kreeg, en werd hij al na twee jaar een vrij man. Veel artiesten sterven zo, zonder dat het de LAPD en de FBI iets kan schelen. Deze instituties ontberen de middelen die nodig zijn om de maffia aan te pakken, en ze zijn te zwak, te traag en als het ware te blind om deze te herkennen. De maffia kan bestaan uit mensen die niets op hun grafsteen hebben staan, mensen die eruitzien als een smerige zwerver, maar het kunnen net zo goed lieden zijn die aan de top zitten. Vooral ook zijn ze te vinden bij goed bekendstaande kerken, waar men voorwendt mensen te helpen maar waar zelfs nog het meest aan mensenhandel wordt gedaan. Dit instituut is namelijk te groot om op te vallen. Ik heb het met eigen ogen gezien en meegemaakt. Wanneer mensen van de FBI een doorbraak willen maken, worden ze opeens niet meer vertrouwd, waardoor ze weer terug bij af zijn. Er zit ook veel te veel papierwerk tussen.

Ik heb het gezien. Ik geloof dat Max, de laatste man die in 1984 tijdens mijn ontvoering werd vermoord, een FBI-agent was: zoals hij zich ten opzichte van mij gedroeg, me vasthield, me troostte. Uit dit alles concludeer ik dat ik Michaels dood onmogelijk had kunnen voorkomen zodat hij nog bij zijn kinderen kon zijn, die hem hard nodig hadden. De Jacksons hebben mij uitvoerig bewezen dat ze geen fijne familie vormen, en zeker niet normaal zijn, zoals ze de wereldmedia wilden doen voorkomen. Ik kon pas in 2012 gaan rouwen, toen ze niet meer zoveel tv-shows deden, en Michaels fans niet meer gilden. Er waren mensen geweest die om Michael zelfmoord hadden gepleegd, en ik rouwde ook voor hen, en zelfs voor de kinderen van de moordenaar van Michael. Ik had voor de kinderen van

Conrad Murray gebeden. In 2011 werd deze arts tot vier jaar gevangenisstraf veroordeeld. Elke dag had ik zijn proces gevolgd en ik was voor mijn eigen zaak tegen Katherine ook in Californië geweest.

Ik lachte iedereen uit die Katherine een zielige vrouw vond omdat ze haar kind had verloren. Ik was er verbaasd over hoe raar mensen konden zijn, dat ze iemand plotseling zo enorm ophemelden. Menigeen noemde Katherine zo sterk dat ze daar elke dag kon zitten, daar moest ik hartelijk om lachen. Ik dacht bij mezelf: kon men die andere kant van haar toch maar zien, wat voor valse vrouw ze was – ik vond haar verrot vanbinnen, en vol haat. Heel langzaam kwamen er nu toch mensen die haar een geldwolf noemden die haar zoon Michael had uitgebuit, en nu alleen maar huilde omdat ze hem niet langer als haar poort naar het geluk kon gebruiken. Ik vond het allemaal prachtig, ik had me in geen jaren zo geamuseerd wanneer ik mensen hun ongezouten mening over Katherine hoorde geven. Heel langzaam werd in mensen het besef wakker dat ze niet dat liefdevolle moedertje en omaatje was waar ze zich voor uitgaf. Ik heb geen concreet bewijs om aan te tonen wat Katherine mij heeft aangedaan, en daar zou ik ook nooit aan kunnen komen omdat me alles was afgepakt toen ik werd ontvoerd. Maar mijn herinneringen kon ze me niet afpakken en ze maakte intussen alles waar. Alle facetten in haar gedrag bevestigden hoe goed ik haar kende, ze was voor mij een open boek – een vos die haar streken niet verleerd was. Als ik het bij het rechte eind had leden de kinderen van Michael onder haar bewind, ze waren gewoon de amusementswereld in getrapt. Paris Jackson was bijvoorbeeld vaak in het nieuws. Elke week verschenen er wel foto's van haar met teksten die ons vertelden hoe mooi ze wel niet was, met haar blauwgroene ogen en haar lange haar.

Ik liet mijn omgeving weten dat het niet goed ging met de kinderen. Ik belde mijn LAPD- contact om te zeggen dat ik me zorgen maakte, maar iedereen verzekerde mij ervan dat de kinderen in goede handen waren. Er was maar een persoon die aan mijn kant stond, en dat was mijn dierbare penvriendin Yvonne. Wat was ik haar dankbaar! En zo veranderde mijn gevoel voor de kinderen echt: opeens begon ik in te zien dat ik het met Michael werkelijk veel beter had gehad dan zij. Michael was in die tijd nog zichzelf geweest, meer ontspannen, en minder streng. Wat ik zo mooi vond was dat Yvonne bevestigde dat ik daarin gelijk had, en dat Michael er in die tijd ook veel gelukkiger uitzag op de foto's.

Ik begon meer en meer te voelen en te begrijpen dat hun vader in elk geval niet Michael kon zijn. Paris had een gesprek vrijgegeven over haar leven met Michael, en daarin zei ze dat Michael een goede kok was, en lekkere ontbijtjes klaarmaakte. Wat ik echter van hem wist was dat hij niet van ontbijten hield, en niet gek op eieren was. Hij was voor veel dingen allergisch, daar hoorde ook melk bij, en daarom kreeg ik nooit melk van hem. Michael een goede kok? Wat ik ervan weet is dat Michael onder koken het volgende verstond: iets op een vuur gooien, en het er vervolgens weer af halen. Ik heb hem nog nooit met een pan in zijn handen achter een fornuis zien staan. Op Haïti had ik een keer gezien hoe hij mais pelde en deze in de pan deed. Michael was gek op mais en pinda's, en alle soorten bonen. Kip en vis at hij het liefst. Hij at ook graag zoete aardappels uit het vuur, hij gaf daarbij de voorkeur aan een kampvuur waar je eten op kon gooien. Michael was geen ontbijtman, maar wat bij de drie kinderen en mij wel overeenkwam was dat hij de dag graag gezamenlijk begon. Michael was 's ochtends niet erg actief, hij was meer iemand die dan wilde genieten van de vogels die floten, en luisteren hoe het leven langzaam op gang kwam. Hij werd pas 's middags wat drukker, en 's avonds was hij een stouterik – dan vertelde hij enge verhalen, speelde op zijn gitaar en als ik geluk had deed hij een spelletje voetbal met mij.

Met mijn neven speelde hij op Haïti graag een potje voetbal, en dat ging er altijd hard aan toe. Hij was er echt goed in, het was altijd de moeite waard om het te volgen want Michael was snel en wild. Mijn neven streden er dan om wie hem in zijn team mocht hebben. Als wij meisjes mee mochten spelen, en we kregen Michael in ons team, wonnen we altijd, hij was niet te houden, en als wij tegen hem moesten voetballen, kende hij geen genade voor ons, hij wilde per se winnen. We hadden dan wel altijd het geluk dat als we Michael niet in ons team hadden, onze neef Antwane zich bij ons voegde, en die was ook heel erg goed. Dat was hard tegen hard, Michael en hij, ook Antwane kende geen genade. Iedereen die Michael in zijn team had, won. Wij zwoeren dan allemaal op wraak, dat er dus een team zou komen dat Michael zou uitschakelen, we deden ons uiterste best. We geloofden steevast dat we op een dag van hem zouden winnen met voetbal. Michael liet ons nooit winnen, we moesten als bezetenen voetballen om een beetje tegen hem op te kunnen, hij daagde ons uit om het beste uit onszelf te halen. Hij eiste dat, nam nooit genoegen met minder. Het was fantastisch geweest, ik hield ervan met hem te spelen. Het was een echt feest geweest, ik kende geen andere man in mijn leven die zo goed kon spelen als Michael. Hij was dan altijd op zijn best, vond ik.

Kelly had een keer aan een ander spelletje meegedaan. Iemand had iets in zijn handen, en een ander moest dan raden wie het had, het was vaak een noot of zo. We moesten de betreffende persoon om de tuin leiden, in de war brengen, en als deze dan had besloten achter iemand aan te rennen, moesten wij de noot gauw aan een ander doorgeven. Die dag had ik mijn tante weer een jong kind zien worden, ze lachte zich suf, ze was in de ban van Michael, het was net een kind. Het was een ontzettend leuk spel en we lachten allemaal tot we niet meer konden. Michael had altijd meteen de goede persoon te pakken, en dus kreeg hij als enige een blinddoek voor. We vertrouwden hem niet, zoals hij keer op keer wist wie de noot bij zich had en ook wie de eerste persoon was die hem achter zijn rug vasthield. Iedereen moest zijn handen achter zijn rug doen. We hadden zo weinig vertrouwen in Michael dat ik mijn handen op zijn ogen mocht leggen, en ik genoot daar enorm van. Ik zei dreigend tegen hem: 'Papa, je krijgt geen eten als je stiekem zit te kijken.' Michael zat op de grond en ik stond tussen zijn benen met mijn handen over zijn ogen. Hij zat alleen maar te lachen – ik was gek op Michaels glimlach – en als hij weer mocht kijken, probeerde hij steeds in mijn handen te bijten met zijn mooie tanden. Hij maakte daarbij het geluid van een hapje en ik zei dan: 'Hij wil mij opeten.' Michael zei steeds: 'Ja, dat wil ik inderdaad, maar jij bent altijd weer snel weg met die handjes van je.' Ik had Michaels tanden altijd graag in mijn vel, het kietelde en dat vond ik erg leuk. Michael zei dan: 'Ik bijt geen stoute kindjes, alleen maar lieve.' Dus als hij mij heel zachtjes beet vond hij mij blijkbaar lief.

Michael was in mijn tijd een man geweest die eenvoudig leefde en graag buiten was. Ik was in tegenstelling tot zijn drie jongere kinderen niet opgesloten geweest toen ik klein was, ik ging ook gewoon naar school, en kreeg geen les aan huis zoals zij dat hadden. Ik had dan wel geen broers en zusjes, maar ik had mijn neven en nichtjes, en een echte wereld om me heen waar veel gebeurde, terwijl de drie andere kinderen van Michael nooit iets meemaakten. Michael schermde hen van alles af. Toegegeven, het was niet allemaal geweldig geweest wat ik op Haïti had gezien, maar ik leerde hierdoor wel de wereld kennen zoals deze echt was:

groot en gevaarlijk, en Michael was er niet de baas. Toen ik klein was, was Michael zoals gezegd een ongecompliceerde man die niet overal over nadacht. Met deze kinderen had hij dat wel gedaan. Zij hadden niet de vrijheid gekend zoals ik die had gehad, en ze hadden niet geleerd hoe ze op een handige manier voor zichzelf moesten opkomen. Ze hadden geen mensen om zich heen gehad die grenzeloos van hen hielden. Michael had altijd lieden in hun leven gebracht die er beter van wilden worden, of ervoor betaald werden om er voor hen te zijn – in feite hadden ze alleen elkaar. Michael had jaren geleden afstand gedaan van zijn familie dus de kinderen groeiden niet hecht op met hun neven en nichtjes zoals ik dat wel had gehad. Wat ik best bijzonder vond was dat zij na Michaels dood ook bij familie in huis kwamen met neefjes en nichtjes, alleen waren die niet zo aardig als de mijne op Haïti, en het was ook niet voor even, maar voor altijd.

In 2012 liep de ruzie van de Jacksons onderling uit de hand. Katherine was volgens Paris dus ontvoerd. Janet en zij hadden al eerder onenigheid gehad: Janet vond dat Paris nog veel te jong was om zich in de amusementswereld te begeven. Ik heb nooit kunnen begrijpen waar Janet zich druk om maakte: ze had op haar veertigste langzamerhand toch moeten weten hoe haar moeder Katherine in elkaar zat. 'Her way or the highway', dus Janet daagde haar moeder uit. Dat vond ik prachtig. Hoewel ik haar niet bepaald mocht, had ik opnieuw diep respect voor haar dat ze het gevecht met Katherine aanging. Ze was woedend op die vrouw, en daar genoot ik van. Op haar broers en zuster was ze trouwens ook woedend.

Ze kwam met een verklaring dat het testament van Michael niet rechtsgeldig was, en ze wilde dat John Branca en John McClain zich niet langer bezighielden met Michaels nalatenschap. Ik vond dat geweldig, ik dacht bij mezelf: gaan ze nu soms zeggen dat Michael een kind had dat niet vernoemd wordt, maar nog wel leeft? Wat ik zo mooi vond aan dit alles was dat Janet Katherine te grazen wilde nemen. In mijn hart voelde ik dat de Jacksons er genoeg van hadden dat ze niet konden uitleggen dat het testament vals was, daarvoor hadden ze de hulp van hun moeder nodig. Het ging hierbij niet alleen om geld maar ook om diepgaande familiezaken. De wereldmedia spraken van ontvoering en mijn penvriendin Yvonne en ik vermoedden dat ook. Ik was zeer geamuseerd: dit was voor Katherine een koekje van eigen deeg! Vervolgens kwam men op de televisie met Katherine op de proppen, met de mededeling dat er niets aan de hand was en dat ze naar de kinderen toe zou gaan. Janets woede bekoelde niet, en ik vond het prachtig.

Dit was voor mij het laatste bewijs dat de Jacksons niets uit de weg gaan om hun zin te krijgen. Ook het feit dat ze hun eigen moeder hadden ontvoerd was fantastisch in mijn ogen, na wat mij allemaal was aangedaan. Katherine kreeg nu met haar eigen kinderen te maken! Ze waren woedend op haar. Nu had ik een duidelijk beeld gekregen van hun leed in deze zaak van 1984. Het ging in die zaak niet om mij, het ging erom dat ze wisten dat het testament van Michael niet rechtsgeldig was, omdat hij een dergelijk testament nooit zou hebben gemaakt toen hij mij eenmaal had teruggevonden. Bovendien wisten ze dat de verstandhouding tussen mijn vader en John Branca niet goed was geweest, en dat deze man Michael had willen kapotmaken. Vanwege de openlijke media-aanvallen waren de media niet langer welkom in het huis van Katherine en de kinderen, en de andere kinderen – van Jermaine Jackson en zijn ex-vrouw – moesten eruit. Er was een hele lijst met mensen die niet meer welkom waren om langs te komen. Ik heb het toen uitgegild van het lachen: als je het waagt zoiets tegen Janet Jackson te zeggen, dan hakt ze je hoofd eraf.

Nu was dan toch uitgekomen wat ik al vanaf 2009 had vermoed: Michaels kinderen waren niet gelukkig in de buurt van oma Katherine, die geweldige lieve vrouw. Haar eigen kinderen vonden dus dat ze geestelijk niet gezond was, en wilden iets van haar. Dat ze samenwerkte met de mensen die over de nalatenschap van Michael gingen vonden ze een schande om meer redenen dan de pers noemde, en dat kon ik goed begrijpen. Hoewel ik het heel grappig vond, deed het mij ook veel pijn – er was in feite niets veranderd, het was net als toen ik klein was: oma Katherine was en bleef de baas. En toen werd Katherine tot mijn genoegen plotseling uit de voogdij gegooid. Ik had de rechter in kwestie al gezegd dat ze niet te vertrouwen was.

Later kreeg ze de voogdij echter terug, samen met Tito Joe Jackson, een van de drie zoons van Tito. T.J. was een jongeman die ik als kind al een rotzak had gevonden. Ik had de drie broers uitgelachen met hun bandje, genaamd 3T. Ze hadden prachtige kansen bij Sony gehad terwijl ze naar mijn mening geen talent hadden, en zeker niet mooi oogden met hun verbouwde neus. Ik had hen daardoor bijna niet herkend totdat ik oude foto's zag waarop ze hun echte neus nog hadden.

Ik begreep niets van die neusproblemen binnen de Jacksons, ik had hun neuzen altijd heel mooi gevonden, geweldig zelfs, het waren aan de buitenkant toch knappe mensen. Ik heb het zelfs van Michael nooit kunnen begrijpen. Ook Diana Ross had haar neus laten veranderen, hoewel die van haar toch ook mooi was.

Nu kwam deze jongeman ten tonele met de steun van de nalatenschap van Michael. Michael had zijn contact met hem geleidelijk steeds verder teruggeschroefd, en nu mocht hij, T. J. Jackson, de voogdij nota bene met Katherine delen! Diana Ross had niets met het geruzie van de Jacksons te maken willen hebben, en had Michaels kinderen dus ook niet gewild. Ik begreep het wel, en had de rechter een brief geschreven dat ik hen in de toekomst evenmin wilde hebben, maar hun wel het allerbeste toewenste. Ook schreef ik dat Diana Ross het goed zou doen, en hij haar maar moest overreden het gezag over de kinderen over te nemen. Ik vond de kinderen van Diana Ross niet aardig toen ik klein was en later ook niet, maar – eerlijk is eerlijk – ze waren wel goed terechtgekomen. Diana Ross had nee gezegd, en hoewel ik mij dat goed kon voorstellen, deed het me wel pijn. Ik begon me heel schuldig te voelen jegens de kinderen. Als ik Michael indertijd namelijk had gehoorzaamd, dan zouden ze deze ellende niet hebben gehad. Als ik alles had gedaan wat Michael toen van mij wilde, dan zou het allemaal anders zijn gelopen en zouden ze Michael nu nog bij zich hebben. Ik was inmiddels al zover gekomen dat ze Michael voor zichzelf mochten hebben – ik hoefde hem niet meer, en nu Michael er niet meer was, stonden ze er alleen voor.

Katherine Jackson was naar mijn mening nooit een goede moeder geweest, – het liet mij onverschillig wat anderen ervan vonden – laat staan een geweldige oma. Haar eigen kleinkind, T.J. Jackson, had haar om zo te zeggen in de rug gestoken door zich als heilige voor te doen waar het ging om het welzijn van Michaels kinderen. Dit was een teken voor mij: haar kleinkinderen hadden goed van hun oma geleerd vals, onwaarachtig te zijn. Ik wachtte af wat er stond te gebeuren, en ik bad in gedachten: laat de kinderen alsjeblieft heel sterk zijn, en deze periode overleven. Op dat moment dacht ik: nu zijn jullie echt gevangenen van de Jacksons. Dit is niet wat Michael voor jullie had gewild! Jullie hadden in zijn speelgoedwereld, zijn Neverland moeten blijven, en hem als een god moeten blijven zien.

De kinderen kregen nu dezelfde ellende van de familie te verduren als ik, het was alleen wat minder vreselijk. Ik had bijvoorbeeld moeten zien hoe mijn neven op Haïti door hun gewelddadige vader werden geslagen, en geestelijk en lichamelijk werden vernederd door hun moeder, die geen liefde voor hen had. Mijn enige troost was toen dat Michael nog leefde, en mij af en toe kwam redden. Wie zou deze kinderen van het juk van de Jacksons komen redden? Ik hoopte vurig dat ze andere mensen zouden vinden, zodat ze sterker en weerbaarder konden worden. Gelukkig hadden ze elkaar en dachten ze dat ze de prinsen en de prinses waren van Neverland. In vergelijking met vele andere kinderen die in Hollywood woonden, konden ze niet zielig genoemd worden. Met de steun van Michaels nalatenschap en door het feit dát ze de kinderen van Michael waren, waren ze koning in hun eigen rijk, en daarbij hoorde ook de familie Jackson: ze waren nu eenmaal zelf Jacksons. Als je dat zo las klonk het heel mooi, maar ik wist wel beter – ze hadden uiteindelijk toch alleen elkaar, en daarmee moesten ze het doen. Ze waren hun King of Pop kwijt, de man die hun fantasieleven had gecreëerd, net zoals hij dat voor mij had gedaan – deels anders, deels toch ook hetzelfde. Hoe hun leven zou verlopen was voor mij al duidelijk: ze zouden waarschijnlijk een ongelukkig leven tegemoet gaan.

Er was ook een gerede kans dat ze jong zouden doodgaan. In 2013 bleek dat Paris al een tijdje rondliep met de gedachte zichzelf het leven te ontnemen. Ik was daar niet verbaasd over. Na mijn ontvoering in 1984 had ik het jaar daarop ook geprobeerd zelfmoord te plegen toen ik Michael kwijt was, en zowat doodging van verdriet. Ik wilde niet leven zonder hem, ik was kapot, ik was toen tien jaar oud. Ik had een stuk touw gepakt en een krukje, en was midden in de nacht naar buiten gelopen, met het plan mezelf aan een tak van de kersenboom op te hangen. Nadat ik via een raam naar buiten was gegaan, was ik weggeslopen. De dag ervoor had ik mijn krukje samen met het touw verstopt. Ik had meer dan genoeg van mijn nachtmerries, waarin de mensen die ik had zien sterven, steeds opnieuw doodgingen. Max was degene over wie ik nog het meest droomde. Ik wilde niet langer dat de familie Rietveld mij bij zich had, ik haatte hen. Ze hadden Michael van me afgenomen, en dus mochten ze mij niet hebben als Michael mij ook niet terugkreeg. Ik had al geoefend hoe ik de kersenboom in moest klimmen, en al uitgezocht waar ik het touw aan moest bevestigen en hoe ik dat moest doen. Ik was heel lenig en alles ging volgens plan. Ik zat met mijn touw in de kersenboom. Ik had mijn arm pijn gedaan, maar het maakte me niet uit, ik ging toch dood, en als ik dood was zou ik Michael gaan zoeken. Ik zou hem dan zeggen dat ik van hem hield en daarna naar God gaan, net als de mensen die ik dood had zien gaan. Doodgaan was niet erg, hadden ze gezegd. En zo zat ik daar in de boom, op een grote dikke tak. Ik weet niet meer precies welk jaargetijde het was maar de bladeren waren groen, heel groen, en ze zouden mij niet zo snel zien hangen als ze uit het raam keken. Ik had expres een groen touw gekozen, van de waslijnrol. Een rood stuk had ook gekund maar dat besloot ik niet te nemen want rood zag je op een afstand. Ik moest naar het midden van de tak doorschuiven en de lus om mijn nek doen.

Opeens keek ik naar de lucht, die vol sterren was, en ik hoorde en voelde Michael zeggen: 'Pak je een ster voor mij?' en: 'Jij bent mijn ster.' Ik had gehuild, mijn handen uitgestrekt en net gedaan of ik er een pakte, en gezegd: 'Papa, ik zal jou vinden en je deze ster geven, want jij bent mijn ster.' Ik was in de boom blijven zitten en had naar de sterren gekeken, er was geen maan geweest, er waren alleen maar sterren. Ik had de warmte van Michael gevoeld, hij had mij nodig, zei een stemmetje in mijn hoofd, en ik mocht hem op deze manier niet verlaten. Ik geloofde niet in de hel zoals deze in de Bijbel van de katholieke Kerk stond beschreven. Voor mij bevond de hel zich op deze wereld en ik moest Michaels ster zijn. Ik was heel lang op de tak blijven zitten en had gekeken tot de sterren waren verbleekt en de zon opkwam. Ik kon het touw niet meer van de boom af krijgen, dus ik moest het laten hangen. Ik was van de tak af geklauterd, had mijn krukje meegenomen en verstopt, en was weer door het raam naar binnen gegaan. Ik lag nog maar net in bed toen ik hoorde dat de familie Rietveld toch wakker was geworden.

Voordat ik enige tijd later huilend in slaap viel, had ik gezegd: 'Ik zal blijven leven, maar alleen voor papa, want ik ben zijn ster.' Ze waren er zeker van geweest dat ik degene was die zichzelf had willen ophangen, en ze hadden ook geweten dat ik het was die 's avonds om het huis heen had gespookt. Ze voelden zich hierdoor niet meer veilig. Opa Peterson was mijn redding: hij gaf mij de liefde waarnaar ik zo had verlangd, hij was een man die jong van hart was, net als Michael. Hij vroeg aan mij: 'Je gaat me toch niet verlaten, hè? Jij bent mijn zwarte pareltje.' Ik antwoordde: 'Nee, opa, ik ben een diamant.' Mijn opa zei: 'Goed, je bent een diamant, dus ga je mooi glimmen.' Ze wilden allemaal weten of ik had geprobeerd zelfmoord te plegen, maar ik vertelde hun niets. Omdat ik zo ziek was moest ik naar een therapeut, en die kwam er snel achter dat ik zwaar getraumatiseerd was: ik zag in de plaatjes die ze mij liet zien, alleen maar gevaar. Ik vertelde haar evenmin iets. Ik vertelde überhaupt niemand wat. Tegenover opa Peterson liet ik af en toe wel een heel klein beetje los, bijvoorbeeld dat ik een opa had gehad die Manuel heette en net zo lief was als hij, maar veel verder ging dat niet. Ook dat ik van Anansi de spin hield. Op een dag zag ik hetzelfde boek dat ik op Haïti van Michael had gekregen, het was prachtig. Dit zorgde ervoor dat ik mij opnieuw bewust was van het verlies van mijn nichten en neven. Ik beloofde mezelf dat ik hen ooit zou terugzien. Ik hield van hen allemaal en ik dacht met dankbaarheid terug aan de tijd dat Françoise me zoveel verhalen had voorgelezen, en aan mijn lieve Angelina met haar kleine jongetje, dat ik nooit had gezien. Vroeg of laat zou ik hen en mijn neven weer zien.

Ik had Debbie Rowe op geestelijk vlak nooit normaal gevonden, louter en alleen omdat naar mijn mening alles aan haar nep was – zelfs haar tranen waren voor mijn gevoel niet echt. En nu ging ze plotseling met haar dochter om, terwijl ze tegenover de wereld en iedereen die het maar wilde geloven, beweerde dat ze haar kinderen niet verkocht had aan Michael. Ik had zelf geen moeder in mijn nabijheid gehad, maar Debbie Rowe kon ik ook zeker geen moeder noemen. Ik vond het goed dat Paris met haar omging, al kon ik deze vrouw niet uitstaan. Ik hoopte dat ze geestelijk sterker zou worden door de ontdekking wie zij was en hoe bijzonder ze als zichzelf was. Ik begreep ook wel dat het een klap voor Paris zou zijn om deze vrouw te leren kennen. Ik was zelf moeder van een puber, geen kind meer dus, en ik kon me goed voorstellen dat het normaal was en bij de puberteit hoorde: via je ouders naar jezelf op zoek gaan – ikzelf had zelfs mijn hele leven gezocht naar wie ik was.

Mensen die wisten dat ik de dochter van Michael dacht te zijn, noemden mij gek, een mafkees. Mijn instelling is altijd geweest dat de littekens op mijn lichaam het ultieme bewijs leverden – het enige houvast dat ik had. Toen Michael eenmaal terug was in mijn leven, gaf mij dat de overtuiging dat ik helemaal niet gek was, en het niet uitmaakte wat men over mij dacht. Ik troostte mezelf altijd met deze gedachte: als Michael toch Michael niet zou blijken te zijn, en ik dus gek zou zijn, dan was hij in elk geval toch een mooi symbool om Michael mee te vergelijken – de man die op hem leek, en zoveel van mij had gehouden. Het was dan in feite een eer voor Michael om mijn fantasievader te mogen zijn, dan kwam het door hem dat ik bleef leven, en mijn liefde aan anderen en mijn kind kon geven. Zijn bestaan had mij in dat geval gered van mijn geestelijke ondergang als gevolg van mijn verdriet, hij was mijn held. Het kon mij dan niet schelen dat men mij uitlachte, want Michaels hart zat op de goede plaats, en door hem had ik leren leven. Ik was volwassen geworden en had geen vader of moeder meer nodig, ik was nu zelf moeder en had mijn eigen gezinsproblemen. Wel wilde ik antwoord hebben op de vragen: wie ben ik en waar kom ik vandaan? Een DNA-test leek mij noodzakelijk om te weten te komen wat Michael in mijn leven betekende en wie die man eigenlijk was die losstond van de King of Pop. Ik had leren aanvaarden hoe mijn leven was gelopen, ik was volwassen geworden. Ik had Michael losgelaten nadat ik had ontdekt dat hij alleen maar aan zichzelf dacht toen hij in 2001 terugkwam in mijn leven. Ik had niets aan hem, er kwam slechts ellende van.

Zodoende begreep ik dat Paris Jackson ook wilde weten waar ze vandaan kwam, dat was niet meer dan normaal. Ik had vanbinnen gehoopt dat de kinderen geen geestelijke problemen zouden krijgen als ze eenmaal wisten waar ze vandaan kwamen, en ik juichte het alleen maar toe dat ze een moeder hadden. Er moet iets in Paris geknapt zijn waardoor ze zelfmoord wilde plegen. Ik had mij lange tijd stilgehouden. Uiteindelijk belde ik de beheerders van Michaels nalatenschap op en zei dat ik Katherine er de schuld van gaf. Als Michaels kinderen werkelijk gelukkig waren geweest, was dit nooit gebeurd.

Het contact tussen mijn penvriendin en mij was steeds minder frequent geworden. We hadden geen ruzie, maar net zoals ze plotseling in mijn leven was gekomen, was ze er opeens niet meer. Yvonne en ik hadden het er al erg vaak over gehad dat dit zou kunnen gebeuren met Paris Jackson – het eerste slachtoffer van Katherines handelen. Paris had net als haar moeder een zeer grote mond. Debbie Rowe was een vrouw die nooit iets op zich liet zitten en Paris leek wat dat betreft op haar, zij had dezelfde ongeremdheid. Niemand moest het echter in zijn hoofd halen om Katherine niet te gehoorzamen, en omdat Paris dat wél waagde was het helemaal uit de hand gelopen. Nadat Paris had geprobeerd een einde aan haar leven te maken, kwam er opnieuw een gerechtelijk onderzoek, met als uitkomst dat Katherine geen blaam trof. Ik vond het zeer ongeloofwaardig en was ervan overtuigd dat de rechter mijn brief zou lezen omdat hij wakker was geworden. Ik had hem voorspeld dat zoiets mogelijk zou zijn.

Zoals ik al had verwacht, zou Paris naar een kostschool worden gestuurd. Ik beschouwde dat als haar redding, net zoals het mijn redding was geweest, alleen had ik die keus zelf gemaakt. Ik vond het zeer hard van Paris dat ze zichzelf met een mes had gesneden. Het was nogal wat, mijn God, ikzelf had dat lef nooit gehad, dus ik vond het werkelijk doodeng. Niet lang daarna werd ik heel boos, ik gaf Michael de schuld en belde andermaal de beheerders van zijn nalatenschap op. Ik ben behoorlijk tegen hen tekeergegaan hoe waardeloos Michael wel niet moet zijn geweest dat Paris hiertoe in staat was gebleken.

Ik vroeg ook meteen of Paris soms was verkracht door haar neven of zo. Toen ikzelf verkracht was wilde ik ook dood. En opnieuw had ik het niet opgebracht: ik had aan de oever van de IJssel gestaan, klaar om in het water te springen. Ik bleef de vrouwen steeds maar voor me zien die op Haïti aan hun einde waren gekomen, ik zag hoe hun lichamen wegspoelden nadat ze door de maffia waren vermoord. Ik had daar in het donker gestaan en alles weer zien gebeuren, en was ten slotte toch naar de familie Rietveld teruggelopen. Verdrinken was een pijnlijke dood, ik had het met eigen ogen gezien. Het had mij best een goede dood geleken want dan werd mijn lichaam schoon, maar ik had het toch niet gedaan omdat de vrouwen tegen me hadden gezegd: 'Mocienne, we willen dat jij blijft leven!' Ze hadden daarbij gehuild, dus hoe kon ik hun laatste wens negeren? Ik móést blijven leven.

Kort nadat ik tijdens dat telefoongesprek had gezegd dat Paris Jackson misschien wel was verkracht, kwam Debbie met een verklaring waarin stond dat Paris zelfmoord had willen plegen omdat ze Michael miste, haar vader, en niet zonder hem verder wilde. Dit alles zette mijn eigen leven op zijn kop, en ik was woedend op Michael. Wat had hij gedaan met deze kinderen? Ik was naar mijn mening aan mijn lot overgelaten op Haïti terwijl Michael carrière maakte, en dat terwijl ik er toen nog geen flauw idee van had dat hij een popster was. Ik raakte mijn gevoel van eigenwaarde kwijt, en kwam in een poel van onzekerheid en vernedering terecht. De drie kinderen hadden dat stadium natuurlijk eveneens gekend, maar het was niet hetzelfde geweest. Het deed mij verdriet dat ze ook hadden moeten lijden, hoewel dat in mijn ogen altijd nog beter was dan wat ik had meegemaakt. Toch gaf ik er Michael de schuld van. Of men mij ooit zou geloven kon me niet schelen, dit was míjn ervaring. Ik begreep dat iemand met een soortgelijke ervaring ooit wel degelijk achter mij zou staan, ondanks het feit dat Michael zijn geheim niet zelf had verteld. Ik paste niet in de wereld van de King of Pop, maar deze kinderen wel: ze waren gemaakt om in zijn wereld te passen. Paris Jackson had dus eigenlijk geen enkele reden gehad om een einde aan haar leven te maken. Deze kinderen hadden meer gekregen dan ik, namelijk de zekerheid dat ze een plekje in Michaels wereld hadden. Dit gevoel van zekerheid was mij nooit gegeven, wie ik dan ook was. En welke plaats Michael ook in mijn leven had ingenomen, ik had er niet mogen zijn. Er is altijd alles aan gedaan mij uit de weg te ruimen, alsof ik er niet was. De Nederlandse regering had hetzelfde gedaan, ik bestond gewoon niet!

Wat mij altijd heeft geïntrigeerd is de rol van de Raad voor de Kinderbescherming in Amerika. Ik had begrepen dat ze Michael vanaf het moment dat hij vader was, niet konden uitstaan. En toen hij dood was hielden ze de drie kinderen in huize Jackson in de gaten. Mijn ervaring is altijd geweest dat alle kinderen van de Jacksons wel goede moeders hadden, behalve die van Michael: zij hadden geen moeder. Debbie Rowe noemt zichzelf geen draagmoeder maar de ex-vrouw van Michael. Wat mij betreft is ze een draagmoeder én de ex- vrouw van Michael. Dat schijnt ze heel opwindend te vinden, het bezorgt haar een eergevoel dat ze zichzelf zo kan noemen. Laat ze dat vooral maar doen, als ze dat zo leuk vindt. Maar voor mij is ze geen moederlijke moeder, zoals ik er een ben voor mijn kind. In mijn ogen hebben deze kinderen helemaal geen moeder. Debbie Rowe had haar wettelijke rechten als moeder weggegeven – iets wat niet kan in Nederland, alleen als je je kind ter adoptie afstaat. Het idee dat dat hier wél mogelijk zou zijn, is bijzonder eng. Ik kan me dus voorstellen dat de Amerikaanse Raad voor de Kinderbescherming zich weer deed gelden toen Paris probeerde zelfmoord te plegen. Ik vermoed dat deze instantie zich gedurende de periode voordat ze achttien wordt – over drie jaar – over haar zal ontfermen.

Dit alles zorgt ervoor dat ik mij boos maak over Michael. Ik zag hem als een man met twee persoonlijkheden.

De ene was de Michael die dingen deed die iedereen mocht weten en mocht zien, en waarmee hij pronkte: hij was die sprookjespersoon die in Neverland leefde. Hij had drie kinderen die niet op hem leken, en hem een geweldige vader vonden, en net zo beroemd wilden worden als hij, die de wereld wilden redden en hem aanbidden alsof hij de enige god was. Dit alles hoorde thuis in het sprookje van Michael. Ten eerste waren er zijn fans die hem aanbaden als de Koning van Neverland waar hij was gekroond als de King. Ten tweede had je zijn trouwe aanhangers die bijvoorbeeld met hem wilden trouwen of iets van hem wilden zijn (waarvan ik in 2010 door de media beschuldigd werd). Vervolgens waren er de zwaardere gevallen die hem tot hun god hadden gemaakt, en na zijn dood ook zelfmoord pleegden omdat ze bij hem wilden zijn in de hemel – het leven was immers niets waard zonder hem. Volgens de regels van het koningschap in Neverland was Michael een koning die voor de hele wereld lief was en zijn onderdanen alleen maar liefde toewenste en geluk en gezondheid. Hij straalde macht en kracht uit, en leek op een god zoals die in mythen voorkomt. Zó wilde hij dat men hem zag en zo was hij ook afgebeeld op de schilderijen in zijn kasteel Neverland: als een van de goden in deze wereld die worden aanbeden door mensen die het bestaan van mythen hoog in het vaandel hebben. Ik begreep dat dit een afspiegeling was van de goddelijkheid die zijn fans hem hadden toegedicht, die hem ertoe in staat stelde dit symbool van zichzelf tot uiting te brengen, samen met de onsterfelijkheid van zijn muziek en zijn naam, zijn hele ego. De keerzijde van de medaille is volgens mij dat dit alles hem in de problemen had gebracht en hem veel rechtszaken had bezorgd, en er ook de oorzaak van was geweest dat hij financieel werd uitgekleed door zijn omgeving, en dat er tot en met 2005, na het gedoe rond zijn vermeende kindermisbruik, grenzeloos veel misbruik van hem kon worden gemaakt. Hij had het toen wel gehad met zijn rol als King of Pop, en verliet zijn kasteel Neverland. Hij liet zijn ego daar achter en kwam terug in het besef dat hij gewoon Michael wilde zijn. Het was tot hem doorgedrongen dat het gevolg van zijn creatie van de fantasie-figuur Michael – de mythische god in combinatie met Peter Pan – was dat mensen hem kapotmaakten, en dat de realiteit anders was. Hij had de man die een god was en een kind wilde zijn, onder de naam Peter Pan gespeeld. Ik heb altijd begrepen waarom Michael zei: 'Ik ben Peter Pan.'

Peter Pan staat voor het volgende: wij moeten het kind in ons nooit vergeten. Al is ons lichaam gegroeid, onze ziel moet puur blijven net als die van een kind. We moeten altijd blijven spelen, en niet verharden gedurende de tijd dat we volwassen zijn, waarin wij zijn vergeten hoe het was om klein te zijn en hoe wij ons toen voelden. Wij moeten ons goed herinneren dat de grote wereld volzat met avonturen, dat we alleen maar wilden spelen en geen oorlog voeren met de piraten – de mensen die het prettiger vinden om het kind in hen te vergeten, die alleen maar als volwassenen kunnen denken en niet meer weten dat zij ooit ook kleine kinderen waren, en geen idee meer hebben hoe ze moeten spelen en genieten.

Het waren dan ook de piraten in deze wereld die Michael vertelden: 'Hou op met klein zijn, anders maken we je kapot!' Het feit dat deze fantasie was ontstaan en Michael daar ten overstaan van de wereld onderbouwing aan kon geven, was niet raar, want hij kon het hardmaken: hij moest in zijn jeugd zelf een piraat zijn, hij mocht geen kind zijn. Michael was Peter Pan geworden omdat hij in zijn jonge jaren samen met de Jackson 5 een piraat moest zijn. Hij werd als een volwassene behandeld. Desalniettemin was hij wel degelijk dankbaar voor de kans die hij toen heeft gekregen. Als we even bij het Peter Pan-verhaal blijven, dan is hij blij dat kapitein Haak hem heeft gevangen.

Voor mij staat deze figuur voor Berry Gordy [oprichter van Motown Records], de man die ik vervloek om het leed dat hij Michael heeft aangedaan. Het was zijn onderneming die ervoor heeft gezorgd dat Michael nooit eens vrij kreeg, en die weinig heeft gedaan om dit kind te redden van zo'n enerverend leven. Ik heb altijd in de gaten gehad dat Michael zich tegenover de pers altijd netjes over deze Berry Gordy heeft uitgelaten. Diana Ross kan zeggen wat ze wil, maar ze beseft vast wel wat hij Michael heeft aangedaan, nu Michael er niet meer is. Ze mag dan een dochter hebben met Gordy, toch zou ze nooit de waarheid kunnen verdraaien over het feit dat hij het verdienen van geld belangrijker vond dan het leven van Michael. Wat Berry Gordy betreft ging het uitsluitend om Berry Gordy. Michael stond onder zijn contract bij Motown en hij heeft Michael als elfjarig kind veel te hard laten werken. Hij heeft Joe en Katherine nooit ofte nimmer uitgemaakt voor gemene ouders die hun zoon misbruikten. Nee, het was immers in zijn voordeel dat Michael een piraat moest worden, en geen kind kon zijn, geen Peter Pan. Op zijn zestiende was Michael al een volwassen man in het lichaam van een jongen, en daar had Berry met de vaderlijke gesprekken die hij met hem voerde, ook aan meegewerkt. Het is algemeen bekend dat Berry Gordy staat voor een harde man, en Michael was zijn goudmijn, zijn favoriete piraat. Zo heb ik mensen horen zeggen dat Michael als negenjarige jongen door hem aan het publiek werd verkocht terwijl hij al elf was toen hij bij Motown Records ging werken. Dat was meteen het eerste bewijs dat men met liegen zijn doel kan bereiken.

Berry Gordy komt wat mij betreft dan ook de twijfelachtige eer toe dat hij de King of Pop heeft gecreëerd, en dat het boek 'The Man Behind The Mask' het daglicht kon aanschouwen. Dit alles met het oogmerk zwarte muzikanten beroemd te maken en veel geld te laten verdienen. Berry Gordy zou nooit toegeven wat hij inzake Michael fout had gedaan, want hij heeft hem beroemd gemaakt door hem als kind hard te laten werken, en hij zou mijn woorden dan ook niet als prettig ervaren, namelijk dat ik hem als een monster zie dat genadeloos misbruik van Michael heeft gemaakt. Eigenlijk kan men het geen misbruik noemen want zijn ouders Katherine en Joe waren maar al te blij met wat ze ervoor terugkregen: geld en macht, en het idee dat ze voortaan onaantastbaar waren.

Diana Ross werd de beste vrienden met Michael nadat ze had gezien wat het allemaal voor hem had betekend, en zelf moeder was geworden van Berry's kind. Zij heeft hem toen op haar eigen manier op zijn nummer gezet: ze werd de ster die ze graag wilde zijn door Berry als haar ezel voor haar karretje te spannen. Ze heeft hem teruggemept, een koekje van eigen deeg gegeven op dezelfde wijze waarop hij bij Michael te werk was gegaan. Daarna ging Diana bij hem weg. Elizabeth Taylor was weliswaar de eerste die de naam 'King of Pop' in de media heeft uitgesproken, maar ik weet zeker dat Michael hem zelf verzonnen heeft. Het was Elizabeth Taylor die deze benaming wereldkundig heeft gemaakt, maar het was Berry Gordy die de King van Neverland, de King of Pop heeft gemaakt. Joe was de soort vader die zijn zoon sloeg, hij was zelf niet slim genoeg om Michael te leren slim te zijn. Nee, dat was de rol van Berry Gordy, een zwarte man die zich een weg baande in de blanke muziekwereld, en dat nog wel in een moeilijke tijd voor zwarte mensen in het arme Detroit.

Ik noem Berry Gordy een pooier die zijn hoeren aan zich wist te binden – zijn muzikanten. Zo werden er nadat hij Motown had verkocht, rechtszaken gevoerd in verband met artiestenrechten. De contracten waren zo opgesteld dat de meeste mensen na hun vertrek bij Motown vrijwel niets kregen. Dit gold onder meer voor Diana Ross, Stevie Wonder en voor Michael: hun aandeel in het werk werd niet eerlijk beloond. Ik heb het volste recht Berry Gordy een pooier te noemen wanneer men kijkt naar de manier waarop hij zijn werknemers heeft behandeld. Ja, het is waar, hij had geld in hen geïnvesteerd. Diana Ross had een keer het lef gehad hem op dit punt te verdedigen, maar ze was daar al snel mee gestopt. Toen ze hem uit goed fatsoen zelf op handen droeg, zou ze nog wel eens voor hem liegen, maar nu ze ouder is niet meer, denk ik. En natuurlijk verdient deze man ook alle respect omdat hij zwarte muzikanten enorm vooruit heeft geholpen. Maar wat hij met de elfjarige Michael heeft gedaan, daarvoor heb ik geen greintje respect – ik vind hem op dat punt een nare man.

Als ik Berry Gordy de pooier van de muziekwereld vind, met zijn hoeren, wat vind ik dan wel niet van de King of Pop, de koning van Neverland, die gemaakt is onder supervisie van Berry Gordy, die hem kerstliedjes liet zingen terwijl Michael zelf geen kerst mocht vieren en wiens leven louter en alleen uit werk bestond? Zo heeft Michael zelf gezegd dat hij in veel landen had opgetreden, maar alleen de hotelkamers had gezien, en dat veel hotels ook nog eens slecht waren. Ook speelden misstanden en mishandelingen van vroeger nog steeds een grote rol in zijn hoofd: als klein jongetje had hij zijn broers met vrouwen zien en horen rommelen, porno was binnen handbereik en dan ook nog es de ellende met zijn vader Joe erbij.

Het fenomeen King of Pop stond symbool voor alles wat Berry Gordy nooit voor hem was geweest. Michael wilde na zijn vertrek alles vertrappen wat Berry Gordy had gemaakt. Hij wilde bijvoorbeeld niet dat oudere foto's van hem ooit nog in de krant zouden verschijnen als hij erop stond, want hij wist dat Berry Gordy eraan zou verdienen. Hij wilde bijna geen vragen over de Jackson 5 beantwoorden, en algauw wilde hij dat zelfs helemaal niet meer. Mensen hadden de echte Michael nooit leren kennen toen hij in de Jackson 5 zat, want hij moest voor het publiek de kleine jongen blijven spelen.

Barbara Ross-Lee maakte ook deel uit van Motown, ze werkte voor Berry Gordy. Dus hoezo heeft ze Michael nooit ontmoet? Er moet sprake zijn geweest van een breuk waardoor Michael het had gehad met Berry Gordy en Barbara Ross-Lee. Zoals bewezen ben ik geboren in het jaar 1975 – in welke maand en op welke dag kan niet worden achterhaald, maar het was wel het jaar dat Michael Motown vaarwel zei. Het is alom bekend dat Berry Gordy een groot ego had, en hij zal ongetwijfeld tegen Michael hebben gezegd dat hij niet zonder hem kon. Ik ben ervan overtuigd dat, toen Michael bij hem wilde weggaan, dit niet alleen om werk ging maar ook om privéredenen.

In 1975 had Diana Ross op de werkvloer ruzie met Berry Gordy gehad, ze had hem zelfs geslagen. Hun relatie verliep niet soepel. Diana wilde loskomen van Berry en ging jaren later uiteindelijk bij hem weg. Ik denk dat ze toen pas echte vrienden met Michael is geworden, toen ze geen van beiden nog wat met Berry te maken hadden. Veel artiesten voelden zich door Berry slecht behandeld, maar voor mij is het Michael die het meest onder hem geleden heeft. De kranten kunnen schrijven wat ze willen, en Michael kan blijven beweren dat hij van Berry Gordy hield als van een vader. Overigens geloof ik wel dat daar een kern van waarheid in zit, want Berry heeft Michael geleerd wat de muziekwereld allemaal inhield, hoe hij de boel voor de gek moest houden teneinde aandacht te krijgen, en hoe hij zichzelf moest verkopen. Berry Gordy was absoluut een eerste opstap voor Michael geweest, die nog machtiger wilde worden dan Berry. Dat heeft hij in zijn gedrag als King of Pop dan ook terdege laten zien.

Na zijn vertrek bij Motown wilde hij eigenlijk niets te maken hebben met de viering van het vijfentwintigjarig bestaan ervan. Men moest hem zelfs smeken of hij aanwezig wilde zijn. Het zou voor Motown een schande zijn geweest als Michael niet was komen optreden. Hij maakte dat in 1983 goed duidelijk tijdens de televisie-special Motown 25: Yesterday, Today, Forever, door een paar oude nummers van Motown te zingen. Hij wilde daarmee zeggen dat die muziek bij het verleden hoorde, en dat er nu nieuwe tijden waren aangebroken. Tijdens zijn optreden zong hij ook 'Billie Jean', dat hem tot een wereldster maakte. De goden hadden Michael die dag onsterfelijk gemaakt, en daar had Berry Gordy geen vat op gehad. Michael had gezegd: 'Míjn weg of de snelweg' ('My way or the highway'). Het was voor hem geen eer geweest om terug te komen.

Berry Gord heeft werkeloos staan toekijken hoe Joe en Katherine Michael mishandelden, en hij deed er nog een schepje bovenop door het te laten gebeuren.

Er zijn altijd mensen in je leven van wie je houdt omdat je dankbaar bent dat je iets met hen hebt meegemaakt, en ik geloof dat het in dit geval ook zo in elkaar zat: Michael hield van Berry omdat hij van hem had geleerd hard te zijn, en ook dat men alles wat je zei, geloofde, mits je de leugen maar goed verkocht. Ook leerde hij van Berry dat hij nooit aan zijn publiek moest laten zien wie hij écht was. Met deze wijze lessen kon hij de King of Pop creëren. Het anders zijn verkocht nu eenmaal goed in de muziekwereld – zo zijn Madonna en Lady Gaga ook groot geworden: wees extreem, dan zien de mensen je staan. Hetzelfde geldt voor Diana Ross, met al haar buitenissige kleding bouwde zij een ander ik.

Michael had dit alles al jong geleerd en kon daardoor de King of Pop van Neverland neerzetten. De media hebben hem daarbij geholpen: hoe raarder hij deed hoe meer bladen ze verkochten. Michael vond dat de media hem slecht behandelden. Ik heb hem meermaals laten weten dat híj het was die hén misbruikte. Hij heeft van zijn meester Berry Gordy geleerd hoe je leugens en bedrog verre moet houden van de pers, en dat je via omkoping een heel eind komt als het gaat om verhalen die je niet kunt overleven. Zo heeft Berry het drankmisbruik van Diana Ross ook verborgen kunnen houden, totdat ze in 2002 gesnaaid werd en van haar kinderen naar een afkickcentrum moest. Was het een eenmalige gebeurtenis geweest dan had ze daar niet naartoe gehoeven.

Ik heb er altijd wel begrip voor gehad hoe de media Michael, de King of Pop, de Koning van Neverland, haatten: ze hadden hem van een vrolijke jonge jongen zien veranderen in een man die zich niet meer aards gedroeg, maar in een roze wereld leefde en aanbeden werd door mensen in de hele wereld, die de grond waarop hij liep kusten, en niet wilden zien dat hier iemand stond die alleen maar toneelspeelde. Dit was hun Michael geweest, die ze hadden zien opgroeien van een mooie donkere jongeman naar een volwassene die zijn gezicht verminkt had, zijn natuurlijke glimlach verborg en al zijn vrolijkheid verloren had. De media bedachten de naam Wacko Jacko voor hem, en dat vond Michael raar, maar ik niet. Ze wilden hem op deze manier duidelijk maken dat hij weer normaal moest gaan doen. Michael weigerde echter zijn nieuwe imago tegenover de wereld op te geven.

Ik weigerde hem Wacko Jacko te noemen. Ik heb dit allemaal aan Michael verteld. Ik ben zo hysterisch geweest dat ik zei dat ik de King of Pop, die in de jaren negentig tot leven was gekomen, haatte – dat was Michael niet, ik wilde de échte Michael. Nadat het album 'Bad' was uitgekomen, overleed voor mij de Michael die ik kende, míjn Michael. Nu was er alleen nog maar die rare man, de King of Pop. Ik begreep wel heel goed waarom dit zo was: hierdoor kon hij zichzelf redden van de emotionele ondergang die dreigde omdat er iets in zijn leven verloren was gegaan. Het was een protest tegen de wereld, het was zijn fantasie. Het had al heel lang in zijn hoofd gezeten, zelfs nog voordat ik geboren was, want ik was ook nooit zijn nummer 1 geweest – dat was zijn werk geweest, waarin hij zich ten doel stelde zijn dromen waar te maken. Het was een ultieme wraakactie die hem blind maakte voor alles wat er verder om hem heen gebeurde.

Om die reden ben ik er ook zeker van dat er jarenlang sprake was van mishandeling door Berry Gordy. Die kleine Michael van elf moest telkens opnieuw horen dat het nooit genoeg was, en dat heeft ervoor gezorgd dat er iets in zijn hoofd is geknapt, waardoor hij niet meer kon zien wanneer er iets echt klaar moest zijn. Michael had dat keer op keer zelf uit zijn mond laten vallen. Het was oefenen, oefenen en nóg eens oefenen geweest bij Motown Records, er was geen tijd om even lekker buiten te spelen. Hij was als een aapje geweest dat moest leren zijn trucje goed te doen. En dan was er ook nog eens die veel oudere vrouw die zwanger van hem was en nota bene was getrouwd. Ik ben er dan ook altijd van overtuigd geweest dat ik niet onder de naam Jackson ben geboren, maar als Mocienne Elizabeth Ross-Lee, en dat het pas later Mocienne Elizabeth Jackson is geworden, na Michaels achttiende verjaardag. Dit gegeven heeft zijn zelfvertrouwen al evenmin versterkt, want Barbara Ross-Lee wilde hem niet, zag hem als de grootste vergissing van haar leven, en daarom beweerde ze in 2010 dan ook dat ze Michael helemaal nooit had ontmoet. Dit terwijl ze toch werkte voor Berry Gordy, die haar zuster Diana zwanger maakte in hetzelfde jaar dat zijzelf zwanger was van mij. Ik denk dat Barbara Ross-Lee in 1974 in verwachting van mij was, en in maart 1975 zou Diana Ross zwanger zijn van haar derde kind, dat op 4 november werd geboren. Ik was er toen allang, omdat Michael altijd rond mijn verjaardag bij mij was, die wegens zijn geloof niet door hem werd gevierd.

Toen ik werd ontvoerd was ik al ruim negen jaar oud – ik had in 1984 veel geld van Michael gekregen om mijn verjaardag met mijn vriendjes te vieren. Hij had drie dagen op Haïti met mij doorgebracht, hij was met mij gaan dansen in Port-au-Prince en had me het hotel laten zien waar hij sliep. We hadden leuke dingen gedaan en Michael had gezegd dat hij zo blij met mij was. Dit had allemaal vóór 15 november plaatsgevonden – de datum die in mijn paspoort als geboortedatum staat vermeld. Om deze reden vier ik mijn verjaardag dan ook niet op die dag.

1974 was ook het jaar geweest waarin Michael te kennen had gegeven dat hij weg wilde bij Berry Gordy, en waarin Barbara Ross-Lee gescheiden was en bij haar moeder ging wonen om haar te helpen bij de opvoeding van haar twee oudere kinderen. Zij had toen haar tweede man leren kennen, een leraar, die iets ouder was dan zij. Barbara bewonderde deze man, die zelf twee kinderen had en iets van zijn leven had gemaakt. Het was dus een 'echte' man – geen jongetje zoals Michael – wiens carrière al over het hoogtepunt heen was.

Wat het ook was, Michael had een doel. Hij wilde bewijzen dat hij de allerbeste was, laten zien wat hij kon, hij wilde de grootste artiest in de geschiedenis worden zodat niemand meer om hem heen kon, zoals Barbara Ross-Lee die zijn bestaan ontkende maar wel zijn kind had gedragen. Blijkbaar had ze haar droomman aan de haak geslagen om mij van de hand te doen. Ik weet vrijwel zeker dat het als volgt is gegaan.

Nadat een DNA-test had uitgewezen dat Michael de vader was, had ze mij op een gegeven moment aan hem afgestaan. Wat ik zeker weet is dat mijn moeder tijdens haar zwangerschap met verschillende mannen seksueel actief is geweest, waardoor ik een oogziekte heb gekregen die men alleen via de vagina kan oplopen bij de geboorte, als er sprake is van een geslachtsziekte bij een van de partners. Michael was toen al niet meer samen met Barbara. Ik denk dat ze niet eens wist van wie ze zwanger was totdat de DNA-test met de betreffende mannen was gedaan, en Michaels DNA overeen bleek te komen.

Ik zie het nummer 'Dirty Diana' van Michael als het bewijs hiervan. Haar zuster heet Diana Ross dus dat is dicht bij huis. Als hij 'Dirty Barbara' had gezongen, had iedereen haar uitgelachen, en de namen Diana en Barbara klinken bijna hetzelfde – ze eindigen allebei op een a, die je kunt uitgillen. Na wat onderzoek mijnerzijds en op grond van de verhalen die Michael mij als kind had verteld begreep ik hoe het in elkaar zat. Ook waren mijn vermoedens gesterkt door een stuk dat ik op een forum had gelezen. De schrijfster hiervan had Barbara uitgemaakt voor gemeen vals wijf. Zij had haar zo genoemd nadat ze haar had meegemaakt tijdens een rit in de toerbus van Diana Ross & The Supremes. Ze had tegen Barbara gezegd: 'Je verloochent je eigen kind om je gezicht te redden.' Ook had ze haar verwijtend gevraagd hoe ze tegenover de media zó over haar werk bij Motown had kunnen draaikonten. Diana Ross had al eerder aangegeven dat haar oudere zuster in die tijd ook bij Motown werkte, dus dat was geen nieuwe informatie, maar wel was nieuw dat er blijkbaar mensen waren die de waarheid kenden en haar niet mochten.

Het moge duidelijk zijn dat Barbara niet bepaald blij met mij was. Michael was de enige die me mijn hele leven altijd heeft laten merken dat hij heel gelukkig met mij was. Barbara had nog wel het fatsoen om een naam voor mij te kiezen waarvan de letters enige overeenkomst vertoonden met die van de naam van haar oudste dochter: zij heet Monica. Mocienne en Monica zijn allebei Franse namen en hebben bijna alle letters gemeen, zodat ik er als het ware toch bij hoorde. Een jaar na mijn geboorte kreeg ze een dochter genaamd Aliana, dus het was makkelijk voor haar om mij te vergeten en door te gaan met haar leven zonder iets te missen – dit heb ik altijd goed onthouden.

Dat Michael geen vrouw meer wilde had ik nooit begrepen, totdat ik Barbara Ross-Lee ontmoette. Misschien was ze alleen zo toen ze jong was, en is het nu een aardige vrouw en een goede moeder, ik weet het niet, ik ken haar niet, en ik heb er ook geen behoefte aan haar alsnog te leren kennen. Wat ik wel weet is dat zij zeker niet aardig was tegen Michael. Ik denk dat zij goede vrienden was met Berry Gordy. Wat ik van Michael had begrepen was dat, als ik op mijn moeder had geleken, hij niets met mij te maken gehad zou willen hebben – hij was dan ook blij dat dat niet het geval was. Ook al was ik zijn dochter en had hij mij zeventien jaar niet gezien, toch zou hij zo uit mijn leven zijn weggelopen als was gebleken dat ik een vrouw was die niet vriendelijk was voor mannen, en bovendien een slet. Dit had ermee te maken dat ik in 2001 op een keer, 's avonds laat, een man in elkaar had geslagen omdat deze mij al weken volgde. Ik sloeg hem tot het moment dat hij schreeuwde: 'Dat ga ik aan je vader vertellen!' Toen wist ik genoeg. Die man had niet het lef gehad mij terug te slaan, terwijl ik hem echt pijn had gedaan. Niet lang daarna kreeg ik een uitnodiging van Sony Music om de viering van het dertigjarig bestaan van Michaels carrière bij te wonen.

Nadat ik in 2007 had ontdekt dat Barbara Ross mijn moeder was, begreep ik waarom Michael mij niet langer zou hebben willen kennen als ik op haar had geleken. Ik had van hem gehoord dat mijn lichaam op het hare lijkt. Dat vond hij wél mooi, maar daar stopte de gelijkenis, en hij vond mij lief en netjes. Michael had zich enorm uitgesloofd om allerlei aantrekkelijke mannen op mij af te sturen om me te verleiden. Ze kwamen als bijen op me af, en ik wist niet goed hoe ik het had. Ik had Thomas van Sony Music gebeld en gezegd: 'Thomas, ik heb nogal veel last van mannen die aan me willen zitten en met me naar bed willen.' Hij had geantwoord: 'Ja, dat zou ik ook wel willen als ik niet gelukkig getrouwd was. Dus daar is heus niets mis mee, hoor! Waarom ga je er niet op in?' Dit laatste had hij meer dan eens geopperd. Ik zei dat ik dat niet van plan was. Hij had me gevraagd of ik hen niet knap vond of niet lief of zo. Ik had gezegd: 'Nee, zo zit het niet in elkaar.' Thomas had gevraagd: 'Of hou je soms meer van oudere mannen?' Dat beaamde ik. Niet lang daarna kwamen er zomaar opeens oudere mannen op me af die me wilden versieren. Ik had dat lange tijd niet in de gaten gehad tot er één bepaalde man te dicht en te vaak in mijn buurt kwam – dat was in de tijd dat Thomas zijn best deed mij naar New York te krijgen.

Eindelijk had ik het begrepen: dat Michael de King of Pop was geworden, zat langer in de planning dan mijn – onverwachte – geboorte. Het lot had hem daar een handje bij geholpen, en hij had dat mede kunnen doorzetten doordat ik uit zijn leven was verdwenen. De wanhoop om zonder mij verder te moeten leven leerde hij op een lager pitje te zetten en ook om zijn werk belangrijker te vinden dan mij. Zo had Berry Gordy hem, samen met Katherine en Joe, gemaakt – het was nooit goed genoeg. Op deze manier werd hij de King of Pop, de Koning van zijn Neverland in Santa Barbara, dat de Heilige Barbara betekent, waarnaar Barbara Ross-Lee zich dan ook gedroeg.

Ik heb het altijd erg leuk gevonden dat Michael een belangrijke stalker had. De vrouw in kwestie heette Billie Jean Jackson. Ik weet niet of ze altijd zo heeft geheten of dat ze haar naam had gewijzigd, maar wel dat ik het goed vond voor Michaels geest: het hield hem sterk en wakker, en hield in hem de herinnering levend dat hij een heimelijke relatie met een vrouw had gehad. De waanzin van Billie Jean kwam dicht bij de waarheid: zijn affaire met Barbara Ross-Lee in 1974.

Wat ik zo grappig en lachwekkend vond aan dit hele verhaal was dat veel dingen die Billy Jean Jackson gezegd had, net zo goed door Barbara Ross-Lee gezegd hadden kunnen zijn, met dit verschil dat men haar wél zou hebben geloofd omdat ze de zuster van Diana Ross was. De wereld zou zowat zijn flauwgevallen, en wie weet zou Michael dan nooit zo beroemd zijn geworden, omdat het imago dat Berry Gordy hem bezorgd had, niet klopte met de echte Michael, en men daardoor niet kon zien dat hij voor een jongeman van zeventien wat ouwelijk was voor zijn leeftijd. Hij was immers altijd omringd geweest door volwassen mensen.

Vanaf het moment dat Katherine had ontdekt dat ze geld met hem konden verdienen, had hij als klein kind moeten optreden in de harde grotemensenwereld en op zijn elfde kreeg hij een contract bij Motown Records. Toen hij eenmaal in de puberteit was beland, had men er raar van opgekeken dat Michael opeens zo hard was gaan groeien en anders was geworden – niet meer de kleine Michael. Dit kwam dus doordat hij – in werkelijkheid al elf jaar oud – door Berry Gordy nog steeds kon worden verkocht als een jongetje van negen. Men kon zich onmogelijk voorstellen dat Michael in die vijf jaar 'opeens' een jongeman was geworden die al amoureuze avonturen had met meisjes en vrouwen, en dus al veel volwassener was dan de platenmaatschappij van Berry Gordy, Motown, lief was.

Barbara Ross-Lee, die Michael heel goed kende, had niets te verbergen. Zij was als oudere vrouw met een minderjarige jongen naar bed gegaan, en zwanger van hem geworden. Indien een DNA-test zou hebben bewezen wie mijn vader was, had ze zich er vermoedelijk niet over verbaasd dat het Michael was. Ik ga ervan uit dat ze niet dom was, dus om zekerheid te krijgen is het heel goed mogelijk dat zij toen inderdaad een DNA-test had laten doen.

Een kind te hebben van een zeventienjarige Michael – een kindster zonder enige vastigheid en zonder een bepaald toekomstbeeld, wiens carrière op zijn einde liep, met alleen wat spaargeld en te grote dromen waarin zij als alleenstaande moeder met twee kinderen geen vertrouwen had... Zij, een vrouw van drieëndertig jaar met een kind van hem: dat zou een schande zijn geweest als het naar buiten was gekomen, ook voor haar eigen carrière, haar gezinsleven en haar persoonlijke vrijheid.

Ik herinner mij dat Diana Ross, toen ik klein was, mijn officiële peetmoeder werd voor het geval er ooit iets met Michael zou gebeuren. Wat ik heb horen zeggen is dat ze daarvoor heeft moeten vechten. Mijn geboorte was niet bevorderlijk voor Michaels carrière want het paste niet in het plaatje dat Michael zoiets zou kunnen doen, of hebben gedaan. Het beeld van de King of Pop als iemand die het heerlijk vond een vrouw – die ook nog es ouder was dan hij – in zijn bed te hebben en met haar te vrijen, klopte van geen kanten. Nadat Michael aan de media had toegegeven dat hij op oudere vrouwen viel, en het liefst donkere, hadden ze hem uitgelachen. Ik had me zelfs slap gelachen toen ik hem dat had horen zeggen. Wanneer hij iets belangrijks vertelde dat waar was, werd hij uitgelachen, en ik vond dat prachtig. Ik weet dat Michael er ook flink van genoot dat ze niet geloofden dat hij seksuele omgang met vrouwen had. Nee, het moest lijken alsof de vrouw nog geboren moest worden met wie hij naar bed durfde te gaan. Ik heb het vermoeden dat de media allang van mijn bestaan af wisten, maar dat Michael hen om deze reden heeft afgekocht.

De illusie van zijn maagdelijkheid moest in stand worden gehouden zodat vrouwen de kans hadden te blijven dromen dat zíj hem in zijn bed of dat van hen wel zouden bijbrengen wat hij nog niet kon. Ik ben er altijd van overtuigd geweest dat Michael seksuele omgang had met vrouwen, en zich op deze manier wilde wreken op Barbara Ross-Lee. Zij had hem de grond in getrapt door hem af te wijzen, ze had hem blijkbaar niet slim genoeg gevonden. Ik denk dat dit alles de basis is geweest van Michaels handelen daarna. Hij liet haar los en liet haar duidelijk zien dat ze zich iets heel bijzonders had laten ontglippen. Ik zou nooit hebben geweten hoe het verder ging als ik in oktober 1984 op Haïti niet was ontvoerd. Wel heb ik altijd de tweede persoonlijkheid van Michael doorgrond, en waarom hij deze nodig had: om zijn werkelijke persoonlijkheid privé te houden, zijn pijn, zijn leed om de narigheid in zijn leven. Hoe groter zijn ego en de bijbehorende fantasie waren, des te meer verschilde Michaels echte persoonlijkheid van die van de King of Pop die door zijn fans werd aanbeden.

Na Michaels dood hebben veel mensen een boek geschreven over het gedrag van zijn tweede persoonlijkheid. Wat ik nog het mooist vond in hun boeken, die ik overigens niet echt las of aanschafte, was dat ik algauw in de gaten had dat men Michael nooit heeft gekend zoals hij in werkelijkheid was. De King of Pop was maar een schaduw van de echte Michael, zoals de schaduw van Peter Pan bij Peter kon weglopen als hij boos op hem was. Michael kon mensen manipuleren en hen doen geloven in de persoon zoals hij wilde dat ze hem zagen. Hij was een meester in manipuleren, dat had hij geleerd van Berry Gordy, zijn moeder Katherine en zijn vader Joe. Ik begreep dat wat mensen over Michael hadden geschreven, best eens waar kon zijn. Ik heb net als iedereen gezien hoe Michael veranderde. Veel mensen konden dit niet begrijpen, maar voor mij was het tamelijk vanzelfsprekend: omdat hij nu eenmaal Michael was. Zij die mijn vader echt hebben gekend en geen boeken over hem hebben geschreven zouden begrijpen wat ik nu over Michael zeg. Ik kan me voorstellen dat de meeste mensen mij voor gek verklaren wanneer ze dit lezen, en me met een vinger nawijzen omdat ik geestelijk ver heen zou zijn. Ze hebben echter onvoldoende inzicht om in te zien dat Michael niet was wie ze denken dat hij was. Zijn gedrag is er ook de aanleiding voor geweest dat er zoveel mensen haat tegen hem ontwikkelden – zelfs degenen die ooit zijn vrienden waren wilden hem kapotmaken. Ikzelf heb daar ook last van gehad: als ik hem zag met zijn nare hoofd van de King of Pop, en zijn drie kinderen, had ik al een hekel aan deze man. Hij riep dat bij mensen op die net wat slimmer waren dan anderen en door zijn gemanipuleer heen keken.

De Jacksons kunnen niet ontkennen dat ze ook hun ergernis hadden over het feit dat Michael de deur voor hun neus had dichtgegooid. Ze moesten zelfs een afspraak maken om hem te kunnen zien. Randy Jackson – en wel meer broers – heeft wel duidelijk gemaakt dat hij dat niet pikte. De King of Pop werd iemand die maar weinig in de buurt van zijn familie wilde zijn. De Jacksons gaven andere mensen er de schuld van dat ze niet bij Michael konden komen – het was altijd de schuld van iemand anders en niet van hem. Ze wisten echter heel goed wat de waarheid was, namelijk dat Michael wraak op hen nam door de King of Pop te worden, met zijn landhuis in Neverland. De King of Pop was ook een symbool naar hen toe: ik ben nu de koning en jullie kunnen mij geen pijn meer doen. Hij was nog maar een kind toen hij voor de Jackson 5 moest werken, en werd door Joe geslagen terwijl Katherine toekeek. Michael had zichzelf groot gemaakt ten opzichte van hen en de buitenwereld, ik begreep zijn pijn wel.

Toen het album 'Bad' uitkwam en Michael eruitzag als een witte man, met koude stalen ogen, wisten we allemaal dat dit het begin van zijn gekte was. Ik weet nog dat ik er uren naar had gekeken, en had gehuild. Ik had mijn eigen vader bijna niet meer herkend. Het waren zijn handen en zijn brede schouders die ik herkende, voor de rest bijna niets. Als iemand tegen mij gezegd had: 'Dit is de man die van je nulde tot je negende bij jou was, en je verbleef twee jaar met hem op Haïti', dan zou ik er moeite mee hebben gehad dat te geloven. Ik had gehuild, ik was ontroostbaar, maar ik begreep de boodschap: ik moest net als Michael een verhaal om me heen bouwen, een schild. Ik begreep dat als ik mensen zou vertellen dat hij mijn vader was, ik hem nooit meer zou zien en voor de rest van mijn leven in een gekkenhuis zou eindigen. Ik moest een spel spelen, een andere kant van Mocienne laten zien als ik dit wilde overleven.

Ik werd een stil kind dat erg op zichzelf was, ik wilde geen vrienden en wilde niet dat mensen veel van me wisten. Ik hoefde geen geld te verdienen, ik hoefde er alleen maar voor te zorgen dat ik vrij was om Michael te kunnen vinden. Niemand zou mij geloven dat hij echt mijn vader was, net zomin als dat ik zijn dochter was. Ik had op Haïti van Michael begrepen dat hij nog een operatie moest ondergaan aan de brandwond op zijn hoofd. Dat had hij mij verteld, hij had gezegd dat hij er anders zou gaan uitzien, maar dat ik hem altijd zou herkennen. Wat betreft de nieuwe lp-hoes van 'Bad' was dat ook zo, met name dankzij zijn handen. Ik ervoer een vlijmscherpe pijn toen ik ze op de hoes herkende. Ik was naar Michaels handen blijven kijken, die waren tot mijn vreugde hetzelfde gebleven. Zijn handen, zijn prachtige handen, die mijn hele gezicht altijd hadden bedekt – Michaels handen voor mijn gezicht, ik was gek op zijn handen. Urenlang had ik er als kind mee gespeeld: wanneer hij een boek aan het lezen was onder de boom en ik bij hem op schoot zat, speelde ik ermee.

Ik begreep meteen dat Michael ervoor had gekozen een man te zijn die niet kon worden gebroken, in de hoedanigheid van Peter Pan, de King of Pop, omdat hij wilde doorgaan met zijn muziek. Hij wilde zich niet als een kluizenaar terugtrekken, wat hij privé eigenlijk wél was. Hij wilde aantonen dat hij niet was verslagen. Hoewel ik het niet eens was met Michaels houding begreep ik dat ik een van de slimste vaders had die er op deze wereld rondliepen. Als hij aan de mensen die mij pijn gedaan hadden, zijn angst zou hebben getoond, dan was ik allang dood geweest. Het was zijn houding die mij in leven hield, zijn kracht, zijn spel. En hij eiste dat ook van mij: doordat hij zichzelf tot de King of Pop had gemaakt werd ik automatisch de Prinses of Pop. Dat betekende dat ik sterk en altijd weer slimmer moest zijn. Ik begreep alles wat Michael deed. Hij was buitengewoon intelligent.

Zo leefde de Michael die ik kende, graag teruggetrokken, hij hield van stille ochtenden en van zwemmen, en hij was het liefst in gezelschap van een kleine groep mensen. Hij was een man die niet wilde opvallen op straat, en ook een leugenaar die veel te verbergen had wat betreft zijn echte leven. Er waren maar heel weinig mensen aan wie hij zijn werkelijke ik liet zien, hij had een bepaald talent waardoor hij mensen doorhad die misbruik van hem wilden maken – dat was het geval in zijn betere jaren, voordat hij de King of Pop werd. Later was hij er minder alert op omdat hij waarschijnlijk gewoon te verdrietig was vanwege zijn levensloop. Michael was een man met te veel geduld. Soms, wanneer zijn geduld op was en het hem allemaal te veel was geworden, resulteerde dat in een woedeaanval. In de periode dat ik Michael meemaakte, had hij alleen ruzie met zijn broers, bij andere mensen bleef hij rustig.

Men heeft heel wat vreemde dingen over Michael geschreven als gevolg van het feit dat hij weliswaar rustig was, maar ook plotseling levensgevaarlijk kon zijn. De meest rare dingen die er over hem zijn geschreven, geloof ik echt, omdat hij op een punt in zijn leven kwam dat hij zich niet gelukkig voelde en buitenissige dingen begon te doen. Michael was niet iemand die iets deed zonder erover na te denken. Dat wil niet zeggen dat hij geen foutjes maakte, net als ik, maar hij dacht altijd wel goed over de dingen na. In zijn spel van de King of Pop deed hij bewust gekke dingen zodat men erover zou blijven praten. Het leidde af van wat er werkelijk in zijn leven gebeurde.

Toen hij van Lisa Marie Presley scheidde, was hij allang bezig Debbie zwanger te laten worden. Al die verhalen over Lisa Marie Presley en hem – ik weet zeker dat hij de media heeft gebruikt om daarover te blijven schrijven, totdat het tijd werd dat de wereld wist dat hij vader zou worden van een jongetje. Natuurlijk zou het een jongen met de naam Prince worden, hijzelf was immers de King van Neverland. Het hoorde bij het verhaal dat hij voor de wereld had verzonnen. In verhaaltjes komen geen zwarte prinsjes voor, dus het verbaasde mij niets dat de kinderen niet donker waren. Ik besefte heel goed dat Michael van kinderen hield maar dit vond ik te ver gaan. Voor mij vormde dit ook meteen het bewijs dat Michael, als hij zou worden vermoord, niet wilde dat zijn geld niet in de familie zou blijven. Als hij donkere kinderen had gehad, waren ze misschien wel weer ontvoerd, zoals ze met mij hadden gedaan. Blanke kinderen zouden ze niet aanraken. Michael was er zelf de man niet naar dat hij mensen op kleur beoordeelde, hij hield onvoorwaardelijk van mensen, ik had dat als kind al gezien en dus begreep ik hem.

Ik vond het heel slim. Hij was mij kwijtgeraakt om geld, en had me al jong geleerd dat het daar in het leven niet om draait. Dus ook al zou ik niets krijgen, zijn geld zou in elk geval naar kinderen gaan die van hem waren, en van wie hij hield. Ik begreep dat. Dit was in zakelijk opzicht een goede zet – diegenen die Michael kapot wilden maken, hadden dit niet zien aankomen. Hoewel ik er niet blij van werd heb ik daar altijd begrip voor gehad.

Michael had mij vrij opgevoed. Men kon gewoon in mijn buurt komen, hij had er geen gevaar in gezien, of in elk geval hadden mensen hem wijsgemaakt dat er geen gevaar was. Daar had hij van geleerd: zijn drie andere kinderen werden van de buitenwereld afgeschermd. Niemand wist hoe ze er echt uitzagen, alleen dat ze blank waren met blauwe ogen. Hij was wijzer geworden. Het krijgen van deze kinderen redde Michael gedurende een lange tijd, maar ik denk dat schuldgevoelens en de rechtszaak van 2003 zijn tweede persoonlijkheid hebben geknakt. Zij die Michael goed hadden gekend, wisten dat hij veel meer in zijn mars had dan alleen zijn zangtalent: hij was een uitstekend zakenman en bepaald niet de domste.

Mensen die hadden geschreven over Michaels paniekaanvallen en onzekerheid, hadden niet gelogen want dat was ook zo. Hij was inderdaad een uiterst gevoelige man, hij had zijn gevoeligheden niet altijd onder controle. Ik kan alleen maar zeggen dat ik een diep respect voor Michael koesterde. Toen ik klein was wist ik natuurlijk niets af van zijn leven en lijden als kindster. Degenen die beweren dat Michael geen normale kijk op het leven had en daarom ook niet normaal was, hebben hem nooit echt gekend: hij was de meest normale man die je maar kon tegenkomen, mits het buiten de sferen van de optredens van de King of Pop was.

Mijn vader heeft ooit tegen de media gezegd dat hij best een acteur wilde zijn, en dat was hij in feite ook. Zijn optreden als de King of Pop zal nooit worden vergeten want dat was niets meer of minder dan een toneelstuk. Dat was niet de echte Michael – de vader van Prince, Paris en Michael en de beste vriend van Diana Ross en Elizabeth Taylor, die hem als haar aangenomen zoon beschouwde.

Onze Michael was een man die niet bang was zijn angsten te laten zien, en van lange gesprekken hield. Een man die de muziek kon loslaten wanneer hij thuis was, een echte vader, een vriend. Hij kon recht door mensen heen kijken, en tegelijkertijd kon hij erg naïef zijn, omdat hij het moeilijk vond te aanvaarden iemand los te laten nadat hij in die persoon was teleurgesteld. Soms zag hij het slechte in een mens niet omdat hij het druk had in zijn hoofd. Tegen het einde van zijn leven wilde Michael niets liever dan dat men een kans kreeg erachter te komen dat hij een normale man was, die al vroeg had geleerd wat er in de wereld te koop was.

Na de zaak rond zijn vermeende kindermisbruik kwam Michael terug – de Michael die ik kende, niet de King of Pop. Ik kon naar hem kijken en de man zien die ik was kwijtgeraakt. Volgens mij kwam dat doordat Michael wist dat hij dood zou gaan. Het is erg jammer dat men niet geloofde dat hij zou worden vermoord. Ik geloofde dat indertijd wél. Ik begreep dat men dat voor onmogelijk hield omdat hij als King of Pop werd beveiligd. Michael had het talent om vooruit te kijken, hij zag kansen én hij zag verlies. Dat betekende niet dat hij alles goed kon doen in zijn leven, maar hij heeft toch wel degelijk veel goed gedaan. Dat kwam doordat hij natuurlijk niet vierentwintig uur per etmaal de King of Pop was.

In de jaren 2001-2008 was ik behoorlijk kwaad op hem. Ik heb 'mijn' Michael van hem teruggeëist – de leuke gezellige man die hij in de jaren 1975-1984 was geweest, de jongeman die de wereld was kwijtgeraakt toen zijn album 'Bad' uitkwam en zijn fans voor het eerst kennis hadden gemaakt met de King of Pop van Neverland. Het was fijn geweest om hem zo te zien, zo puur, men had toen nog de kans gehad om voor 40 procent naar de echte Michael te kijken. Mensen die denken dat hij niets van het werkelijke leven wist, hebben zijn leed dan ook nooit begrepen. Hij had als klein kind snel volwassen moeten worden, en was er heel lang boos over geweest dat er niemand was die hem van de pijn had gered. Hij had heel bewust de keus gemaakt om mensen buiten zijn kring de kans te geven om te weten wie hij was – zelfs zijn eigen moeder wist dat niet meer.

In 2013 deed Paris Jackson, zoals gezegd, een poging zichzelf van het leven te beroven. Ze kon niet zonder Michael leven, beweert Debbie Rowe, maar ik weet niet of dat wel waar is. Katherine begon een rechtszaak tegen concertpromotor AEG wegens medeplichtigheid aan de dood van Michael, en de kinderen moesten getuigen. In 2010 had ik al aan de rechter verteld dat Katherine hen zou uitbuiten en dat ik er zeker geen vertrouwen in had dat ze bij haar aan het juiste adres waren. Dat had de tijd ook wel bewezen: de laatste vier jaar was er veel onrust in het leven van de kinderen, en dat was niet de schuld van de media. Het waren de Jacksons en Katherine zelf die het niet erg vonden dat de kinderen net als hun vader beroemd wilden worden.

Katherine speelde de goede oma die de kinderen gelukkig wilde zien, terwijl er in mijn hoofd alleen maar omging dat ik haar de meest valse ordinaire vrouw vond die ik ooit had ontmoet. Ze scheen ervan te genieten dat ze zoveel in de media was. Vroeger had ze ook wel wat aandacht gekregen, maar nu was deze aanzienlijk meer dan ze ooit had meegemaakt, en ze vond het geweldig. Ze voelde zich machtig in deze periode van haar leven: ze was een ster en werd als een engel beschouwd. Ik vond het tegelijkertijd eng en verhelderend haar zo mee te maken, en opeens vond ik mijn jeugd niet meer zo vreselijk eng. Ik had althans niet onder één dak met haar hoeven opgroeien toen ik klein was, maar deze kinderen wel – Prince, Paris en Michael. Mij was dat leed gelukkig bespaard gebleven.

Het maakte mij niet uit hoe Katherine het speelde, ik vertrouwde haar gewoon niet. Toen haar rechtszaak tegen AEG was begonnen ging ik zowat kapot aan de manier waarop ze de aangelegenheden rond Michael naar buiten bracht. Ik dacht bij mezelf: is dit de wijze waarop je als moeder je kind wilt verkopen? Iedereen die Michael ooit heeft gekend, wist dat hij niet aan drugs verslaafd was. Net als ieder ander had hij zo zijn problemen gehad – hij was verslaafd aan de pijnstillers die hij gebruikte vanwege de litteken- en cosmetica-pijn. Het was algemeen bekend dat Michael aan de ziekte Lupus leed, daar had hij waarschijnlijk ook medicatie voor, om de pijn en de bijbehorende complicaties in toom te houden of te bestrijden. Bij een dergelijke ziekte samen met de titavillo is het heel normaal dat je een tijdelijke verslaving aan pillen krijgt als je geen goede dokter hebt, maar dat maakt je nog niet zwaar verslaafd. Zoals Katherine Michael verkocht aan AEG zodat ze daaruit konden concluderen dat hij een drugsverslaafde was geweest, vond ik een schande. Uit het autopsierapport over Michael in 2009 bleek heel duidelijk dat deze man niet het lichaam had van een verslaafde, hij was zelfs gezonder dan de meeste vijftigplussers! Was Michael wél een verslaafde geweest, dan zou dit er niet uit zijn gekomen, en mensen die hem kenden, wisten dat hij altijd doodsbang was geweest om ergens verslaafd aan te raken. Dus dit was niet de Michael die Katherine beweerde dat hij was: een man die verslaafd was aan pillen.

Mijn gedachtegang was dat zij het kwetsbaarste punt in Michaels leven, waarover hij zich overigens diep had geschaamd, had misbruikt om zestig miljoen te krijgen van concertpromotor AEG, waarbij ze de drie kinderen van Michael in de rechtszaak betrok als zielige kinderen, die nu niets meer hadden – behalve dan de dertig miljoen die ze overhielden aan de nalatenschap van Michael. Zo zielig waren die kinderen dus ook weer niet. Daar kwam nog eens bij dat Thomas Mesereau het gunstig had gevonden dat Katherine deze zaak had aangespannen. Als hij het echt zo belangrijk had geacht waarom was hij dan niet Katherines advocaat geworden? Hij begon Katherine als een geweldige vrouw neer te zetten, maar hij vergat erbij te vertellen dat Michael in 2005 afstand had gedaan van zijn familie. Na de rechtszaak was Michael zijn moeder Katherine altijd uit de weg gegaan, en nu zat Mesereau daar op televisie te verkopen hoe geweldig ze wel niet was.

Ik vond Katherine Jackons advocaat niet bepaald geweldig. Ik vond de hele rechtszaak wel grappig. Hoewel ik ook boos was op AEG vond ik dat er over deze rechtszaak niet goed was nagedacht. Katherine was vergeten de jaren te noemen dat Michael niet ziek was geweest, dat hij al heel jong in het volle leven had gestaan, met al zijn goede minder goede dingen. Ze had haar eigen fouten moeten toegeven naast de beschuldiging aan het adres van AEG dat er niet genoeg van Michael was gehouden. Maar nee, het was allemaal de schuld van AEG, niet van Katherine en de Jacksons. Ze had een verkeerd beeld van Michael gegeven, met haar negatieve praatjes over hem, er was geen woord van lof voor AEG geweest dat deze maatschappij met Michael in zee was gegaan en er best iets moois uit had kunnen voortkomen.

De kinderen werden kwetsbaar neergezet door hun privé-video, waarin ze met hun vader Michael te zien waren. Katherine toonde deze video aan de jury. Deze kinderen hadden nog niet het besef hoe kostbaar het was om een videoband met hun vader erop in hun bezit te hebben zonder dat andere mensen meekeken. Ik had erg met hen te doen, maar ik leerde het snel los te laten en afstand te nemen. Ik gunde het Katherine niet dat ze het zou winnen van AEG, al had ikzelf ook zo mijn problemen met deze concertpromotor. Dat kwam onder meer door de manier waarop Katherine de kinderen vertrapte en over Michael sprak – haar eigen kind. Het was allemaal buitengewoon triest, het betrof hier de man die zoveel voor haar had gedaan, hoewel zij hem zijn jeugd niet had gegund, en nu schilderde ze hem af als een zwaar aan drugs verslaafde man die geen hulp had ontvangen van AEG. Dit deed mij pijn en brak mijn hart. Het draaide hier om geld, niet om Michaels leven. Dit ging over schade, over wat zij niet meer had, en over de kinderen. Ze heeft niet tegen AEG gezegd: 'Ik wil dat jullie je excuses maken, en ik wil een kleine vergoeding voor al mijn leed, voor het verlies van mijn zoon, al was het niet jullie bedoeling, al wilden jullie Michael niet dood. Ik heb er geen bewijzen voor dat jullie mijn zoon hebben vermoord, en als diepgelovige vrouw kan ik me dat evenmin voorstellen.'

Nee, het ging Katherine alleen maar om geld, heel veel geld. Michael was zijn hele leven niets anders geweest dan degene die geld moest verdienen voor de familie. Iedereen wist dat hij juist niets liever wilde dan samen een hechte familie vormen, maar zij had dat niet waargemaakt, en daarom was hij bij hen weggegaan. Hij was trots dat hij uit een groot gezin kwam en had het ook heel zwaar gevonden, omdat iedereen hem altijd om hulp vroeg. Hij had er veel moeite mee nee te zeggen vanwege de ruimhartigheid hij voor zijn familie had. Op het einde van zijn leven was hij het zat. Hij was van een kleine Michael nu een grote Michael geworden – hij wilde zijn waardigheid bewaren, voor zichzelf en voor de wereld.

Jaren had hij zijn plan gereed gehad om de King of Pop te worden op Neverland, en hij had zijn dromen verwezenlijkt, op fenomenale wijze was hij daarin geslaagd. Hij had dit bereikt door niet aan de drugs te gaan, door zijn verstand erbij te houden. Na zijn periode met de Jackson 5 was hij een van de grootste artiesten ter wereld geworden en dat zou hij nooit hebben bereikt als hij een verslaving had gehad. Iedereen die Michael ooit heeft aangeraakt weet dat hij een heel sterk lichaam had, en goed voor zichzelf kon zorgen. Er waren wel tijden dat hij minder goed voor zichzelf zorgde en instortte, maar met alle druk die er op hem werd uitgeoefend, hoorde dat erbij. Michael had de gebeurtenissen uit zijn jeugd nooit goed verwerkt, en dat kon je hem ook niet kwalijk nemen na alles wat hij had meegemaakt, maar het had hem nooit naar drugs of andere verslavingen gedreven. Daarom maakte het mij vanbinnen kapot dat Katherine, andere familieleden en Debbie Rowe Michael voor een verslaafde begonnen uit te maken. Mensen die echt zijn vrienden waren geweest, wisten gewoon dat dit niet waar was, dat hij jarenlang was vergiftigd. Ik gaf Michael van veel dingen de schuld maar niet van zijn dood, en hoe dat gegaan was.

Michael is langzaam maar zeker vermoord. Dat is mij duidelijk geworden en het had te maken met mensen zoals Debbie Rowe, die Arnold Klein, Michaels dermatoloog, er de schuld van gaf. Als zij ervan op de hoogte was dat Michael in de jaren negentig profenol had gebruikt, waarom had ze hem dan twee van haar kinderen gegeven? Het antwoord op deze vraag is heel simpel: ze gaf alleen om zichzelf, en ze had geen zuiver hart zoals ze de rechtbank wilde doen voorkomen. Als ze echt van Michael had gehouden, dan zou ze hem hebben bevochten met alles wat ze in zich had, en hem in 1996 en 1997 niet deze twee kinderen hebben gegeven om hen vervolgens, onder zijn hoede, aan hun lot over te laten. Dit zijn wel twee kinderen die nu door het leven moeten gaan zonder hun vader Michael. Als zij werkelijk wist dat Michael profenol kreeg, waardoor hij uiteindelijk stierf, dan was ze wel uitermate hardvochtig dat ze haar eigen vlees en bloed zoiets aandeed. En dan had ze ook nog het lef gehad te huilen en te zeggen dat het zo erg was dat Michael dood was, en daarvoor met de vinger naar die arts te wijzen alsof haarzelf geen blaam trof wat betreft het leed van haar kinderen. Hoewel ik haar gevoelens jegens Arnold Klein goed kon begrijpen, hoorde zij voor mij zelf in het rijtje van dergelijke mensen thuis. Haar verhalen over haar bijzondere tijd met Michael gingen niet over de échte Michael. Volgens mij was Debbie Rowe iemand die alles wilde doen om bij zijn wereld te horen, die het fijn vond daarmee haar eigen dromen waar te maken.

Ikzelf zal nooit begrijpen waarom Michael met haar in zee is gegaan. Soms denk ik gewoon dat hij kinderen van haar wilde teneinde haar voor de rest van haar leven te straffen om wat ze had gedaan: het weggeven van het mooiste wat een mens kan krijgen, namelijk nieuw leven. Michael was mij kwijtgeraakt, en wist dus uit ervaring dat het hebben van geld noch een paardenfokkerij dat gevoel van gemis kon compenseren. Hij had gezien hoe het leven was zonder mij, hij wist daardoor hoe het was om geen echte band met je eigen kind te hebben. Zijn sterrendom had hem geen geluk gebracht, het had hem tot een kleine, in zichzelf gekeerde man gemaakt die kapot was vanbinnen als hij niet de

King of Pop van Neverland speelde voor de buitenwereld. Er waren maar weinig mensen die Michael echt kenden, en Debbie Rowe mag dan twee kinderen voor hem voldragen hebben, maar hij heeft zijn eigen vlees en bloed niet aan haar toevertrouwd. Alleen een DNA-match zou mij ervan kunnen overtuigen dat híj de kinderen bij haar heeft verwekt. Voor hém zijn ze geboren, niet voor haar want zijzelf wilde helemaal geen moeder zijn. Nu hij er niet meer is, praat ze wél over háár kinderen en dat zij hun moeder is. Dit is de enige invulling dat ik eraan kan geven wat Michael en Debbie betreft. Ze mag zich graag zijn ex-vrouw noemen. Ik kan ook met zomaar iemand trouwen maar dat geeft niet per se aan dat ik die persoon ook goed ken.

Ik zie Debbie Rowe tevens als slachtoffer van de fantasie van Michael. Debbie heeft zelf aangegeven dat ze gebruikt wilde worden om Michael gelukkig te maken, en zo is het dan ook gegaan: hij heeft haar gebruikt. Voor zijn fantasie. Debbie had dat wel degelijk in de gaten en was daar in 2004 goed boos over geworden. Toen Michael hun financiële overeenkomst niet nakwam, wilde zij haar kinderen terughebben. Michael was een keiharde man, die tegelijkertijd lief en hard kon zijn – ik had dat als zijn kind ook ondervonden. Ik zou bijvoorbeeld een tik voor mijn billen krijgen, en hij wachtte dan geduldig tot ik mijn straf kwam ophalen (dit staat in deel 1 beschreven).

Michael was een man geweest die als een bewuste kluizenaar leefde, met een fabel van de King of Pop. Zijn verhalen over zijn eenzaamheid waren het enige dat in zijn hoedanigheid van King of Pop met de waarheid strookte. Met dien verstande dat hij het minder erg vond dan hij deed voorkomen. Michael hield van de stilte. Als kind was ik ooit met hem naar Canada geweest, op een plek waar hij kon vissen. Er was toen een nanny bij mij geweest, en Michael kon uren achtereen in zijn eentje over het water turen. Ik hoorde jaren later dat hij daar nog steeds naartoe ging, om er rustig in z'n eentje te vissen. De mensen van het dorp kenden hem en lieten hem met rust. Hij had allemaal plekjes in de wereld waar mensen hem liefhadden en waar hij zich kon terugtrekken zonder zich alleen te voelen. Toen ik niet meer bij hem was heb ik mezelf altijd met de gedachte getroost dat hij mij miste – en ik geloof dat dat ook waar is.

Het is een feit dat Debbie Rowe Michael kende en de moeder van zijn kinderen was. Maar mij kan ze niet overtuigen dat ze hem werkelijk kende.

Waar ze mij wel van heeft overtuigd is dat ze heeft niet ingezien hoe slim hij was, en hoe goed hij zijn eigen lot kende. Michael heeft altijd geweten dat ze hem zouden vermoorden, en hij heeft zijn nalatenschap voor mensen bestemd van wie hij hield: zijn kinderen – twee blanke kinderen en een Spaans kind – die zelfs door zijn grootste vijanden niet vermoord konden worden. Dus met wie Debbie ook getrouwd dacht te zijn, het was niet de echte Michael. De echte Michael had haar zelf zwanger gemaakt, net zoals hij Barbara Ross-Lee had verleid. Hij was een ware vrouwenliefhebber, maar dat heeft hij in elk geval nooit aan Debbie Rowe of Lisa-Marie Presley laten merken. Oprah Winfrey, naar mijn smaak een akelige vrouw die haar succes louter en alleen aan geluk te danken heeft, had Michael uitgemaakt voor veel slechte dingen, maar het mooist vond ik nog dat ze hem had uitgelachen toen ze hem tijdens een interview vroeg of hij wel eens seks had gehad. Toen zag ik de echte Michael tevoorschijn komen – zijn lichaam, zijn ogen vonkten vuur, ik las in zijn blik: 'Als ik het met jou zou moeten doen, dan kreeg ik nog liever klappen!' Maar hij zei alleen: 'Ik ben een gentleman.' En dat is wat hij was: een gentleman. Ik had Michael een vrouw nooit slecht zien behandelen. En ik had voor de eerste keer een andere kant van hem gezien tijdens die poppenkast van de King of Pop bij Oprah Winfrey. Mensen die Michael kenden wisten dat hij een meester in vermommingen was om zijn ware ik te verbergen.

Ik was er zelf verbaasd over hoe kapot ik op emotioneel vlak was door Katherines handelen. Ik ging door een persoonlijke hel toen ik merkte hoeveel erger ze kon zijn dan ik haar had ervaren in mijn leven. Jarenlang had ik op de een of andere manier gehoopt dat ik het fout had, dat ik deze vrouw niet kende, zelfs nooit had gekend, maar nu bleek dat ik haar zo goed kende dat ze een open boek voor mij was. Ik heb in de spiegel gekeken en me afgevraagd of ik niet finaal gek was. Maar Katherine kan ik lezen zoals ik naar mezelf kijk. Ik zag een harteloze vrouw in haar, die zelfs nog geld aan haar overleden zoon wilde verdienen omdat hij als mens, geest, ziel uit haar was voortgekomen. Zij vond dat haar goed recht! Wat betreft haar hardheid en hoe ze de zielige moeder uithing: niemand trapte erin, behalve Michaels diehard-fans. Nadat ik in de media was afgemaakt, begon men in te zien dat Katherine een valse vrouw was die alleen maar aan geld dacht. Zelfs Thomas Mesereau hield op een gegeven moment zijn mond, hij schreeuwde niet langer van de daken hoe geweldig Katherine was nadat Paris Jackson een poging tot zelfmoord had gedaan.

Nu had de wereld dan toch kennisgemaakt met de echte Katherine. Na de dood van Michael had ze zich niet eens echt op de achtergrond gehouden. Even maar níet praten tegen de media? Integendeel, ze was zelfs volop in het nieuws met haar eigen dingen! Opnieuw bewonderde ik Michael dat hij gedurende zijn hele leven voor de buitenwereld mooi weer had gespeeld over zijn moeder. Alleen de mensen die hem goed kenden wisten hoe het werkelijk zat.

Toen Katherine dan ook beweerde dat ze Debbie Rowe pas ná Michaels dood had ontmoet, bevestigde dat alles wat ik al wist. Had Michael echt zo'n goede band met zijn moeder gehad, dan zou Katherine Debbie Rowe natuurlijk al vóór zijn dood hebben ontmoet. Die ontmoeting vond in 2009 plaats, na Michaels dood dus, en niet toen de kinderen geboren waren, in 1996 en 1997. Ik vroeg mij af hoeveel mensen dit was opgevallen, en of men al wakker werd en ontdekte dat Katherine alleen in het toneelstuk van de King of Pop van Neverland de goede moeder was voor Michael, maar dat het er daarbuiten totaal anders aan toeging: Michael behandelde haar niet als vorstin, bewaarde afstand van haar en hield haar uit zijn privéleven weg. Zíj was het die Michael opzocht, en niet andersom. Het was Katherine die op de verjaardag van de kinderen kwam om hun een cadeau te geven – zodat ze althans geen wildvreemde voor hen zou worden. Dit is ook bevestigd door Michaels bodyguards, die er na diens dood over begonnen te praten dat ze nooit familie zagen, dat deze niet welkom was.

Dit zijn voor mij heel normale zaken. Ik weet dat Michael heeft geweten wat Katherine mij heeft aangedaan, daarom wilde ze ook niet meewerken aan een DNA-test met mij, waarmee ik wilde bewijzen dat ik familie van haar was. Ik geloof dan ook dat dat de reden was waarom Michael haar niet in de buurt van zijn kinderen veelde. Het kan mij niet schelen wat er in het testament staat. Mensen die de echte Michael hebben gekend, weten wat hij in werkelijkheid van Katherine vond, en als zij niet zo op geld belust was, zou ze weten dat Michaels testament vals is. Daarom zijn haar kinderen dan ook zo boos op haar – ook zij kennen de waarheid en weten dat wat zij nu heeft, haar volgens Michaels oorspronkelijke testament niet toekomt. Maar dat is nu gewoon een voldongen feit. Janet Jackson heeft zelf gezegd dat ze zal blijven vechten om de waarheid omtrent het testament boven tafel te krijgen. Ik weet niet of het daar ooit van zal komen. Wel weet ik dat Katherine niet het eeuwige leven heeft, zoals ze graag zou willen. Op een dag mag ze ergens anders uitleggen waarom ze Michael zo naar beneden haalde met zijn vermeende drugsverslaving.

Het waren de Jacksons zelf die de maffia Michaels leven hebben binnengeloodst, lang voordat er sprake was van AEG – dat was al vóór mijn geboorte begonnen. Joe en de zijnen hebben voor miljoenen schulden gemaakt waar Michael hen dankzij zijn vermogen keer op keer uit heeft gered, dus er kan niet van worden uitgegaan dat deze ellende van Katherine samen met haar man Joe hem níét het leven heeft gekost – hij was hun waarborg waar het om geld ging. Doordat hij hun zoon was en een goed hart had, hadden zij hun hele leven goed zaken kunnen doen. Ze gingen er altijd zonder meer van uit dat Michael hen wel kwam redden als het fout ging – en het ging ook heel vaak fout met hun zaken. Hun brave zoon Michael had hen alleen de laatste keer niet geholpen met de schuld die ze bij een Koreaanse zakenman hadden. Michael had er schoon genoeg van, en redde hen er ditmaal niet uit. Zijn dood heeft Joe en Katherine dus zeker goed gedaan: ze hebben nu toegang tot zijn geld. Hoewel ik John Branca en John McClain niet kan uitstaan, ben ik blij dat zíj Michaels geld beheren – met de ogen van de rechter in hun nek – en niet Katherine en Joe. Janet en Marlon Jackson zijn weliswaar altijd netjes geweest wat geldzaken betreft, maar ik had in dit opzicht toch liever John Branca dan een van hen, omdat ik nooit een echt bedankje van hen heb gehoord voor wat hij hun heeft gegeven – het was nooit genoeg.

Het is geen geheim dat Janet Jackson altijd jaloers was op haar grote broer. Het was gewoon niet makkelijk binnen de familie Jackson, ik hoef geen familie te zijn om dat te kunnen zien, en ik geloof ook niet in die hechte familie: voor mijn gevoel was en is iedereen voor zichzelf bezig, en zeker Katherine en Joe. Hoewel ik Michael erg mis, vind ik het goed dat hij als eerste lid van de familie Jackson is overleden. Nu hoeft hij niet nog meer ellende mee te maken door hun toedoen, het klinkt hard maar zo voel ik het echt. Laat hen nu maar verder leven zonder hun ster, hun lichtje. Mocht ik volledig gestoord zijn en Michael dus niet Michael zijn, dan heb ik in elk geval de beste Jackson gekozen om van te houden, met het puurste hart. En dat had mijn Michael! Zijn aanwezigheid heeft mij geholpen mijn ontvoering te boven te komen. De littekens op mijn lichaam vormen het enige tastbare bewijs dat het allemaal echt gebeurd is. Ik ben ontvoerd, en mensen hebben mij pijn gedaan. Als ik inderdaad gek ben dan is het Michael die mij heeft gered. Ik twijfel niet aan mijn eigen waarheid, al zou ik het vaak liever niet willen weten, vooral niet wanneer ik Katherine hoor raaskallen over drugsgebruik. Ze vertelde tijdens de rechtszaak tegen AEG dat Michael haar had beweerd niet aan de drugs te zijn, en dat ze hem desondanks niet had geloofd. En dat zegt ze dan in een rechtszaak! Michael had toen tegen haar gezegd: 'Wat erg dat je mij niet gelooft, ik zou immers nooit liegen tegen mijn moeder.' Daarmee gaf Katherine de mate van vertrouwen aan die zij in hem had... Michael heeft haar gezworen dat hij niet aan de drugs was. De autopsie heeft later aangetoond dat Michael niet het lichaam van een drugsverslaafde had. En toch had zij hem niet geloofd en verkondigd dat AEG had moeten weten dat Michael wel degelijk een drugsverslaafde was. Hij was vermoord, langzaam vermoord met het middel propofol, en zij liet een zekere Debbie Rowe getuigen – de vrouw die zij pas ná de dood van Michael voor het eerst had ontmoet, in 2009.

Dit moest dus de moeder van Michael voorstellen, Katherine, die haar zoon zo goed kende! Ik denk dat ze, na wat ze met mij gedaan had, alleen nog maar te maken had met de poppenkast van de King of Pop van het land Neverland. Ik denk dat ze met mijn komst in 1975 geen goed beeld heeft gekregen wie Michael nu eigenlijk was, dat ze is blijven hangen in haar eigen wereld met haar eigen denkbeelden over wie haar kinderen zijn. Het belangrijkste dat ik uit haar verhalen opmaakte was dat zij meer van Michael had genoten dan hijzelf als kind. Hij had zelfs geleden, maar dat was zij alweer vergeten. Ze hadden immers 'the American Dream' waargemaakt, Michael had het dus goed gehad.

Michael heeft mij dingen verteld over zijn leven die ik als kind niet zo goed begreep, maar dit alles heeft er wel voor gezorgd dat ik hem gedurende de verdere ontwikkeling van mijn leven kon volgen, toen ik eenmaal wist dat hij een kindster was geweest. Het heeft mij de zes jaar dat ik bij de familie Rietveld woonde gekost om te begrijpen wat het betekende een kindster te zijn. Het zijn dan ook Michaels kracht en die van Katherine in haar kindertijd geweest die mij in die periode staande hielden. Mijn liefde voor Michael was, is en zal altijd mijn houvast zijn, ook al was ik soms heel boos op hem. Er is geen tijd geweest waarin ik niet wilde weglopen van dit alles om het allemaal los te laten, wilde doodgaan in mijn verdriet – het verdriet ook om het feit dat het leeuwendeel van Michaels fans nooit zal ontdekken dat hij veel meer was dan de King of Pop. Zijn intelligentie ging verder dan wat je zo op het oog merkte, omdat je hem in eerste instantie alleen maar zag als een artiest: Michael, de King of Pop. Ikzelf heb altijd geweten hoe slim Michael was, omdat ik zo gelukkig was om in zijn wereld te mogen zijn. Ik had hem vervloekt dat hij mij voor de wereld verborgen had gehouden, maar na 2005 was ik er anders over gaan denken, anders naar gaan kijken, Hij had mij in 2003 met de wereld willen delen maar daarna niet meer, en ik had dat begrepen.

Michael had mij op een gegeven ogenblik in mijn leven wel verteld dat hij een artiest was. Dat kon ook niet anders, en hij zou daar zeker al een draaiboek voor hebben gemaakt, omdat Michael niet een man was die belangrijke momenten niet in eigen hand nam zodra hij ze zag aankomen. Hij maakte er echt een show van, het moest zelfs magisch zijn. Mensen die Michael echt hadden gekend, verklapten dat hij van het woord 'magisch' hield en ja, dat was ook echt zo.

Toen ik klein was had het er niet zoveel toe gedaan: hij wilde toen vooral dat ik de wereld zou zien, en mensen van verschillende rassen zou begrijpen. Hij had het belangrijk gevonden dat ik mijn verleden aan de hand van dat van mijn voorouders zou leren begrijpen, over de slaventijd en daarna. Ik heb mij wel eens afgevraagd of het voor zijn andere drie kinderen ook zo'n essentieel onderdeel van hun opvoeding was geweest om te begrijpen dat er in deze samenleving wel degelijk nog steeds een verschil bestaat tussen zwart en wit. Ik had als kind geleerd om niet in een fantasie te leven, maar mee te gaan met het leven. Hoewel ik alle recht heb om te klagen en vind dat ik zwaar geleden heb onder de keuzes van mijn ouders, heb ik er gedurende de eerste negen jaar van mijn leven toch veel aan gehad om met Michael samen te zijn. Zijn harde kijk op de wereld heeft mij sterk gemaakt, zoals hij als kind ook sterk moest zijn. Alle ellende die Michael heeft meegemaakt, heeft van hem geen zwakke of verknipte man gemaakt. Hij was slim, met zijn normale zwakke momenten, en van hem heb ik de kans gekregen mijn leven te leiden zoals het was, en keer op keer rustig te blijven wanneer mij onrecht werd aangedaan. En ik heb heel wat onrecht moeten verdragen!

Zo had ik in 2013 in Nederland een aanvaring met de politie. Dit maakte mij er opnieuw van bewust waar ik vandaan kom, en herinnerde mij eraan dat ik nooit mag vergeten dat ik zwart ben, en in een land leef waar ze dit evenmin vergeten. Michael heeft zijn hele leven nog veel slimmer moeten zijn om zoveel te kunnen overleven. Ik denk dat hij ook zulke dingen heeft meegemaakt, en nog veel erger – zaken die zijn fans misschien wel nooit te weten zullen komen.

Hieronder geef ik een beschrijving van wat mij in 2013 is overkomen. Het is een weergave van een brief gericht aan de GGD van de organisatie Altrecht, die ik indertijd verstuurd heb en die over het geweld gaat dat ik heb moeten verdragen.

Op 4 december 2013 werd ik in Utrecht door een agent in burger aangehouden – ik had de verkeersregelaar genegeerd, vlak bij Utrecht Centraal en politiebureau Paardenveld, omdat ik de trein wilde halen. Ik werd aangehouden tussen kwart over een en halftwee. Ik werd op de bon geslingerd, die ik echter weigerde te betalen omdat ik de bekeuring niet terecht vond. Er was namelijk sprake van een chaotische situatie als gevolg van de verbouwing rondom het station, die veel ergernis en gevaar met zich meebracht omdat er maar twee verkeersregelaars waren die op hetzelfde moment voetgangers en fietsers van beide kanten lieten oversteken. Ik vond de behandeling die ik van de agent in burgerkleding kreeg, ongepast: hij was agressief en nam mij zowat in een wurggreep. Ik ben daardoor heel bewust dichtgeklapt omdat ik dat het verstandigste vond dat ik op dat moment kon doen. Ik ben vervolgens met handboeien om mee naar het bureau genomen. Ik werd niet verhoord en kreeg geen toestemming om mijn eigen advocate te bellen. Ik moest van halftwee tot 1.00 uur 's nachts in een cel zitten – zonder water. Ik was aangehouden wegens lichte belediging van een agent, zie bijlage 'bevel ter inverzekeringstelling registratienummer PL091A-2013273920-'. Rond zeven uur 's avonds kwamen er uiteindelijk mensen van de GGD van de organisatie Altrecht, nadat ik vijf uur alleen in de cel had gezeten. Zij vonden mij verward en ik werd beschouwd als manisch en geneigd tot zelfmoord – ik zou een gevaar vormen voor mijzelf en mijn omgeving.

Ik had naar voren gebracht dat drie dagen daarvoor een boezemvriend van mijn allerbeste vriend zichzelf van het leven had beroofd, en dat dit al de vierde persoon in vier jaar tijd was die aan zelfdoding was overleden. Ik deelde hun ook mede dat ik vijf uur in de gevangenis had gezeten zonder gehoord te worden, en dat ik het recht had om aangeslagen te zijn na een gesprek met een advocaat van het politiebureau, die geen hart had voor mijn zaak. Daarop werd er gezegd dat ik een gevaar zou kunnen zijn voor mijzelf en derhalve voor mijn eigen veiligheid moest worden opgenomen in hun psychiatrisch ziekenhuis, en dat ze, als ik niet zou meewerken, de burgemeester van Utrecht zouden bellen om mij onder dwang te laten opnemen.

Ik bleef rationeel denken. Ik werd rond 1.00 uur 's nachts met een ambulance naar dat ziekenhuis gebracht – ik vond dit beter dan de burgemeester van Utrecht uit bed te bellen over deze situatie. Hoewel ik had aangegeven wat er was gebeurd, werd ik volkomen genegeerd – de basis van het probleem. Door de crisisdienst werd er niet ingegaan op mijn verweer dat ik vanwege mijn problemen met de gemeentelijke administratie van Soest daar niet meer stond ingeschreven, maar dat ik niet dakloos was en een therapeut klaar had staan om mij geestelijk te ondersteunen in de rouw en de verwerking van de zelfmoord van een dierbare, en dat ik er dus niet alleen voor stond; dat als de crisisdienst zich zorgen maakte en vond dat ik niet alleen kon zijn, er mensen voor mij waren, maar dat werd allemaal genegeerd. Ik vervolg de weergave van de brief nu met een letterlijk citaat van de rest ervan.

'Ik heb van woensdagnacht 4 december tot en met vrijdag 6 december 2013 dan ook in uw psychiatrisch ziekenhuis gelegen op Unit A in het Willem Arntsz Huis in Utrecht, omdat ik beschuldigd was van een ernstige drievoudige misdaad: het negeren van een verkeersregelaar, ongehoorzaamheid aan de democratische administratie van Nederland en lichte belediging van een ambtenaar in burgerkleding, en ben daarvoor drie dagen vastgezet. Uw ziekenhuis heeft mij willen uitmaken voor manisch-depressief omdat ik in de ogen van de politie verward was, en de crisisdienst toonde geen respect voor mijn persoonlijke situatie – ik was drie dagen tevoren een dierbare verloren aan zelfmoord. En omdat dat is gebeurd, wordt mij verweten dat ik manisch-depressief ben en zelfmoord wil plegen. Dit zijn uitspraken waartegen ik mij niet kan verdedigen als ik onder dwang in een gevangenis wordt gezet en eveneens onder dwang in een psychiatrische inrichting word gegooid. Ik ben dan ook volslagen machteloos. Ik verzoek u hierbij mijn persoonlijk dossier, bestaande uit de opnamebeschrijving, de reden van vertrek en de notities van de verpleegkundigen over mijn welzijn tijdens de twee dagen van mijn opname, te versturen naar mijn behandelend zakelijk en persoonlijk ondersteunend psycholoog, die met mij samenwerkt om mijn geestelijk welzijn als directeur van Thuiszorg Ernestine B.V. te Soest, te ondersteunen.'

Zonder de kracht die ik mij door toedoen van Michael eigen heb gemaakt, doordat ik als kind aan mijn lot werd overgelaten, had ik niet rustig kunnen blijven. Het zijn de dingen die je in je jonge jaren leert die je helpen. Toen ik gescheiden was werd ik jarenlang gestalkt door de nieuwe vriendin van mijn ex Charat de Graaf, en de politie deed niets voor mij. Opnieuw waren mijn verleden en wat ik op Haïti had meegemaakt, de factoren die mij op de been hielden. Michael was een slimme man, die heel goed besefte dat hij een groot deel van zijn leven vernederingen had moeten ondergaan, en op zijn eigen manier maakte hij mij daar hard voor, hoewel het voor hem niet makkelijk was om zoveel leed te moeten zien. Maar ik heb toen ik wat ouder was, altijd begrepen dat hij een heel intelligente man was, die nooit een einde aan zijn leven zou maken, en zeker niet door drugsgebruik zoals zijn moeder Katherine wereldkundig maakte. Michael was een man met hersens, die het leed in de wereld werkelijk begreep. Ik was gebroken toen ik hoorde hoe kleinerend Katherine Michael behandelde. Er waren geen vrienden van hem aanwezig om hem in de rechtszaak te verdedigen, en ik had er weinig vertrouwen in wat de kinderen te zeggen hadden – zij waren immers de prinses en de prinsen van Neverland. Wat wisten zij nou eigenlijk over het echte leven van Michael? Niets. Het waren gewoon verwende kinderen, die aan hun vader hingen omdat hij de enige ter wereld was die ze hadden. Bij mij was dat overigens precies zo geweest, Michael was mijn alles geweest. Als ik niet ontvoerd was en hem niet aan de telefoon had gehad, als mijn geest en verstand niet zo sterk waren geweest en ik geen mensen om me heen had gehad die mij troostten voordat zij werden vermoord, dan had ik nooit geweten hoe het leven van Michael er vóór mijn geboorte uitzag, omdat Michael niet eerlijk tegen mij was geweest. En dit had zich nog wel afgespeeld in de allerbeste tijd die Michael had gekend, waarin hij nog niet de King of Pop was, de koning van Neverland, waarin hij nog niet werd getergd door de maffia en afgeperst met zijn vermeende kindermisbruik. Mijn tijd met Michael waren zijn betere jaren, waarin hij zich zonder angsten kon bewegen, zonder te hoeven denken dat mensen hem dood wilden hebben. Hij had kracht en hij had een doel: hij wilde de grootste artiest ter wereld worden en er was geen sprake van angst.

In de laatste jaren van Michaels leven ging hij onder zijn angst gebukt, de angst om zijn leven te verliezen, en hij had daar alle reden toe – dat wist Katherine ook heel goed. De Jacksons gaven AEG mede de schuld van Michaels dood. Als ze zoveel om hem hadden gegeven waar was dan het bewijs daarvan? Ze hadden naar de rechter kunnen stappen toen ze Michael niet meer konden benaderen. Ze hadden naar elk willekeurig televisiestation kunnen gaan en daar gezamenlijk van de daken kunnen schreeuwen dat het niet goed ging met Michael. Ze hadden hulp voor hem kunnen zoeken in plaats van tegen de rechtbank te zeggen dat hij een drugsverslaafde was. Katherine was niet eerlijk, en ik was niet de enige die dat inzag want ze verloor de rechtszaak tegen AEG en kreeg geen 60 miljoen dollar.

Ik was geestelijk kapot van deze rechtszaak, gebroken, mijn hart lag aan gruzelementen. Ik voelde louter walging voor de manier waarop Katherine had gedacht deze zaak te winnen – door Michael volledig door het slijk te halen. Ik vond het een goede zaak dat men nu de zelfzuchtige vrouw zag die ze volgens mij ook werkelijk is. De laatste negenentwintig jaar ben ik op zoek geweest naar bewijzen dat ik misschien wel gek ben, en echt niets met de familie Jackson te maken heb, maar wanneer ik zie hoe ze leven en wat ze doen, zijn zij een open boek voor mij. Alles wat ze doen komt mij zo bekend voor, alsof ik niet beter weet, en keer op keer herken ik dingen. Ik zou mezelf zielig vinden als ik was zoals mensen mij inschatten: dat ik uit vrije wil deel wens uit te maken van zo'n familie, en in een grote fantasiewereld leef waarin ik Michaels dochter wil zijn. Na de pijn en de hel die ik als jong kind heb meegemaakt, is het mij onmogelijk verder te leven als ik Michael niet al zijn fouten vergeef, maar het zou wel fijn zijn als men weet welk deel hij in mijn leven uitmaakte, en ook dat dit verhaal van mij niet uit de lucht is komen vallen omdat ik zo nodig deel wil uitmaken van de Jacksons.

Katherine is confronterend voor mij, want ik vind dat ik veel op haar lijk, alleen geloof ik dat ik aardiger ben dan zij is. Vaak voel ik haar bloed door mijn aderen stromen, haar kracht om op zichzelf te zijn aangewezen en voor niemand bang te zijn, en ook fysiek zijn er overeenkomsten. Elk mens heeft wel goede kanten maar die van haar zie ik niet, louter en alleen om wat ze Michael en mij heeft aangedaan. Als ik in haar schoenen stond en iemand mij van ontvoering en erger beschuldigde (zoals ik dat in 2010 met haar gedaan had), dan zou ik willen bewijzen dat die persoon geen familie van mij is. Ik vorm dan ook geen bedreiging voor Katherine, ze is immers verzekerd van haar macht, met als gevolg dat men mij voor gek zal verklaren. Ik heb geleerd dat te aanvaarden, als onderdeel van mijn gevoel voor eigenwaarde. Dat mensen mij gek vinden die mij niet kennen, en ook niet willen kennen, heb ik meer dan ooit ervaren in 2010, toen journalisten van de wereldpers op mij af kwamen, en Randy Jackson gemeen lachte toen ze iets over mij vroegen. Zo kende ik hen weer en zo kende ik hem ook al als kind.

Zonder Michael zouden ze niets te betekenen hebben gehad. Hoeveel keren had hij zijn broers wel niet gered van de ondergang, zowel privé als zakelijk? Over dat onderwerp kunnen de media boeken volschrijven, en dat is dan ook niet aan mij.

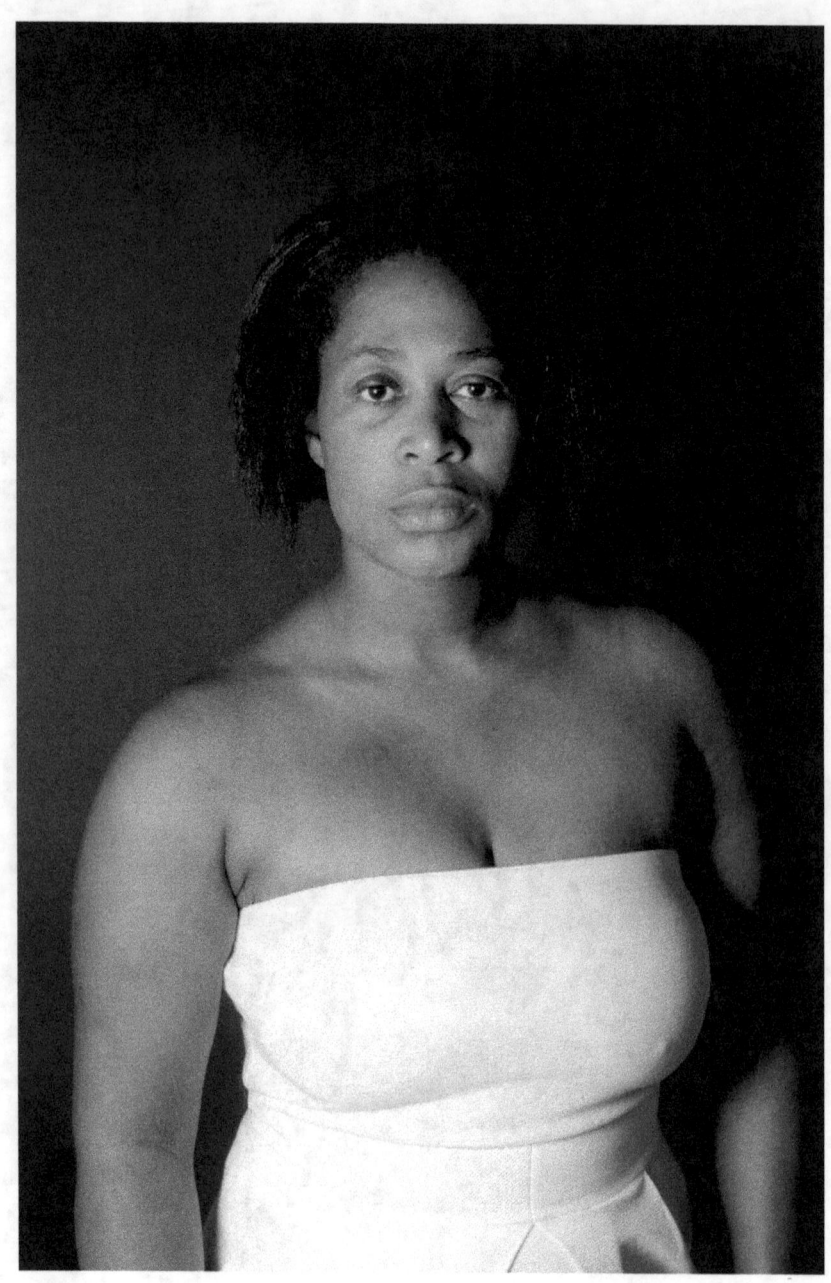

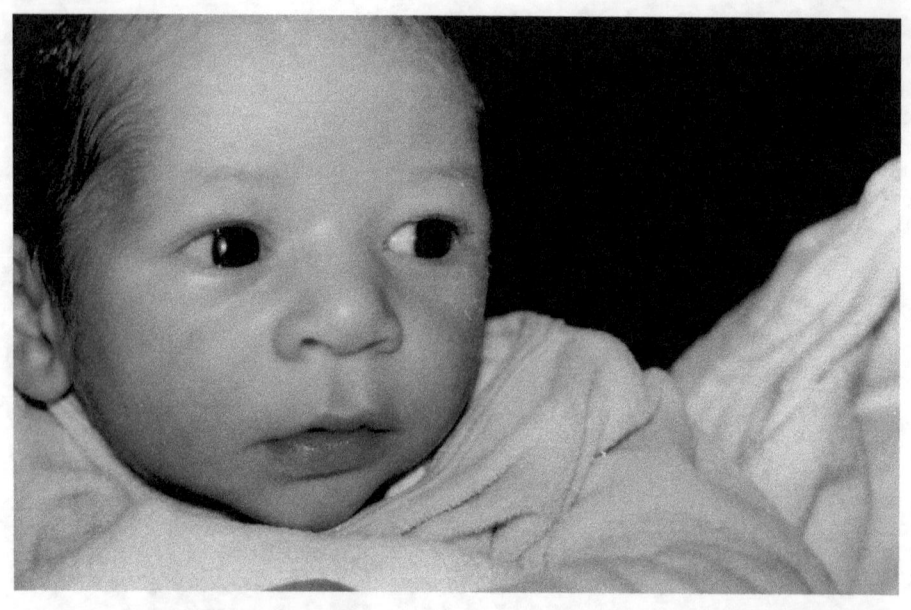

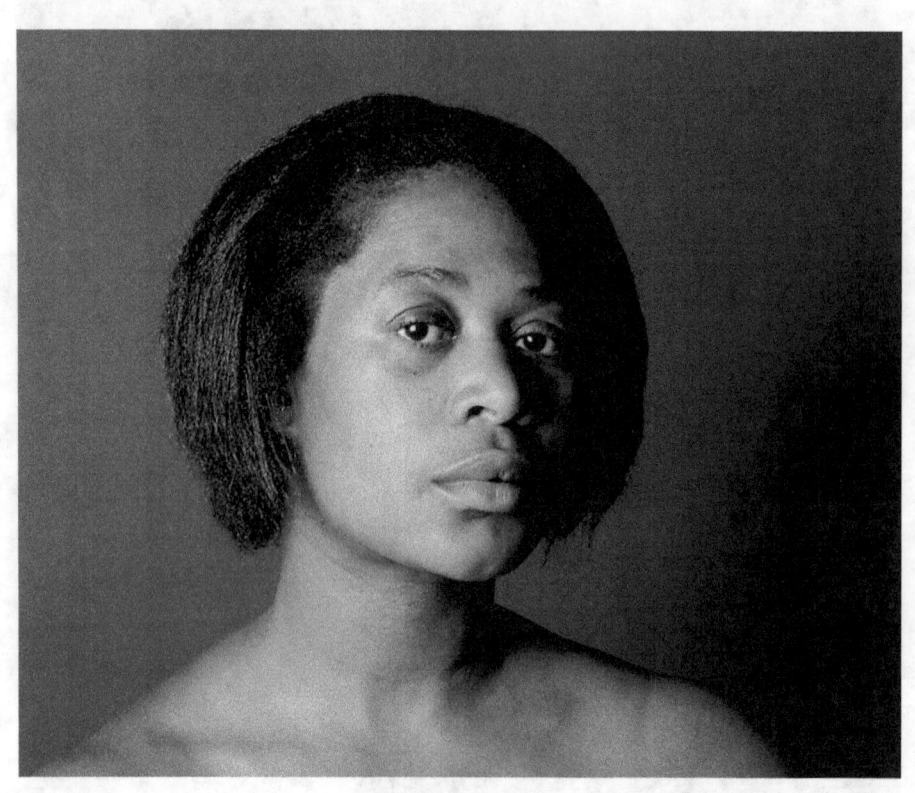

Graag spreek ik mijn dank uit aan:

- Pieter van Daalsen - mijn Nederlanse 'opa', Elizabeth Taylor, Paul de Bie en Gien (R.I.P)
- Ferial Arandsman-Roelse, Edith Mol - 2e moeder van mijn zoon Joshua, Eric Tierie en Elisabeth

Zonder de hulp van deze mensen in mijn leven had ik dit boek nooit kunnen schrijven. Hun steun, liefde en vertrouwen gaven mij de kracht en moed om mijn verhaal op te tekenen.

Mocienne Petit Jackson - 2018

www.ingramcontent.com/pod-product-compliance
Lightning Source LLC
Chambersburg PA
CBHW070818250426
43672CB00031B/2818